하루 두 시간 한 달 완성~ 입에 착! 시험에 착!

착! 붙는
독일어
독학 첫걸음

저 전진아

시사 Books

　언어를 사용한다는 것은 인류의 가장 큰 업적과 자부심 중에 가장 중요한 부분일 것입니다. 지난 천 년 동안 세계를 변화시킨 많은 역사적 사건과 진실 속에는 당연히 언어가 바탕이 되었고 그 중의 한 언어가 바로 독일어일 것입니다. 500년 전에 마틴 루터(Martin Luther, 1483~1546)는 라틴어로 되어 있던 성경을 독일어로 번역하여 다시 성경(Die Bibel)을 출판하였습니다. 그 결과 많은 인류가 영향을 받았고 사회와 세계에 큰 변화가 있었습니다.

　니체, 칸트를 비롯한 철학자들, 실러, 괴테, 헤세와 같은 시인들, 바흐나 베토벤, 슈베르트와 같은 음악가들 등 세계사의 중심에 서 있었던 인물이 사용한 언어가 독일어라는 사실은 역사가 이미 증명하고 있습니다. 또한 1989년 독일의 베를린 장벽 붕괴로 소련을 비롯한 세계의 공산주의가 몰락하고 독일을 중심으로 유럽연합이 탄생한 것도 독일어의 역할이었습니다.

　다른 나라의 언어를 배운다는 것은 정말 쉬운 일이 아닙니다. 그러나 기초부터 철두철미하게 접근한다면 그 어떠한 언어도 습득할 수 있다고 생각합니다. 이 책은 언어를 배우는 과정에서 흔히 겪을 수 있는 어려운 부분들을 다양한 방법으로 접근하여 쉽게 이해될 수 있도록 구성하였습니다. 초급자가 익히기 쉬운 회화를 제시하여 회화를 익히면서 자연스럽게 문법과 어휘의 이해를 돕도록 하였습니다.

　처음에 배울 때는 쉽지만 배울수록 어려운 언어도 있고 처음 배울 때는 어렵지만 배울수록 쉬워지는 언어도 있습니다. 독일어는 후자에 가깝다고 할 수 있습니다. 독일어로 시를 읊든, 노래를 하든, 대화를 하든, 분명한 것은 삶의 행복과 즐거움 중의 한 부분이라는 것입니다. 여러분이 이 책을 천천히 읽고 배워 나간다면 자연스럽게 독일이라는 아름답고 재미있는 문화 안에 들어와 있을 것입니다.

　독일 속담에 'Ohne Fleiß kein Preis(노력이 없으면 댓가도 없다)'라는 속담이 있습니다. 끊임없는 관심과 노력으로 독일어에 흥미와 즐거움을 느끼며 글로벌 시대에 상응하는 질적 삶을 향유하길 바랍니다. 이 책이 여러분의 독일어 습득을 위한 좋은 친구가 되었으면 합니다.

저자 전진아

도입

독일어를 학습하는 데 앞서 알파벳, 발음 등을 상세하게 설명하였습니다.

대화

실생활에서 유용한 표현을 배울 수 있도록 대화를 구성하였으며, 대화 구문에 대한 상세한 설명을 제시하여 혼자서도 학습하기 쉽습니다. 또한 다양한 교체 연습을 통해 말하기 연습도 가능합니다.

회화

앞에서 배운 구문을 활용하여 확장된 회화를 익힐 수 있으며 학습한 구문을 반복하여 연습할 수 있습니다.

연습문제

듣기, 말하기, 읽기, 쓰기 영역의 연습문제를 통해 배운 내용을 스스로 점검할 수 있습니다.

복습하기

핵심구문를 한 번 더 확인할 수 있도록 복습할 수 있는 페이지를 통해 회화 연습을 할 수 있습니다.

문화 읽기

독일과 관련된 재미있는 정보나 문화 등을 제시하여 학습에 재미를 더하였습니다.

독일어 필수 어휘/예문

부록으로 제공하는 '독일어 필수 어휘/예문'에서는 독일어를 학습하면서 꼭 알아 두어야 할 기초 단어를 제시합니다. 그리고 이를 활용한 예문을 통해 독일어 회화 능력 향상에도 도움이 되도록 했습니다.

MP3 QR

대화 부분을 원어민 발음으로 직접 들어 보면서 공부할 수 있습니다. 음성 파일을 들으면서 좀 더 확실하게 원어민 발음에 익숙해질 수 있고 청취 실력도 향상시킬 수 있습니다.

동영상 강의

동영상 강의를 들으면서 학습의 효율성을 높일 수 있습니다. 핵심적인 내용을 강의로 들을 수 있습니다.

5

Tag	Unit	주제	목표	문법	문화
1	도입	안내	독일어는? 알파벳 발음		
2	1	인사하기	만났을 때 인사하기 이름을 말해 보기 헤어지는 인사하기	인칭대명사 동사의 변형(sein)	독일식 인사
3	2	친구에 대해서 알아보기	이름 물어보기 국적 알려 주기 어떻게 지냈는지 알아보기	규칙적인 동사 인칭대명사 3격	독일의 재미있는 사실
4	3	대상 묻기	사물에 대해 물어보기 소유 물건 표현하기 어떤 물건인지 설명하기	부정관사 동사의 규칙적인 변화 문장 구성	유명한 독일인 (1)
5	4	나에 대해 알려 주기	가족 소개하기 전공 말해 주기 오랜만에 만났을 때 인사	소유대명사 1인칭 1~4격 의문대명사	독일의 대학 생활
6	5	우리 집	부모님의 집 주거 공동체의 내 방 선호하는 집 표현하기	3격 전치사(bei, mit) 기수 1~10 정관사	독일의 집
7	6	장 보러 가기	부정하기 여부 물어보기 가격 알아보기	부정어(kein) 의무 문장 기수 100~1000	독일식 아침 식사
8	7	나의 하루	기상 시간 말하기 나의 일정 알려 주기 시간 약속하기	기수 11~100.000.000 분리동사 시간	시간을 지키는 독일 사람

Tag	Unit	주제	목표	문법	문화
9	8	나의 취미	행동 표현하기 취미를 묻고 알려 주기 부정의문문에 답변하기	불규칙 동사 변화 부정어(nicht) 부정의문문	독일의 취미 활동
10	9	나의 재능	재능 표현하기 의지를 묻고 답하기 설득하기	화법조동사(können, wollen, möchten)	독일의 교육 방법
11	10	직업과 직장	직업 묻고 대답하기 장래희망 표현하기 필요한 정보 묻기	시간 전치사(seit), 3 · 4 격 전치사를 수반하는 동사	독일의 월요병
12	11	나의 건강	통증 설명하기 병원 예약하기 조언 표현하기	화법조동사(müssen, sollen) 시간 부사	독일의 특이한 법과 규정
13	12	여행 가기	장소 묻고 답하기 숙소 예약하기 길 설명하기	장소 부사 의문문 (wohin?, wo?) 일반 주어(man) 화법조동사(dürfen)	독일의 교통수단
14	13	쇼핑하기	좋아하는 음식 표현하기 식당에서 주문하기 선호하는 옷 말하기	mögen, möchten, hätten gerne 지시대명사 dieser/ diese/dieses	독일의 식사 매너
15	14	초대하기	생일 초대하기 선물 고르기 불참 알려 주기	월 · 계절 서수 대등접속사	생일의 특별한 전통
16	15	놀러 가기	오늘의 계획 묻기 제안하기 거절하기	복수형(-e, -en, -er, -s, 외래어)	독일의 동물원

Tag	Unit	주제	목표	문법	문화
17	16	관공서에서	우체국에서 체류 허가 신청하기 은행에서	명령형(존칭, 2인칭 단수, 2인칭 복수)	잘 웃지 않는 독일 사람들
18	17	현재 표현하기	관심 표현하기 현재 사건을 보고하기 준비 과정 표현하기	재귀동사(순수 재귀동사, 비순수 재귀동사) 재귀대명사	유명한 독일인 (2)
19	18	과거 표현하기	과거의 일 표현하기 휴가 이야기 1, 2	현재완료 (규칙 동사 / 불규칙 동사의 과거분사)	스위스
20	19	동화 이야기	동화로 과거 배우기 1, 2 과거 일 보고하기	과거 (규칙 동사 / 불규칙 동사)	독일 동화
21	20	형용사로 표현하기	날씨 표현하기 사물 설명하기 사람에 대해 말하기	형용사 변화(강변화, 약변화, 혼합변화)	독일의 날씨와 기온
22	21	축제	크리스마스 준비 부활절의 기대 어머니날	수동태(동작 수동태, 화법동사, 상태 수동태)	독일의 크리스마스
23	22	미래 표현하기	새해 결심을 표현하기 미래의 계획 알려 주기 환경 보호	미래(현재형 + 미래 시간부사, 미래 1형식, 화법조동사의 미래 형식)	독일 환경 보호
24	23	비교 표현하기	물건을 비교하기 자기 자랑하기 최상급 표현하기	비교급 최상급	독일의 학교
25	24	이유, 결과 표현하기	저녁 식사 초대하기 인터넷에서 주문하기 조언하기	부문장 접속사(dass, ob, damit / um zu)	독일 사람들의 두려움과 소원

LEKTION 00

도입

학습 목표
- [ ] 독일어는?
- [ ] 알파벳
- [ ] 발음

바이에른 노이슈반스타인 성

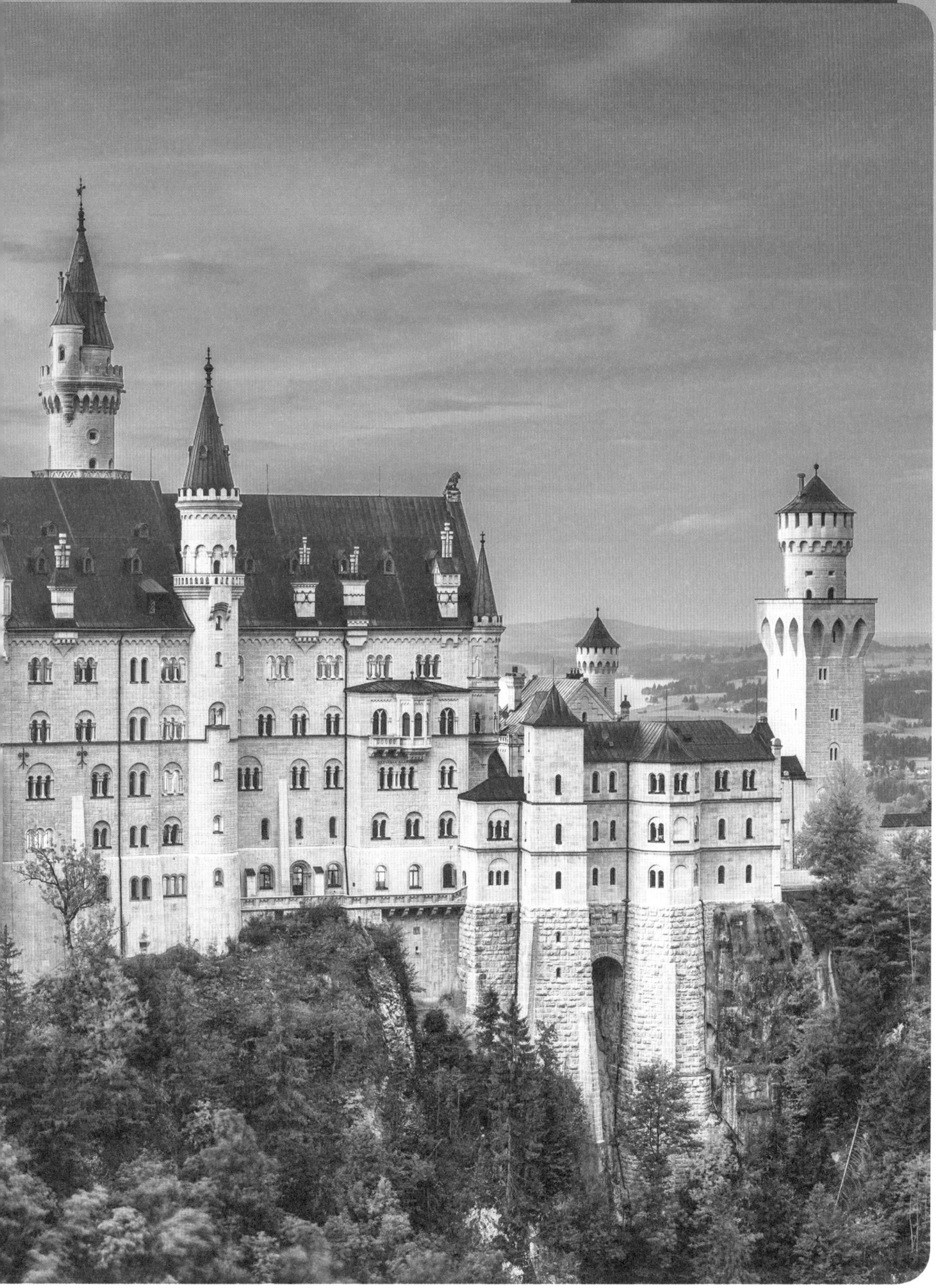

독일어는?

독일어는 인도유럽어족(Indo-European languages)에 속하는 게르만어파(영어, 네덜란드어, 스웨덴어, 덴마크어, 아이슬란드어, 아프리칸스, 이디시어, 독일어)의 언어이다.

한국어를 모국어로 사용하는 수는 약 7천만 명인 데 반하여, 독일어를 모국어로 쓰는 사람들은 1억 명 이상이다. 제2외국어로 사용하는 인구 수는 약 1억 3천만 명이며 이를 모두 합치면 세계 2억 3천만 명에 가까운 사람들이 독일어를 사용하고 있다는 것을 알 수 있다.

독일어를 쓰는 나라는?

독일, 오스트리아, 스위스, 벨기에, 이탈리아 북쪽 남부티롤 지방, 리히텐슈타인, 룩셈부르크이다. 그리고 유럽연합의 공용어로 쓰이고 있다.

독일어를 배우면 독일어권의 다양한 예술, 철학, 문학과 문화에 대한 폭 넓은 이해가 가능하다.

독일어는 여러 단어를 연결하여 새로운 단어(복합어, 합성명사)를 다양하게 만들 수 있기 때문에 어휘량이 풍부해진다.

기네스북에 기록된 최고로 긴 독일어 단어는

Donaudampfschifffahrtselektrizitätenhauptbetriebswerkbauunterbeamtengesellschaft(도나우 증기기관 선박운행 전력 중앙운영 공장건설 하급공무원 협회)이다.

DAS ALPHABET 철자

🎧 Track 001

알파벳	발음	알파벳	발음
A a	ah (아-)	N n	en (엔)
B b	beh (베-)	O o	oh (오-)
C c	tseh (체-)	P p	peh (페-)
D d	deh (데-)	Q q	kuh (쿠-)
E e	eh (에-)	R r	err (에르)
F f	ef (에프)	S s	es (에스)
G g	geh (게-)	T t	te (테-)
H h	ha (하-)	U u	uh (우-)
I i	ih (이-)	V v	fau (파우)
J j	jot (요트)	W w	weh (베-)
K k	kah (카-)	X x	iks (익스)
L l	ell (엘)	Y y	üpsilon (윕실론)
M m	emm (엠)	Z z	tset (체트)

Sonderzeichen 특수 문자

알파벳	발음
Ä ä	äh (애-)
Ö ö	öh (외-)
Ü ü	üh (위-)
SZ ß	ss (에스체트)

DIE AUSSPRACHE 발음

독일어 발음은 영어와 달리 철자 그대로 발음하는 것이 원칙이다(로마문자식). 발음 규칙을 알면 큰 어려움 없이 발음할 수 있다. 철자는 영어 알파벳과 같지만 4개의 특수 문자(Ä. Ö, Ü, ß)가 있어서 30자다.

악센트는 일반적으로 단어의 첫 음절(첫 모음)에 있다.

예 Sonne(발음: 존네, 뜻: 햇님)을 발음할 때 악센트는 첫 모음(o)에 있다.

모음(A, E, I, O, U)은 입을 최대한 크게 벌려서 발음한다.

단모음: 모음 뒤에 두 개 이상의 자음이 있을 경우에는 모음을 짧게 발음한다.

 Track 002

모음	발음	예시
a	[a]	Kamm [캄] 빗
ä	[ɛ]	Kälte [켈테] 추위
e		Bett [베트] 침대
i	[ɪ]	Mitte [밋테] 중간
o	[o]	offen [오펜] 열린
ö	[œ]	Öffnung [외프눙] 구멍
u	[ʊ]	Mutter [뭇타] 어머니
ü	[y]	Küsse [퀴쎄] 입맞춤(복수)

장모음: 다음과 같은 경우에는 모음을 길게 발음한다.

– 모음 뒤에 한 개의 자음이 있을 경우
– 같은 모음이 두 개 연달아 오는 경우
– 모음 뒤에 h가 있을 경우

🎧 Track 003

모음	발음	예시		
		자음 1개	모음 2개	h
a	[aː]	k<u>a</u>m [카암] 왔다(과거)	W<u>aa</u>ge [바아게] 체중계	s<u>a</u>h [사아] 보았다(과거)
ä	[ɛː]	K<u>ä</u>se [캐애제] 치즈	-	Kr<u>ä</u>he [크레에헤] 까마귀
e		L<u>e</u>ben [레벤] 삶	T<u>ee</u> [테에] 차	w<u>e</u>hen [베헨] 바람 불다
i	[iː]	B<u>i</u>bel [비이벨] 성경	M<u>ie</u>te [미이테] 월세	<u>i</u>hm [이임] 그에게
o	[oː]	<u>O</u>fen [오오펜] 오븐	B<u>oo</u>t [보옷] 배(ship)	<u>o</u>hne [오오네] 없이
ö	[œː]	h<u>ö</u>ren [회에렌] 듣다		H<u>ö</u>hle [횔엘레] 동굴
u	[uː]	M<u>u</u>t [무웃] 용기		K<u>u</u>h [쿠우] 소
ü	[yː]	<u>Ü</u>bung [위붕] 연습		Fr<u>ü</u>hling [프륄링] 봄

연결된 모음

모음	발음	예시
ei	[ai]	<u>Ei</u> [아이] 계란
ai		H<u>ai</u> [하이] 상어
au	[au]	H<u>au</u>s [하우스] 집
eu	[oy]	h<u>eu</u>te [허이테] 오늘
äu	[eu]	H<u>äu</u>ser [허이사] 집들(복수)

자음의 발음

	발음	예시
b	[ㅂ]	**B**all [발] 공
ch[ç]	[ㅋ]	i**ch** [이흐] 나
ck[k]	[kk]	E**ck**e [엑케] 모서리
d	[ㄷ]	**D**ame [다메] 숙녀
f	[f]	**F**rau [프라우] 여자, 부인
g	[ㄱ]	**G**abe [가베] 선물
h	[ㅎ]	**H**ase [하제] 토끼
j	[야]	**J**apan [야판] 일본
k	[ㅋ]	**K**amel [카멜] 낙타
l	[ㄹ]	**L**eben [레벤] 생명
m	[ㅁ]	**M**ama [마마] 엄마
n	[ㄴ]	**N**ase [나제] 코
p	[ㅍ]	**P**apa [파파] 아빠
pf	[f]	A**pf**el [앞펠] 사과
q	[kw]	**Q**uelle [크벨레] 샘물
r	[ㄹ]	**R**ahm [라암] 생크림
r	[어]	Vate**r** [파타] 아버지 Pfe**r**d [페엇] 말 Uh**r** [우어] 시계
s	[ㅅ]	**S**ee [세에] 호수
sch	[슈]	**Sch**ule [슐레] 학교

st	[schtu]	<u>St</u>uhl [슈투울] 의자
sp	[슈피]	<u>Sp</u>iel [슈피일] 게임
t	[ㅌ]	<u>T</u>anz [탄츠] 춤
v	[f]	<u>V</u>ogel [포겔] 새
w	[v]	<u>W</u>inter [빈타] 겨울
x	[크스]	<u>X</u>aver [크사바] 남성 이름
y	[ü]	<u>Y</u>psilon [윕실론] Y
z[ts]	[ㅆ]	Kat<u>z</u>e [캇쎄] 고양이
e[ə]	[으]	hab<u>e</u>n [하벤] 가지고 있다

독일어 발음은 어떻게?

1) 알파벳 그대로 읽으면 된다.

모음이 2개 있어도 발음이 거의 바뀌지 않는다.

예외: ie (이-), ei (아이), eu (오이), au (아우)

예 Spiel [슈피-일], sein [사인], Europa [오이로파], auch [아우흐]

2) Umlaut (a, o, u 위에 2개의 점을 찍는 것 - ä, ö, ü)

Ö (오-) 입 모양을 만들면서 (애)를 발음한다.

Ü (우-) 입 모양을 만들면서 (애)를 발음한다.

예 Österreich [외스테라이흐]

　　Übung [위붕]

3) sp, st, sch, tz, ng, nk

영어 발음과 비슷하다.

예 Spinne [슈핀네], Stall [슈탈], Schule [슈울레], Katze [캇쎄],
singen [싱엔], Bank [방크]

 **연습문제**

ÜBUNG ❶ Hören (듣기)

다음을 듣고 들은 단어를 표시하세요. 🎧 Track 005

1. ☐ Tag ☐ Vertrag ☐ mag ☐ lag ☐ sag

2. ☐ Äpfel ☐ Elfe ☐ Übung ☐ Efeu ☐ Österreich

3. ☐ Qualle ☐ Kralle ☐ alle ☐ Allee ☐ Quelle

4. ☐ Gast ☐ Name ☐ Lift ☐ Bahn ☐ Träne

5. ☐ Deutschland ☐ Deutsche ☐ Dusche ☐ Koreanerin ☐ Koreaner

ÜBUNG ❷ Sprechen (말하기)

다음을 듣고 따라서 말해 보세요. 🎧 Track 006

1. Telefon, Kaffee, Kappe, Ecke

2. Wasser, Vater, Tanz, gehen

3. schön, Übung, heute, Kalb

4. Zoo, Sieb, Korn, Computer

5. Zug, Pferd, Schaf, Sahne

ÜBUNG ③ Lesen (읽기)

다음을 읽어 보세요.

Arbeit	Auto	Doppelgänger	Film
Müsli	Bus	Fußball	Deutschland
Mutter	Spiel	Schule	heute

ÜBUNG ④ Schreiben (쓰기)

다음을 따라 써 보세요.

1. Guten Morgen

2. Guten Tag

3. Auf Wiedersehen

4. Herzlich Willkommen

5. Freut mich

독일어 자판

독일어 자판의 다른 점:

– Y와 Z의 위치가 바뀌어 있다.

– 독일어 특수 문자가 없는 자판을 쓸 경우 Ü는 Ue, Ö는 Oe, Ä는 Ae로 쓰고 ß는 ss으로
  쓴다.

독일어 자판을 아래 단어를 보고 상상으로 쳐 보자. (첫 철자는 대문자라는 것도 기억하자.)

❶ Ökonomie	❻ außerhalb
❷ Psychologe	❼ können
❸ Änderung	❽ Übung
❹ Verkäuferin	❾ Zeitung
❺ Mikrowelle	❿ Grüße

LEKTION 01

인사하기

학습 목표
- ☐ 만났을 때 인사하기
- ☐ 이름을 말해 보기
- ☐ 헤어지는 인사하기

문법
- ☐ 인칭대명사, 동사의 변형(sein)

문화
- ☐ 독일식 인사

Thomas　　　　: Hallo Maria.
　　　　　　　　 할로　　 마리아

Maria　　　　 : Hallo Thomas.
　　　　　　　　 할로　　 토마스

Thomas Berger : Guten Tag, Frau Maier.
　　　　　　　　 구텐　 탁　 프라우　 마이아

Maria Maier　 : Guten Morgen, Herr Berger.
　　　　　　　　 구텐　　 모르겐　　 헤아　 벨르가

토마스 : 안녕 마리아.
마리아 : 안녕 토마스.
토마스 베르거 : 안녕하세요,
　　　　　　　　마이어 씨 부인.
마리아 마이어 : 안녕하세요,
　　　　　　　　베르거 씨.

Hallo : 나이가 어리거나 비슷할 때, 또는 친한 사이일 때 쓰는 인사말이다
　　　　(영어의 hello와 같음).
Guten Tag : 하루 종일 할 수 있는 인사말
Guten Morgen : 아침 인사말(점심 12시까지)
Guten Abend : 저녁 인사말(저녁 6시 이후)

VOKABEL
☐ Hallo 안녕
☐ Guten Tag 안녕하세요
☐ Frau 부인
☐ Herr 씨

KEY POINT
· Guten으로 시작하는 인사는 나이와 상관없이 누구에게나 쓸 수 있는 인
사말이다.
· Guten Tag, Guten Morgen은 흔히 Tag, Morgen으로도 인사한다.
· 처음 만나는 사람에게는 'Sie(당신)'라고 존칭하고, 친한 사이든지(친구,
가족, 동료 – 나이와 상관 없이) 나이가 어린 사람에게는 'Du(너)'라는 호
칭을 쓴다.

기억하세요!
독일어에서는 일반적으로
이름을 먼저 쓰고 다음에
성을 쓴다.
예 Thomas Berger
　　 이름　　　 성

교체 연습

연습1)　　　　　　　 연습2)　　　　　　　　　　　 연습3)
Hallo Maria.　　　　 Guten Morgen, Frau Kim.　　 Guten Tag, Herr Lee.
　　　Lisa　　　　　　　　　　Frau Hofer　　　　　　　　　Herr Frank

Anna : **Hallo. Ich bin Anna.**
할로   이히 빈   안나

Simon : **Hallo, Anna.**
할로   안나

Anna : **Wer bist du?**
베아 비스트 두

Simon : **Ich bin Simon.**
이히 빈   시몬

안나 : 안녕. 나는 안나야.
시몬 : 안녕, 안나.
안나 : 너는 누구니?
시몬 : 나는 시몬이야.

인칭대명사

인칭대명사는 사람(물건)을 나타내는 명사를 대신한다.
단수 인칭대명사 3개(나, 너, 그/그녀/그것), 복수 인칭대명사 3개(우리, 너
희들, 그들)가 있다.

단수	1인칭	ich	나
	2인칭	du	너
	3인칭	er/sie/es	그 / 그녀 / 그것
복수	1인칭	wir	우리
	2인칭	ihr	너희
	3인칭	sie	그들 / 그녀들 / 그것들
존칭		Sie	당신

VOKABEL

☐ ich 나
☐ du 너
☐ Sie 당신
☐ ich bin 나는 …이다
☐ du bist 너는 …이다
☐ Sie sind 당신은 …이다
☐ wer 누구

기억하세요!

ich를 발음할 때 첫 음절에
악센트를 주세요('이히'의
'히' 발음을 약하게).

KEY POINT

• 존칭 Sie(당신)은 문법적으로 3인칭 복수와 같으며 Sie와 같이 S를 항상
대문자로 쓴다.
• sie는 3인칭 단수도 복수도 될 수 있어서 주의해야 한다.
• 인칭대명사는 소문자로 쓴다(예외: 존칭 Sie). 문장을 시작할 때만 첫 단
어의 첫 철자를 대문자로 쓴다.

교체 연습

연습1)
Hallo. Ich bin Anna.
              Simon

연습2)
Guten Abend. Ich bin Olaf Ekholm.
                    Paula Huber

Nina Hauser : Tschüs, Olaf. Bis bald.
츄스　올라프　비스　발드

Olaf : Auf Wiedersehen, Frau Hauser.
아우프　비다세헨　프라우　하우사

Nina Hauser : Tschüs, Anna.
츄스　안나

Anna : Bis bald, Frau Hauser.
비스　발드　프라우　하우사

니나 하우저 : 잘 가, 올라프.
　　　　　　　　곧 다시 만나자.
올라프 : 안녕히 가세요, 하우저
　　　　부인.
니나 하우저 : 잘 가, 안나야.
안나 : 곧 다시 만나요, 하우저
　　　부인.

Tschüs : 나이가 어리거나 또는 친한 사이일 때 쓰는 작별 인사. 독일 남부
　　　　와 오스트리아에서는 Tschau(챠우)도 많이 씀.
bis bald : 'see you again soon'과 같이 헤어질 때 하는 인사
Auf Wiedersehen : 누구에게나 언제든 할 수 있는 인사
Gute Nacht : 'good night'과 같이 취침 전에 하는 인사

sein 동사의 변화
동사원형 sein (…이다)

단수	1인칭	ich	bin	나는 …이다
	2인칭	du	bist	너는 …이다
	3인칭	er/sie/es	ist	그는 / 그녀는 / 그것은 …이다
복수	1인칭	wir	sind	우리는 …이다
	2인칭	ihr	seid	너희는 …이다
	3인칭	sie	sind	그들은 / 그녀들은 / 그것들은 …이다
존칭		Sie	sind	당신은 …이다

기억하세요!

동사는?

동사는 사람 또는 물건의 행동(움직임)을 나타낸다. 독일어에서는 동사가 인칭(명사)에 따라 변화한다. sein 동사는 영어 be 동사처럼 중요한 기본 동사이다. 동사 변화는 불규칙적이다.

교체 연습

연습1)
Hallo Maria.
　　　Thomas

연습2)
Guten Morgen, Frau Kim.
　　　　　Frau Maier

연습3)
Ich bin Lisa Frank.
　　　Alexander Burg

Helga Moser	Guten Morgen. Ich bin Helga Moser.
Fritz Büchner	Hallo Frau Moser. Ich bin Fritz Büchner.
Helga Moser	Sind Sie von hier?
Fritz Büchner	Nein, ich bin neu hier. Und Sie?
Helga Moser	Ich auch.

- Fritz Büchner, Tür 2 bitte.

Fritz Büchner	Das bin ich. Entschuldigung. Ich muss jetzt gehen.
Helga Moser	Gut. Bis bald.
Fritz Büchner	Ja, auf Wiedersehen.

헬가 모서 : 안녕하세요. 저는 헬가 모서입니다.
프리츠 뷔크너 : 안녕하세요. 모서 부인. 저는 프리츠 뷔크너예요.
헬가 모서 : 여기 사람이세요?
프리츠 뷔크너 : 아니요, 저는 처음 왔어요. 모서 부인은요?
헬가 모서 : 저도요.
– 프리츠 뷔크너, 2번 방으로 오십시오.
프리츠 뷔크너 : 저네요. 실례지만, 저는 가야겠어요.
헬가 모서 : 네. 곧 다시 만나요.
프리츠 뷔크너 : 그래요. 안녕히 가세요.

VOKABEL

□hier 여기   □von …에서   □von hier (from here – 여기에서 온 사람, 즉 여기 사람)   □neu 새로운

□Tür 문   □Entschuldigung 미안하다   □gut 네, 알겠다, 좋다

 **연습문제**

ÜBUNG ❶ Hören (듣기)

다음을 듣고 빈칸을 채워 보세요. 🎧 Track 014

1. Guten _____ . Ich _____ Julia.

2. Guten _____ . Mein _____ ist Peter Müller.

3. Hallo. _____ bin Lisa Frank. Und wer sind _____ ?

4. Wer _____ du?

5. Auf _____ .

ÜBUNG ❷ Sprechen (말하기)

질문에 답하세요. (자신의 답변을 해 보세요)

1. Hallo. Ich bin Simon.

(안녕, 나는 …이다.)

2. Guten Morgen. Ich bin Heinz Maler. Und wer sind Sie?

(안녕하세요. 제 이름은 …입니다.)

3. Auf Wiedersehen, Frau Kim.

(안녕히 가세요, Fischer 부인)

4. Wer bist du?

(나는 …라고 해. 너는 누구니?)

5. Tschüs, Peter.

(잘 가. 곧 다시 만나자.)

ÜBUNG ❸ Lesen (읽기)

다음을 읽어 보세요.

1. Ich bin, du bist, er ist, sie ist, es ist, wir sind, ihr seid, sie sind

2. Ich heiße, du heißt, er heißt, sie heißt, es heißt, wir heißen, ihr heißt, sie heißen

3. Es freut mich, Sie kennenzulernen. Es freut mich, dich kennenzulernen.

4. Wer bist du? Wer sind Sie?

5. Guten Morgen. Guten Tag. Guten Abend. Gute Nacht.

6. Auf Wiedersehen. Tschüs. Bis bald.

ÜBUNG ❹ Schreiben (쓰기)

다음에 해당하는 인사말을 써 보세요.

1. 안녕하세요.

2. 잘 가.

3. 안녕히 주무세요.

4. 저는 …입니다.

5. 나는 …이다.

복습하기

1

Thomas Berger
Hallo Maria.

Maria Maier

_____

Guten Tag, Frau Maier.

_____

2

Anna
Hallo. Ich bin Anna.

Simon
Hallo, _____

Und wer bist du?

Ich _____ Simon.

3

Nina Hauser
Tschüs, Olaf. Bis bald.

Olaf

_____ ,
Frau Hauser.

Tschüs, Anna.

Anna

_____ ,
Frau Hauser.

32

🥨 독일식 인사 🥨

B.C. 50년 신약성경의 기록에 의하면 작별 인사를 할 때 오른손으로 악수했다고 한다. 악수하는 것은 역사가 오래되었다.

19세기 중반 이후부터 악수하는 것은 친척, 친구 사이라는 의미였고 현재는 악수하는 것이 인사의 기본이 되었다. 그러나 악수하는 것이 익숙하지 않은 한국인에게는 악수가 낯선 행동으로 보일 수 있다.

인사말을 먼저 건네는 것은 자유롭지만 악수를 권하는 사람은 나이가 더 많거나, 직위가 더 높은 경우, 남녀가 있을 때는 여자가, 그리고 손님이 왔을 때는 집주인이 먼저하는 것이다.

악수를 할 때는 손 전체를 사용하며, 적합한 압력을 사용해야 한다. 악수를 할 때 주의할 것은 다음과 같다.

❶ 악수하는 사람과 눈을 마주쳐야 한다. 손만 보는 것은 예의없는 행동이다.
❷ 손가락만 내미는 것이 아니고, 상대의 손가락만 붙잡아서도 안 된다.
❸ 상대가 악수를 권할 때 오래 기다리지 않게 악수를 한다.
❹ 손을 위아래로 크게 흔드는 것은 별로 좋지 않다.
❺ 악수할 때 왼손을 바지 주머니에 넣지 않도록 한다.

볼을 맞대는 인사(Wangenkuss)

친한 사이이면 양 볼을 맞대면서 인사를 한다. 먼저 악수를 하든지 상대를 안아 준다. 절대로 상대 볼에 뽀뽀 해서는 안 된다!

일반적으로 왼쪽 볼을 먼저 맞대고, 오른쪽 볼을 맞댄다.

상대와 어떻게 인사를 해야 하는지 잘 모를 때는 말로 인사를 하며 기다리는 것이 좋다. 그리고 상대가 하는 행동에 따라 인사하는 것이 좋다.

LEKTION 02

친구에 대해서
알아보기

학습 목표
☐ 이름 물어보기
☐ 국적 알려 주기
☐ 어떻게 지냈는지 알아보기

문법
☐ 규칙적인 동사, 인칭대명사 3격

문화
☐ 독일의 재미있는 사실

Maria : Hallo. Ich heiße Maria. Wie heißt du?

Thomas : Ich heiße Thomas.

Maria : Thomas, freut mich, dich kennenzulernen.

Thomas : Ja, freut mich auch.

마리아: 안녕. 나는 마리아라고
해. 너의 이름은 뭐니?
토마스: 나는 토마스야.
마리아: 토마스, 만나서 반가워.
토마스: 그래, 나도 반가워.

heißen 동사의 변화
동사원형: heißen (…이라고 한다)

단수	1인칭	ich	heiße	나는 …이라고 한다
	2인칭	du	heißt	너는 …
	3인칭	er/sie/es	heißt	그는 / 그녀는 / 그것은 …
복수	1인칭	wir	heißen	우리는 …
	2인칭	ihr	heißt	너희는 …
	3인칭	sie	heißen	그들은 / 그녀들은 / 그것들은 …
존칭		Sie	heißen	당신은 …

KEY POINT

- freut mich, dich kennenzulernen는 나이가 비슷하든지 어린 사람과 대화할 때 쓴다.
- 나이가 많은 사람에게는 freut mich, Sie kennenzulernen(당신을 만나서 반가워요)이라고 한다.

VOKABEL

- ☐ heißen …이라고 한다
- ☐ wie 어떻게/뭐?
- ☐ freuen 반가워하다
- ☐ mich 나에게
- ☐ dich 너를
- ☐ kennenzulernen 만나게 되다
- ☐ ja 그래/네
- ☐ auch …도

기억하세요!

상대방이 freut mich, dich (Sie) kennenzulernen이라는 표현을 썼을 때 '그래, 나도 반가워', '네, 저도 반가워요'라는 답을 해 주는 것이 예의다. (freut mich auch 또는 mich auch – 나도/저도요)

교체 연습

연습1)
Ich heiße Alex.
　　　　Hamin

연습2)
Wie heißt du?
　　　heißen Sie

연습3)
Freut mich, dich kennenzulernen.
　　　　　　　Sie

Jean : Sophie, woher kommst du?

Sophie : Ich komme aus England, und du?

Jean : Ich komme aus Frankreich. Kommst du aus London?

Sophie : Nein, aus Manchester.

쟌: 소피, 너는 어디에서 왔니?
소피: 나는 영국에서 왔어.
　　너는?
쟌: 나는 프랑스에서 왔어.
　　런던에서 왔니?
소피: 아니, 나는 맨체스터에서
　　왔어.

kommen 동사의 변화
동사원형: kommen (…오다)

단수	1인칭	ich	komme	나는 오다
	2인칭	du	kommst	너는 …
	3인칭	er/sie/es	kommt	그는 / 그녀는 / 그것은 …
복수	1인칭	wir	kommen	우리는 …
	2인칭	ihr	kommt	너희는 …
	3인칭	sie	kommen	그들은 / 그녀들은 / 그것들은 …
존칭		Sie	kommen	당신은 …

KEY POINT
· w-로 시작하는 의문사를 사용할 경우(wer-누구, was-무엇, wo-어디, wann-언제, wie-어떻게) 문장 앞에 위치한다.
· kommen 동사는 규칙적으로 변화한다.

VOKABEL
□ woher 어디에서
□ kommen 오다
□ aus 에서
□ England 영국
□ Frankreich 프랑스

기억하세요!
kommen에서 komm은 변하지 않는 어간이다. 어간의 인칭에 따라서 인칭 어미를 사용한다.
[동사의 규칙적인 변화]

단수	1인칭	-e
	2인칭	-st
	3인칭	-t
복수	1인칭	-en
	2인칭	-t
	3인칭	-en

교체 연습

연습1)
Ich komme aus Deutschland.
　　　　　　Korea

연습2)
Kommst du aus Tokio? Nein, ich komme aus Seoul.
　　　　　China　　　　　　　　　　　Korea

Simon : Wie geht's, Anna?

Anna : Danke gut, Simon. Und wie geht es dir?

Simon : Danke, auch gut. Wie geht es Frau Hauser?

Anna : Frau Hauser geht es sehr gut.

시몬: 안나야, 어떻게 지내?
안나: 잘 지내, 시몬. 너는 어떻게 지내?
시몬: 나도 잘 지내지. 하우저 부인은 어떻게 지내시니?
안나: 하우저 부인은 아주 잘 지내셔.

Wie geht's?(어떻게 지내?)는 Wie geht es dir?의 줄인 표현이다. 영어로 하면 How's it going?, How is it going?과 비슷하다. 인칭을 포함할 때는 3격을 써야 한다.
Wie geht's?(어떻게 지내셨어요?)는 Wie geht es Ihnen?의 줄인 존칭 표현도 된다.

인칭대명사 3격

단수	1인칭	mir	나에게
	2인칭	dir	너에게
	3인칭	ihm/ihr/ihm	그 / 그녀 / 그것에게
복수	1인칭	uns	우리에게
	2인칭	euch	너희에게
	3인칭	ihnen	그들 / 그녀들 / 그것들에게
존칭		Ihnen	당신에게

KEY POINT
· 인칭대명사는 사람을 가리키는 기능을 하는 품사이다.
· 독일어 명사에는 항상 "격"이 있다. 격은 4종류다.
  1격 – 은/는, 이/가   2격 – 의
  3격 – 에게   4격 – 을/를

VOKABEL
☐ wie 어떻게
☐ gehen 가다(지내다)
☐ danke 감사합니다/고마워
☐ und 그리고
☐ dir 너에게(3격)
☐ es geht 그냥 그래
☐ Ihnen 당신에게(3격)

기억하세요!
gut, es geht 외 표현
sehr gut(아주 좋아)
super(최고)
nicht so gut(그렇게 좋지 않아)
nicht gut(좋지 않아)
schlecht(안 좋아)
sehr schlecht(아주 안 좋아)

교체 연습

연습1)
Wie geht's dir? Es geht mir super.
                       gut

연습2)
Wie geht es Ihnen? Gut, und wie geht es Ihnen, Herr Berger?
           dir   Nicht so gut   dir   Thomas

Helga Moser	Guten Morgen. Ich heiße Helga Moser. Wie heißen Sie?
Fritz Büchner	Guten Tag, Frau Moser. Ich heiße Fritz Büchner. Freut mich, Sie kennenzulernen.
Helga Moser	Freut mich auch. Woher kommen Sie, Herr Büchner?
Fritz Büchner	Ich komme aus der Schweiz. Und Sie?
Helga Moser	Ich komme aus Mainz. Kommen Sie aus Zürich?
Fritz Büchner	Nein, ich komme aus Bern.
Helga Moser	Ich liebe die Schweiz. Ich fahre oft dahin.

헬가 모서 : 안녕하세요, 저는 헬가 모서라고 합니다. 성함이 어떻게 되시나요?
프리츠 뷔크너 : 모서 부인, 안녕하세요. 저는 프리츠 뷔크너라고 합니다. 만나서 반갑습니다.
헬가 모서 : 저도 반갑습니다. 어디에서 오셨나요, 뷔크너 씨?
프리츠 뷔크너 : 저는 스위스에서 왔습니다. 모서 부인은요?
헬가 모서 : 저는 마인츠에서 왔습니다. 취리히에서 오셨나요?
프리츠 뷔크너 : 아니요, 베른에서 왔습니다.
헬가 모서 : 저는 스위스를 너무 좋아합니다. 저는 그곳에 자주 갑니다.

VOKABEL

□ die Schweiz 스위스　□ lieben 사랑하다

□ fahren 가다(교통편을 이용해서 가는 것 – 자동차, 기차, 지하철, 버스, 배 등)　□ sehr 매우　□ dahin 그곳으로

ÜBUNG ① Hören (듣기)

다음을 듣고 빈칸을 채워 보세요. Track 022

1. Woher _____ du?

2. Ich komme aus _____ .

3. Wie _____ ?

4. Ich _____ Thomas.

5. Freut mich, _____ .

ÜBUNG ② Sprechen (말하기)

다음 질문에 답하세요. (자신의 답변을 해 보세요)

1. Wie heißen Sie?

2. Woher kommen Sie?

3. Wie geht es dir?

4. Freut mich, dich kennenzulernen.

ÜBUNG ❸ Lesen (읽기)

다음을 읽어 보세요.

1. Paris, Lyon, London, Rom, Seoul, Tokio, New York

2. Ich komme, du kommst, er kommt, sie kommt, es kommt, wir kommen, ihr kommt, sie kommen

3. Ich – mir, du – dir, er – ihm, sie – ihr, es – ihm, wir – uns, ihr – euch, sie – ihnen

4. Wie geht's dir? Wie geht's ihm? Wie geht's ihr? Wie geht's euch? Wie geht's ihnen?

5. Italien, England, Deutschland, Korea, Amerika, Frankreich

ÜBUNG ❹ Schreiben (쓰기)

다음에 해당하는 표현을 써 보세요.

1. 어떻게 지내니?

2. 너는 한국에서 왔니?

3. 바우어 씨, 어떻게 지내세요?

4. 나는 최민호라고 한다.

5. 안녕. 내 이름은 올라프야. 나는 스웨덴에서 왔어. (스웨덴 – Schweden)

1

Maria

Hallo. Ich heiße Maria.
Wie _____ du?

Thomas

Ich heiße Thomas.

Thomas, _____
dich kennenzulernen.

Ja, freut mich auch.

2

Jean

Sophie, woher
_____ du?

Sophie

Ich komme

_____
England und du?

Ich _____
aus Frankreich. Kommst
du aus London?

Nein, aus Manchester.

3

Simon

Wie geht's, Anna?

Anna

Danke gut, Simon. Und
wie _____ dir?

Danke, auch

_____ .

문화 읽기

🥨 독일연방공화국 🥨
BUNDESREPUBLIK DEUTSCHLAND

독일연방공화국은 1871년에 프로이센·프랑스 전쟁을 거쳐 독일제국으로 탄생했다. 1949년 제2차 세계대전 후에 독일연방공화국(서독)과 독일민주공화국(동독)으로 나누어졌고 1990년에 통일됐다.
독일의 면적은 약 35만 km²이며 인구는 약 8,329만 명(세계 19위)이다(2022년 기준).
독일 전체는 16개의 주(Bundesländer)로 나누어져 있다.

독일과 관련된 재미있는 사실

❶ 9개 나라와 국경을 맞대고 있다(덴마크[북쪽], 폴란드·체코[동쪽], 오스트리아·스위스[남쪽], 프랑스·룩셈부르크·벨기에, 네덜란드[서쪽]).

❷ 대학 등록금이 없다.

❸ 세계적으로 가장 많은 책을 출판하고 있다(독일 구텐베르크가 인쇄법을 발견했다).

❹ 세계를 바꾼 발명이 많다(전기 계산기, 전구, 자동차, 오토바이, LCD 화면, 워크맨, 인슐린, 엔진, 하모니카, 전화기, LP 플레이어, 엑스레이, 치약 등).

❺ 서머타임(여름철에는 해가 빨리 뜨고 늦게 지므로 낮 시간을 활용하기 위해 시간을 한 시간 앞당기는 제도)을 처음으로 시행했다(유럽은 아직도 시행).

❻ 독일 Ulm에는 세계에서 가장 높은 교회가 있다(Ulm Cathedrale[161.53m]).

❼ 유럽에서 세금이 제일 높은 나라이다(최고 50%까지).

❽ 세계 최초 항공은 독일 DELAG 항공이다.

❾ 유럽에서 가장 큰 백화점은 베를린에 있는 KADEWE이다. 베를린에 세계에서 가장 큰 동물원도 있다.

❿ 독일에는 맥주 종류가 5000종이 넘는다.

LEKTION 03

대상 묻기

학습 목표
- ☐ 사물에 대해 물어보기
- ☐ 소유 물건 표현하기
- ☐ 어떤 물건인지 설명하기

문법
- ☐ 부정관사, 동사의 규칙적인 변화, 문장 구성

문화
- ☐ 유명한 독일인 (1)

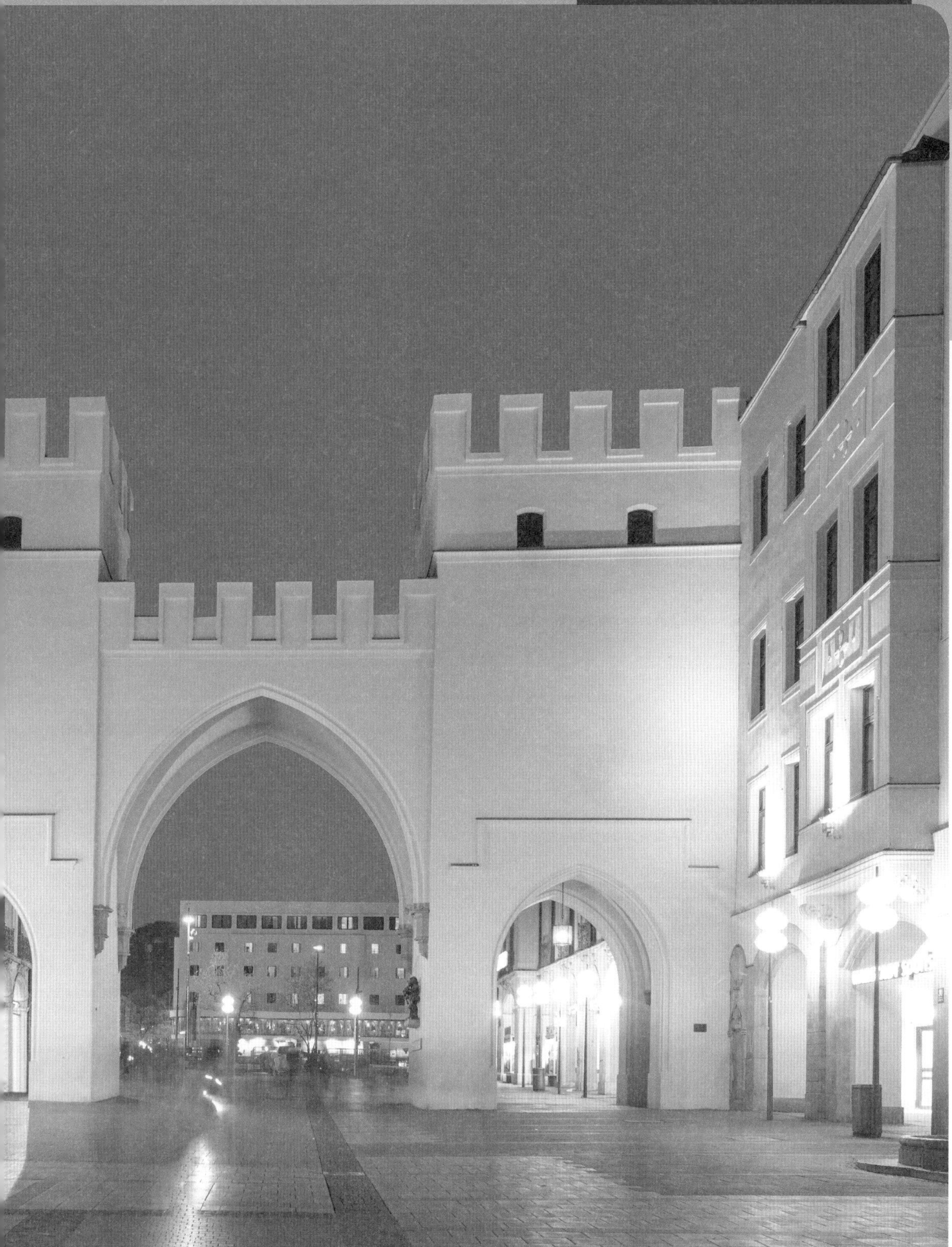

Jean : Was ist das?

Sophie : Das ist ein Buch.

Jean : Und das?

Sophie : Das sind Kugelschreiber.

쟌: 이것은 무엇이니?
소피: 이것은 책 한 권이야.
쟌: 그리고 이것은?
소피: 이것은 볼펜들이야.

부정관사

	격	남성	여성	중성	복수
1	주격	ein	eine	ein	—
2	소유격	eines	einer	eines	—
3	간접목적어	einem	einer	einem	—
4	직접목적어	einen	eine	ein	—

KEY POINT
- 명사를 처음 언급할 때 일반적으로 부정관사를 쓴다. 즉 사물이나 사람이 정해지지 않을 경우에 부정관사를 쓴다(하나의, 어느, 어떤).
- 복수형에서는 정관사 없이 쓴다(영어 a car → 복수 cars).

VOKABEL
- was 무엇
- das 이것
- das Buch 책
- und 그리고
- die Lampe 램프
- der Kugelschreiber 볼펜

기억하세요!
독일어 명사는 문법적인 성이 있다(남성, 여성, 중성).
der Kugelschreiber (남성)
die Lampe (여성)
das Buch (중성)

교체 연습

연습1)
Was ist das? Das ist ein Buch. Nein, das ist eine Lampe.
　　　　　　　ein Kugelschreiber　　ein Buch

연습2)
Und was ist das? Das sind Kugelschreiber. Nein, das sind Lampen.
　　　　　　　Bücher　　　　　　　Kugelschreiber

Simon : Was hast du?

Olaf : Ich habe einen Kugelschreiber, eine Flasche Wasser, Bücher und ein Heft.

Simon : Hast du ein Auto?

Olaf : Nein, aber ich habe ein Fahrrad.

시몬: 너는 무엇이 있니?
올라프: 볼펜 한 개, 물 한 병, 책과 공책 한 권이 있어.
시몬: 너는 자동차가 있니?
올라프: 아니, 하지만 나는 자전거가 있어.

동사의 불규칙적인 변화 haben (갖고) 있다

	1인칭	habe
단수	2인칭	hast
	3인칭	hat
	1인칭	haben
복수	2인칭	habt
	3인칭	haben

KEY POINT

· haben 동사는 명사 4격을 필요로 한다(갖고 있다… → 무엇을?). 그래서 부정관사를 사용하며 성과·격을 맞추어 쓴다.

예 Ich habe **einen** Kugelschreiber.
나는 볼펜이 있다. 볼펜 → 단수, 남성, 4격

VOKABEL

☐ haben (갖고) 있다
☐ die Flasche 병
☐ das Wasser 물
☐ Bücher (pl.) 책(복수)
☐ das Heft 공책
☐ aber 그러나
☐ das Fahrrad 자전거

기억하세요!

das Buch
(복수 → die Bücher)
haben 동사 단수 2인칭, 3인칭의 불규칙 형태 주의해 주세요.

교체 연습

연습1)
Was hast du? Ich habe ein Buch.
　　　　　　　　　　　eine Zeitung

연습2)
Hast du ein Fahrrad? Nein, aber ich habe ein Auto.
　　　　　　　　　　　　　　　　ein Motorrad

Anna : Ich brauche ein Kleid.

Sophie : Schau mal, das Kleid ist schön.

Anna : Ja, aber das Kleid ist zu kurz.

Sophie : Und das? Das Kleid ist schön und lang.

안나: 나는 드레스가 필요해.
소피: 봐, 이 드레스가 예쁘네.
안나: 그래, 하지만 이 드레스는
　　　너무 짧아.
소피: 그럼 이것은? 이 드레스
　　　는 예쁘고 길어.

동사의 규칙적인 변화 brauchen (필요하다)
독일어 문장 구성

주어	동사	목적어
Ich	brauche	ein Kleid

나는 드레스 하나가 필요해.

주어	동사	형용사(목적어)
Das Kleid	ist	schön

이 드레스는 예쁘다.

KEY POINT

· 처음 대화에서 드레스를 언급할 때 ein Kleid이라고 한다(드레스 하나).
· 그 다음에 드레스에 대해 말할 때 das Kleid이라고 하는 점(이/그 드레스)
　에 유의하자.

VOKABEL

☐ brauchen 필요하다
☐ das Kleid 드레스
☐ schau mal 봐
☐ schön 예쁜
☐ zu 너무
☐ kurz 짧은
☐ lang 긴
☐ toll 아주 좋은, 최고

기억하세요!

brauchen 동사도 명사 4격
이 필요하다(필요하다… →
무엇을?).

교체 연습

연습1)
Ich brauche ein Kleid.
　　　　　　ein Buch

연습2)
Das Kleid ist toll.
Das Buch

회화

Jean	Was haben wir?
Sophie	Ich habe ein Buch, einen Kugelschreiber, ein Heft und das hier.
Jean	Was ist das?
Sophie	Wie sagt man auf Deutsch?
Jean	Ach, Radiergummi. Hast du auch einen Bleistift?
Sophie	Nein, wir brauchen noch Bleistifte und Buntstifte.
Jean	Schau mal, diese Buntstifte sind schön.
Sophie	Ja, aber sie sind zu teuer.
Jean	Und die? Die sind im Angebot.
Sophie	Super.

쟌 : 우리 뭐가 더 있니?
소피 : 나는 책 한 권, 볼펜 한 개, 공책 한 권과 이것이 있어.
쟌 : 이것이 뭐니?
소피 : 독일어로 뭐라고 하지?
쟌 : 아, 지우개. 연필도 있어?
소피 : 아니, 우리는 연필과 색연필이 여전히 필요해.
쟌 : 봐, 이 색연필 예쁘다.
소피 : 그래, 하지만 너무 비싸.
쟌 : 그럼 이것은? 이 색연필은 지금 세일해.
소피 : 좋아.

VOKABEL

☐ Wie sagt man auf Deutsch? 독일어로 뭐라고 하지?

☐ der Radiergummi 지우개　☐ der Bleistift 연필　☐ der Buntstift 색연필　☐ im Angebot 세일

연습문제

ÜBUNG ① Hören (듣기)

다음을 듣고 빈칸을 채워 보세요. 🎧 Track 030

1.   Was _____ das? Das ist ein Auto.

2.   Ich habe _____ Flasche Wasser und ein Heft.

3.   Hast du ein Fahrrad? Nein, aber ich _____ ein Auto.

4.   Was ist das? Das _____ Bücher.

5.   Schau mal, das Kleid ist kurz und _____.

ÜBUNG ② Sprechen (말하기)

질문에 답하세요.

1.   Was ist das?

(이것은 드레스다.)

2.   Was hast du?

(나는 자동차와 자전거가 있다.)

3.   Was brauchst du?

(나는 책 한 권이 필요하다.)

4.   Das Auto ist klein.

(그 자동차는 크다. – 크다 : groß)

50

ÜBUNG ③ Lesen (읽기)

다음을 읽어 보세요.

1. Jan hat einen Ball. Mona hat einen Computer. 얀은 공이 있다. 모나는 컴퓨터가 있다.

2. Ich brauche eine Schere. Sie brauchen eine Uhr. 나는 가위가 필요해. 그들은 시계가 필요해.

3. Hast du eine Zeitung? Habt ihr eine Tasche? 너는 신문이 있니? 너희들은 가방이 있니?

4. Wir haben Schuhe. Er hat einen Bleistift. 우리는 신발이 있다. 그는 연필이 있다.

5. Was ist das? Das ist ein Handy. 이것은 무엇입니까? 이것은 핸드폰입니다.

ÜBUNG ④ Schreiben (쓰기)

다음 그림과 연결해 보세요.

1. die Tasche •   •

2. der Bleistift •   •

3. das Handy •   •

4. die Zeitung •   •

5. die Schuhe •   •

6. der Ball •   •

7. die Schere •   •

8. der Computer •   •

9. die Uhr •   •

Jean

 Was _____?

Sophie

Das ist ein Buch.

 Und das?

Das sind _____.

Simon

 Was hast du?

Olaf

Ich habe einen Kugelschreiber, eine Flasche Wasser, _____

 Hast du ein Auto?

Nein, aber ich habe _____.

Anna

 Ich brauche

_____.

Sophie

Schau mal, das Kleid ist schön.

 Ja, aber das Kleid ist zu kurz.

Und das? Das Kleid ist

_____.

 Ja, das Kleid ist toll.

문화 읽기

🥨 유명한 독일인 (1) 🥨

알버트 아인슈타인(1879~1955)

독일 울름에서 태어난 이론물리학자이다. 원자력 기술의 중요한 특수상대성이론을 연구했다. 세계적인 물리학자이면서 유대민족주의·시오니즘운동의 지지자, 평화주의자로도 활동하였다. 평화를 홍보한 인도주의자이기도 하며 음악도 매우 좋아했다. 1921년에는 노벨 물리학상을 받았다.

루트비히 판 베토벤 (1770~1827)

독일 본에서 태어나고 1792년 빈에 간 후 35년을 그곳에서 살았다. 처음에는 뛰어난 피아니스트로서 빈의 귀족사회에서 환대받았다. 30세 이전에 시작된 난청이 심해져서 나중에는 귀가 전혀 들리지 않게 되었고 말년에는 큰 고통을 받았으며 고독한 삶을 살았다. 낭만주의 음악의 문을 활짝 열어 놓았고 교향곡 9곡, 피아노 협주곡 5곡과 셀 수 없는 실내음악과 합창곡을 작곡했다.

요한 볼프강 폰 괴테 (1749~1832)

독일 프랑크푸르트 암마인에서 태어났다. 오랫동안 활동한 독일의 문학인, 시인이자 과학자이다. 유명한 작품으로는 〈젊은 베르테르의 슬픔〉과 〈파우스트〉가 있다. 〈파우스트〉는 구상에서 완성까지 60년이 걸린 대작이다. 1782년에는 황제 요제프 2세로부터 귀족 칭호까지 받은 당대 독일의 손꼽히는 인물이었다.

LEKTION 04

나에 대해
알려 주기

학습 목표
☐ 가족 소개하기
☐ 전공 말해 주기
☐ 오랜만에 만났을 때 인사

문법
☐ 소유대명사 1인칭 1~4격, 의문대명사

문화
☐ 독일의 대학 생활

하이델베르크 성

Nina : Das ist meine Familie. Das sind meine Eltern.
Das ist mein Vater und das ist meine Mutter.

Alex : Sind das deine Geschwister?

Nina : Ja, das ist mein Bruder und das ist meine
Schwester.

Alex : Schönes Familienfoto!

니나: 나의 가족이야. 이분들은
나의 부모님이야.
이분은 나의 아버지, 그리
고 이분은 나의 어머니.
알렉스: 이 사람들은 너의 형제
자매니?
니나: 그래, 나의 오빠와 여동생
이야.
알렉스: 멋진 가족사진이네!

소유대명사 1인칭 1격

소유대명사는 소유를 말할 때 사용한다.
(1격: 명사를 문장의 주어로 쓸 때 → 은/는, 이/가)
3가지 문법적인 성이 있다(남성, 여성, 중성).

남성	여성	중성	복수
mein	meine	mein	meine
mein Vater 나의 아버지	meine Mutter 나의 어머니	mein Auto 나의 자동차	meine Eltern 나의 부모님

KEY POINT

· 독일어의 모든 명사는 문법적인 성이 있다. 사람을 나타낼 때는 자연의 성
별을 사용하지만, 사물도 성이 있다.
· 자연의 성: Vater (아빠 → 남성)
　　　　　　 Mutter (엄마 → 여성)
· 문법적인 성: Fernseher (TV → 남성)
　　　　　　　 U-Bahn (지하철 → 여성)

VOKABEL

☐ **meine/mein** 나의(여
성/남성, 중성)
☐ **die Familie** 가족
☐ **die Eltern (pl.)** 부모님
☐ **der Vater** 아버지
☐ **die Mutter** 어머니
☐ **wer** 누구
☐ **die Schwester** 여자 형제
☐ **der Bruder** 남자 형제
☐ **schön** 예쁜, 아름다운
☐ **das Familienfoto** 가족
사진

기억하세요!

남성, 중성 주어 앞: mein
여성, 복수 주어 앞: meine
예 Das ist mein Auto.
이것은 나의 자동차야.
(자동차: 중성)

교체 연습

연습1)

Das ist meine Schwester.
　　　mein Bruder

연습2)

Das sind meine Eltern. Mein Vater Paul und meine Mutter Susan.
　　　meine Geschwister Bruder Tobias　　　Schwester Anette

Lisa : Was studierst du, Olaf?

Olaf : Ich studiere Germanistik. Und was machst du?

Lisa : Ich bin auch Studentin. Ich studiere Wirtschaft.

Olaf : Du bist also eine Wirtschaftsstudentin.

리사: 올라프, 너의 전공은 뭐니?
올라프: 나는 독어독문학을 전공해. 너는 직업이 무엇이니?
리사: 나도 대학생이야. 나는 경제학을 전공해.
올라프: 너는 경제학 학생이었구나.

---

studieren은 kommen과 같은 규칙 동사다. 규칙 변화 형태로 인칭에 따라서 변화시키면 된다.
남자 대학생 – der Student
여자 대학생 – die Studentin
Was machst du? : 너는 무엇을 하니?(직업을 물어볼 때 많이 쓴다.)

의문대명사
W로 시작하는 의문사는 질문을 할 때 사용한다.

wer – 누구	was – 무엇
wo – 어디	woher – 어디에서
wie – 어떻게	wann – 언제

KEY POINT

· **Wer** ist das?	이 사람은 누구니?
· **Wo** sind Sie?	어디에 계시나요?
· **Wie** heißt du?	너는 이름이 무엇이니?
· **Was** studierst du?	너의 전공은 무엇이니?
· **Woher** kommen Sie?	어디에서 오셨어요?
· **Wann** kommst du?	너는 언제 오니?

VOKABEL

☐ was 무엇
☐ studieren 전공하다
☐ die Germanistik 독어독문학
☐ die Wirtschaft 경제학
☐ auch …도
☐ die Studentin 대학생(여)
☐ also 그러므로, 즉

기억하세요!

독일어 문장은 일반적으로 다음과 같은 순서이다:
주어(누가), **동사**(어떤 행동), **목적어**(무엇, 어떻게, 언제, 어디)

주어	동사	목적어
Ich	bin	Studentin

W로 시작하는 의문사의 경우

W-의문사	동사	주어
Was	studierst	du?
Wie	heißt	du?

교체 연습

연습1)
Was studierst du? Ich studiere Wirtschaft.
　　　　　　　　　　　　　Germanistik

연습2)
Was machst du? Ich bin Student.
　　　　　　　　　　　Studentin

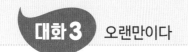
Simon : Lange nicht gesehen, Anna.

Anna : Hallo Simon. Was machst du hier?

Simon : Ich treffe meine Freundin.

Anna : Wie lustig! Ich warte auf meinen Freund. Er kommt aus Österreich.

시몬: 오랜만이네, 안나.

안나: 안녕, 시몬. 여기서 뭐 하니?

시몬: 나는 여자 친구를 만나.

안나: 재미있네. 나도 남자 친구를 기다리고 있어. 그는 오스트리아에서 왔어.

Lange nicht gesehen : 오랜만이에요/오랜만이야
Wie lustig!는 영어 how funny!의 의미이다.

소유대명사 1인칭 1~4격

격	남성	여성	중성	복수
1	mein	meine	mein	meine
2	meines	meiner	meines	meiner
3	meinem	meiner	meinem	meinen
4	meinen	meine	mein	meine

warten, treffen 동사는 4격(목적어)을 필요로 한다.
warten auf : ~를 기다리다
treffen : ~를 만나다(불규칙 동사)
　　　2인칭 단수(e→i : du triffst) 3인칭 단수(e→i : er/sie/es trifft)

KEY POINT
• Freundin는 여성 명사여서 그 앞에 소유대명사 여성 4격을 쓴다(meine).
• Freund는 남성 명사여서 그 앞에 소유대명사 남성 4격을 쓴다(mein).

VOKABEL
☐ hier 여기
☐ machen 하다
☐ treffen 만나다
☐ die Freundin 여자 친구
☐ lustig 재미있는
☐ warten auf…
　　 …를 기다리다
☐ der Freund 남자 친구
☐ kommen aus …에서
　　 왔다
☐ Österreich 오스트리아

기억하세요!
독일어에서 주어(문장의 '갑')는 1격 (은/는, 이/가) 목적어(문장의 '을')는 3격(에게) 또는 4격(을/를)를 쓴다. 3격인지 4격인지는 동사가 결정한다.

교체 연습

연습1)
Ich treffe meine Mutter.
　　　　meinen Vater

연습2)
Ich warte auf meinen Bruder.
　　　　　　meine Schwester

연습3)
Sie kommt aus Deutschland.
Er　　　　　　Korea

Anna	Hallo Simon. Lange nicht gesehen!
Simon	Hallo Anna. Was machst du hier?
Anna	Ich warte auf meinen Freund.
Simon	Deinen Freund?
Anna	Ja, ich zeige dir ein Foto. Hier. Das ist mein Freund. Er kommt aus Österreich und ist Student.
Simon	Was studiert er denn?
Anna	Er studiert Wirtschaft.
Simon	Ich studiere auch Wirtschaft.
Anna	Was für ein Zufall.

안나 : 안녕 시몬, 오랜만이야.
시몬 : 안나야, 안녕. 여기서 뭐 하니?
안나 : 남자 친구를 기다리고 있어.
시몬 : 남자 친구?
안나 : 그래. 사진 보여 줄게. 여기. 내 남자 친구야. 오스트리아에서 왔고 학생이야.
시몬 : 그의 전공은 뭐니?
안나 : 그는 경제학을 전공해.
시몬 : 나도 경제학을 전공하는데.
안나 : 이런 우연이 있네.

VOKABEL

☐das Foto 사진　☐zeigen 보여 주다　☐der Zufall 우연
☐Was für ein Zufall 이런 우연이 있네(우연이라서 놀랄 때 쓰는 표현)

ÜBUNG ① Hören (듣기)

다음을 듣고 빈칸을 채워 보세요. 🎧 Track 038

A: Wer ist das?

B: Das ist   .

A: Wie heißt sie?

B: Anne-Marie.

A: Und was macht sie?

B: Sie ist   . Sie studiert   .

ÜBUNG ② Sprechen (말하기)

다음 질문에 답하세요.

1. Was studierst du?

(나는 독일어를 공부한다.)

2. Was studiert dein Bruder?

(그는 경제학을 전공한다.)

3. Hallo. Wie geht's?

(안녕, 오랜만이다.)

4. Was machst du hier?

(나는 여자 친구를 기다리고 있다.)

ÜBUNG ③ Lesen (읽기)

다음 엽서를 읽어 보세요.

Hallo Klaus!

Liebe Grüße aus Deutschland!

Ich bin in Berlin.

Es ist sehr toll!

Mein Bruder Anton studiert hier Medizin.

Wie geht es dir? Wir sehen uns bald!

Deine Eva

An

Klaus Zimmermann

Mozartplatz 20/2

8000 Zürich

Schweiz

ÜBUNG ④ Schreiben (쓰기)

다음을 재배열하여 문장을 만들어 보세요. (동사를 인칭에 맞게 변화시킬 것!)

1. du   was   studieren   ?

2. hier   Herr Fischer   machen   was   ?

3. meine Eltern   das   sein   .

4. kommen   aus   mein Freund   Korea   .

1

Nina

Das ist meine Familie. Das sind meine Eltern. Das ist mein Vater und das

_____.

Alex

Sind das _____ Geschwister?

Ja, das ist mein Bruder und das ist meine Schwester.

Schönes _____!

2

Lisa

Was studierst du, Olaf?

Olaf

_____

Germanistik. Und was machst du?

Ich bin auch

_____.

Ich studiere Wirtschaft.

3

Simon

Lange nicht gesehen, Anna.

Anna

Hallo Simon. Was

_____ du hier?

Ich treffe meine Freundin.

Wie lustig! Ich _____ meinen Freund. Er kommt aus _____.

문화 읽기

🥨 독일의 대학 생활 🥨

한 교과 과목이지만 여러 수업으로 나누어져 있다.

독일 대학교에서는 한 교과 과목이 여러 수업으로 이루어져 있다. Vorlesung은 교수가 강의하는 것을 듣는 것이고, Seminar는 수업을 듣는 학생 수를 15~20명으로 제한하여 소그룹으로 발표, 토론 또는 프로젝트를 진행하는 수업이다. Übung 또는 Tutorium은 배웠던 것을 실습하고 경험할 수 있는 수업이다. 일반적으로 조교수, 또는 박사 과정에 재학중인 학생이 교수 대신 이 Übung (Tutorium) 수업을 진행한다.

한국처럼 학년의 개념이 없다.

독일은 한국처럼 학년별로 나누어지는 개념이 없다. 1학년이 수강해야 하는 필수 과목도 있지만 학년과 상관 없이 1학년부터 4학년이 같이 듣는 수업이 많다. 그래서 시간표를 짜는 것도 어렵다. 학생들은 졸업을 위해 어떤 수업을 들어야 하는지 잘 확인해서 수강 신청을 해야 한다. 교양 과목은 필수가 아니며, 관심이 있으면 누구나 수강할 수 있다.

수업 시작 후 15분 늦게 와도 지각이 아니다.

독일에서는 Akademische Viertelstunde(Cum Tempore, C.t)가 있다. C.t로 표시된 수업은 정시에 시작하지 않고 15분 후부터 시작한다. 그러나 이것은 교수의 재량이다. 정시에 시작해서 15분 동안 복습하는 교수도 있고 15분 후에 오는 교수도 있다.

수업이 끝나면 책상에 노크(가볍게 두드리는 것)를 한다.

수업이 끝나면 문에 노크하듯이 책상에 노크를 빠르게 한다(약 15~20번). 교수에게 감사하다는 표시다.

LEKTION 05

우리 집

학습 목표
☐ 부모님의 집
☐ 주거 공동체의 내 방
☐ 선호하는 집 표현하기

문법
☐ 3격 전치사(bei, mit), 기수 1~10, 정관사

문화
☐ 독일의 집

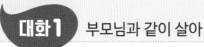

Julia : Wohnst du alleine?

Peter : Nein, ich wohne bei meinen Eltern. Wir haben ein großes Haus und einen Garten.
Ich habe auch einen Hund. Wohnst du auch bei deinen Eltern?

Julia : Nein, ich wohne mit Freundinnen in einer WG.

Peter : Ich komme dich mal besuchen.

율리아: 너는 혼자 사니?
페터: 아니, 나는 부모님의 집에서 살아. 우리 집은 크고 정원도 있어.
나는 강아지도 키워. 너도 부모와 같이 사니?
율리아: 아니, 나는 친구들하고 주거 공동체에 살아.
페터: 한번 놀러 갈게.

전치사는?
• 명사(대명사) 앞에 놓여 다른 명사(대명사)와의 관계를 나타내는 품사이다.
• 동사와 같이 쓰는 전치사는 동사와 같이 외우는 것이 좋다.
• 전치사에 따라서 그 다음에 오는 명사의 격을 변화시켜야 한다.

wohnen bei + 3격 (…에서 산다)

Ich **wohne bei meinen** Eltern. (복수 3격)

wohnen mit + 3격 (…와 같이 산다)

Ich **wohne mit meinen** Freundinnen. (복수 3격)

in은 위치/장소 전치사이다.
예 Ich wohne **in** Seoul. 나는 서울에서 산다.

VOKABEL

☐ bei (+Dativ) …에, …옆에
☐ groß 큰
☐ das Haus 집
☐ der Garten 정원
☐ der Hund 강아지
☐ mit (+ 3격) …와 함께
☐ die WG (Wohngemeinschaft) 주거 공동체
☐ dich besuchen 너를 방문하다
☐ mal (einmal) 한번

기억하세요!

몇 개의 방이 있는 아파트에서 같이 사는 것을 주거 공동체라고 한다. 방은 각자 하나씩 있고, 부엌, 욕실, 화장실을 같이 쓴다. 독일에서는 많은 젊은 사람들이 주거 공동체에서 산다.

교체 연습

연습1)
Wo wohnst du? Ich wohne in einer WG.
bei meinen Eltern

연습2)
Wohnst du bei deinen Eltern?
mit meinen Freundinnen

Julia : Willkommen zu unserer WG. Wir haben drei Zimmer. Das ist mein Zimmer.
Ich habe ein Bett, einen Tisch und einen Schrank.

Peter : Du hast auch einen Teppich, eine Lampe und ein Bild.

Julia : Du hast Recht. Ich zeige dir auch die anderen Zimmer.

Peter : Gerne.

율리아: 우리의 주거 공동체에 온 것을 환영해. 우리는 방이 3개야. 여기는 내 방.
나는 침대 하나, 책상 하나 그리고 옷장 하나가 있어.

페터: 카펫도 있고, 램프도 있고, 그림도 있네.

율리아: 너의 말이 맞아. 다른 방도 보여 줄게.

페터: 좋아.

Willkommen zu …에 온 것을 환영합니다
Du hast Recht. 너의 말이 맞네./그러네.

기수 1~10

0	null	1	eins
2	zwei	3	drei
4	vier	5	fünf
6	sechs	7	sieben
8	acht	9	neun
10	zehn		

Wir haben drei Zimmer. 'haben + 4격'이지만, 기수는 그대로 쓴다.

VOKABEL

☐ willkommen 환영
☐ drei 셋
☐ das Bett 침대
☐ der Tisch 책상
☐ der Schrank 옷장
☐ der Teppich 카펫
☐ die Lampe 램프
☐ das Bild 그림
☐ Recht haben 맞다, 옳다
☐ zeigen 보여 주다
☐ anderer/e/es 다른

기억하세요!

haben 동사는 4격이 필요하다(무엇을 갖고 있다).
Ich habe ein Bett.에서 Bett는 중성이어서 부정관사, 단수, 중성 4격 ein을 쓴다. 다른 명사도 같은 방식으로 쓰면 된다.

교체 연습

연습1)
Wir haben drei Zimmer.
     zwei

연습2)
Ich habe ein Bett.
     einen Schrank

Julia : Das ist das Wohnzimmer, und das ist die Küche.
Wir kochen und essen in der Küche.

Peter : Habt ihr auch einen Balkon?

Julia : Natürlich. Der Balkon ist hier. Und das ist das Bad.

Peter : Die Wohnung gefällt mir!

율리아: 이곳은 거실, 그리고 이 곳은 부엌이야. 우리는 부엌에서 요리도 하고 식 사도 하지.

페터: 발코니도 있니?

율리아: 당연하지. 발코니는 여 기 있어. 그리고 여기는 욕실이야.

페터: 아파트가 마음에 들어.

정관사

	격	남성	여성	중성	복수
1	주격	der	die	das	die
2	소유격	des	der	des	der
3	간접목적어	dem	der	dem	den
4	직접목적어	den	die	das	die

KEY POINT

• der Löffel 숟가락(남성) • die Gabel 포크(여성) • das Messer 나이프(중성)
• 남성, 중성 2격 (des) 뒤의 명사에도 끝에 s어미를 붙임!
예) 1격 남성 der Löffel   2격 des Löffels
    1격 중성 das Messer   2격 des Messers
• 복수 3격 (den) 뒤의 명사에도 끝에 (e)n 어미를 붙임!
예) 복수 1격 die Zimmer 복수 3격 den Zimmern

VOKABEL

☐ das Wohnzimmer 거실, 응접실
☐ die Küche 부엌
☐ kochen 요리하다
☐ essen 식사하다
☐ der Balkon 발코니
☐ natürlich 당연한
☐ das Bad 욕실
☐ die Wohnung 아파트
☐ gefallen 마음에 들다

기억하세요!

gefallen(마음에 들다) 동 사는 불규칙이며(단수 2인 칭 gefällst, 3인칭 gefällt) 3격이 필요하다.
Du gefällst mir.
너는 내 마음에 든다.
Ich gefalle dir.
나는 너의 마음에 든다.

교체 연습

연습1)
Das ist das Haus.
        die Wohnung

연습2)
Die Wohnung gefällt mir.
Das Haus

 **회화**

Fritz Büchner	Wohnen Sie allein, Frau Moser?
Helga Moser	Ich wohne in einer WG mit einer Arbeitskollegin. Wir haben zwei Zimmer, ein Wohnzimmer, eine Küche und ein Bad.
Fritz Büchner	Haben Sie auch einen Balkon?
Helga Moser	Ja, wir haben einen Balkon. Und einen kleinen Garten. Wohnen Sie auch in einer WG, Herr Büchner?
Fritz Büchner	Nein, ich lebe alleine. In einer Einzimmerwohnung. Ich habe alles in einem Zimmer - mein Bett, meinen Schrank, meinen Tisch und eine Kochnische.

프리츠 뷔크너 : 모서 부인, 혼자 사세요?

헬가 모서 : 저는 직장 동료와 주거 공동체에서 살아요. 방 2개, 거실, 부엌과 욕실이 있어요.

프리츠 뷔크너 : 발코니도 있어요?

헬가 모서 : 네, 발코니도 있고 작은 정원도 있어요. 뷔크너 씨도 주거 공동체에서 살아요?

프리츠 뷔크너 : 아니요, 저는 혼자 살아요. 방 한 칸짜리 아파트에서요. 방에 다 있어요. 침대, 옷장, 책상 그리고 간이 부엌.

VOKABEL

☐ der Arbeitskollege / die Arbeitskollegin 직장 동료 (남/여)

☐ die Einzimmerwohnung 방 한 칸짜리 아파트 ☐ die Kochnische 간이 부엌

ÜBUNG ❶ Hören (듣기)

다음을 듣고 빈칸을 채워 보세요. 🎧 Track 046

1. Ich habe einen _____ .

2. Wohnst du auch bei deinen _____ ?

3. Hier ist das Bad und hier die _____ .

4. Gefällt _____ die Wohnung?

5. Gefällt ihnen _____ ?

ÜBUNG ❷ Sprechen (말하기)

다음 질문에 답하세요.

1. Wohnst du alleine?

   (아니, 나는 부모님과 같이 살아.)

2. Hast du einen Hund?

   (그래. 우리는 강아지를 키워.)

3. Hast du einen Balkon?

   (당연하지. 발코니는 여기 있어.)

4. Gefällt euch die Wohnung?

   (그래. 아파트는 우리 마음에 들어.)

ÜBUNG ❸ Lesen (읽기)

다음 단어를 읽어 보세요.

1.	kommen	heißen	sein	gut
2.	vier	alt	zwei	drei
3.	Schwester	Hund	Kind	Vater
4.	einen	ein	meines	einer
5.	Zimmer	Morgen	Küche	Bad

ÜBUNG ❹ Schreiben (쓰기)

다음 단어를 사용하여 문장을 만들어 보세요.

1. Eltern / haben / Haus / ein / meine / großes

2. haben / Haus / einen / und / ein / großes / Sie / Garten

3. eine / Du / hast / Lampe / Bild / ein / und

1

Julia

Wohnst du alleine?

Peter

Nein, ich wohne bei _____.
Sie haben ein großes Haus und einen Garten.
Ich habe auch einen Hund. Wohnst du auch bei deinen Eltern?

Nein, ich wohne mit Freundinnen in _____.

2

Julia

Willkommen zu unserer WG. Wir haben drei Zimmer.
Das ist _____
Ich habe ein Bett, einen Tisch und einen Schrank.

Peter

Du hast auch einen Teppich,
eine Lampe und _____.

Du _____. Ich zeige dir auch die anderen Zimmer.

3

Julia

Das ist das Wohnzimmer, und das ist die Küche.
Wir _____ und _____ der Küche.

Peter

Habt ihr auch einen Balkon?

_____. Der Balkon ist hier. Und das ist das Bad.

Die Wohnung _____!

🥨 독일의 집 🥨

독일의 다양한 건축물은 세계적으로 유명하다. 독일에 가면 독일의 특이한 건물 스타일을 볼 수 있다. 생태학적인 집, 태양열 지붕, 리모델링된 오래된 건물, 벽돌로 건축한 북부 독일의 고딕 건축 양식, 농장과 해자를 두른 성 등.

그리고 도시에서는 같은 모양으로 건축된 연립주택을 많이 볼 수 있다. 학생들은 기숙사보다 주거 공동체에서 함께 생활한다.

독일식 연립주택

독일 사람들은 집에서 많은 시간을 보낸다. 친구와 친척들을 집으로 초대해서 식사 또는 커피와 케이크를 나누어 먹는다. 정원 있는 집주인들은 정원을 정성을 다해서 가꾼다. 독일 사람들은 집의 인테리어와 장식에 많은 돈을 쓴다고 한다.

한국 집과의 차이

- 독일 집은 대부분 현관 공간이 있다. 여기에 신발장과 옷을 걸 수 있는 장이 있다.
- 부엌에는 전기 레인지와 전기 오븐이 기본적으로 있다. 대부분 가정의 부엌에는 식기세척기도 있다.
- 독일 집에는 대부분 지하에 창고가 있다. 이 공간은 작업실로 쓰기도 하고 직접 만든 과일 잼도 보관한다.
- 독일 사람들은 발코니와 정원을 사랑하고 여기서 많은 시간을 보낸다. 햇빛 있는 날에는 발코니에서 일광욕도 하고 주말에는 아침 식사도 한다.

독일 전통 옛날 농부집

독일식 아파트

프랑크푸르트의 옛날 건물

LEKTION 06

장 보러 가기

학습 목표
☐ 부정하기
☐ 여부 물어보기
☐ 가격 알아보기

문법
☐ 부정어(kein), 의무 문장, 기수 100~1000

문화
☐ 독일의 아침 식사

Simon : Ist das ein Apfel?
Anna : Das ist doch kein Apfel, das ist eine Birne.
Simon : Und das? Sind das Pflaumen?
Anna : Nein, das sind doch keine Pflaumen, das sind Pfirsiche.
Simon : Sind das Gurken?
Anna : Ja, das sind Gurken.

시몬: 이것은 사과니?
안나: 이것은 사과가 아니야, 이것은 배야.
시몬: 그리고 이것은? 이것은 자두니?
안나: 아니, 자두가 아니고, 살구야.
시몬: 이것은 오이야?
안나: 그래. 이것은 오이야.

부정어: kein(아닌)

격	남성	여성	중성	복수
1	kein	keine	kein	keine
2	keines	keiner	keines	keiner
3	keinem	keiner	keinem	keinen
4	keinen	keine	kein	keine

소유대명사와 같은 형식으로 변화된다(mein, dein…).

KEY POINT

· ein Apfel(사과 하나) – kein Apfel(사과가 아닌)
· 단수: Ist das ein Apfel? 이것은 사과입니까?
· 복수: Sind das Pflaumen? 이것들은 자두입니까?

VOKABEL

☐ der Apfel 사과
☐ die Birne 배
☐ die Pflaume 자두
☐ der Pfirsich 복숭아
☐ die Gurke 오이
☐ doch …잖아
☐ kein/e 아닌(명사 앞에)

기억하세요!

부정관사의 복수는 없다. 복수를 쓸 때 부정관사 없이 쓴다.
단수는 ist, 복수는 sind를 사용한다.

교체 연습

연습1)
Ist das eine Gurke? Nein, das ist keine Gurke, das ist ein Pfirsich.
    eine Pflaume   keine Pflaume   ein Apfel

연습2)
Sind das Gurken? Ja, das sind Gurken.
      Birnen   Birnen

Maria : Guten Tag. Haben Sie Kartoffeln?
Verkäufer : Ja, wie viel brauchen Sie?
Maria : Drei Kilo, bitte. Und zwei Kilo Karotten und einen Kohl, bitte.
Verkäufer : Gerne. Sonst noch etwas?
Maria : Nein, danke. Das ist alles.
Verkäufer : Bitteschön.

마리아: 안녕하세요. 감자 있어요?
판매원: 네, 얼마나 필요하시나요?
마리아: 3kg이요. 그리고 당근 2kg과 양배추도 주세요.
판매원: 알겠습니다. 더 필요하신 것은 없나요?
마리아: 아니요. 이것이 다예요.
판매원: 여기 있습니다.

과일과 채소

das Obst	과일	das Gemüse	채소
die Banane	바나나	die Zwiebel	양파
die Wassermelone	수박	der Knoblauch	마늘
die Traube	포도	die Tomate	토마토
die Orange	오렌지	der Salat	상추
die Zitrone	레몬	der Spinat	시금치
die Erdbeere	딸기	die Erbse	완두콩
die Ananas	파인애플	die Rübe	무
die Kiwi	키위	der Lauch	파
die Mandarine	귤	die Zucchini	호박

VOKABEL

☐ die Kartoffel 감자
☐ der Verkäufer 판매원 (남자)
☐ wie viel 얼마나 (많이)
☐ brauchen 필요하다
☐ das Kilo 킬로그램(kg)
☐ die Karotte 당근
☐ der Kohl 양배추
☐ etwas 어떤 것
☐ alles 모두, 다

기억하세요!

사양할 때 독일어로 Nein, danke 또는 그냥 danke라고 쓴다. 한국어에서는 '감사합니다'라고 하면 '잘 받겠습니다'라는 뜻으로 독일어와 반대다.

KEY POINT

· Haben Sie …(이/가) 있어요?
· …, bitte(영어 please) 모든 것을 말한 후 bitte라고 하면 '주세요'라는 뜻이다. 목적어는 4격(무엇을)으로 되어야 한다.
· Sonst noch etwas? 더 필요한 것이 있나요?

교체 연습

연습1)
Haben Sie Bananen?
　　　Trauben

연습2)
Wieviel brauchen Sie? Zwei Kilo bitte.
　　　　　　　　　　　　Vier

Julia	: Was kosten 100g(einhundert Gramm) Käse?
Verkäufer	: 100g Käse kosten 1(ein) Euro.
Julia	: Und wie viel kostet ein Laib Brot?
Verkäufer	: Das Laib Brot kostet 2(zwei) Euro.
Julia	: Dann möchte ich 200g(zweihundert Gramm) Käse und ein Brot, bitte.
Verkäufer	: Gerne. Das macht 3(drei) Euro.

율리아: 100g 치즈는 얼마예요?
판매원: 100g 치즈는 1유로입니다.
율리아: 그리고 빵 한 덩어리는 얼마예요?
판매원: 빵은 2유로입니다.
율리아: 그럼 치즈 200g과 빵 한 덩어리를 사고 싶습니다.
판매원: 네. 다하면 3유로입니다.

기수 100~1000

100	(ein) hundert	200	zweihundert
300	dreihundert	400	vierhundert
500	fünfhundert	600	sechshundert
700	siebenhundert	800	achthundert
900	neunhundert	1.000	(ein) tausend

KEY POINT

- Was kosten …? (…는 얼마예요?)
  복수 명사이면 동사는 3인칭 복수로 쓴다(kosten).
- Was kostet …?
  단수 명사이면 동사는 3인칭 단수로 쓴다(kostet).
- Das macht… 다 하면 …되겠습니다

VOKABEL

- ☐ kosten 가격이 …이다
- ☐ das Gramm 그램(g)
- ☐ Euro 유로
- ☐ der Laib 덩어리
- ☐ möchten 원하다
- ☐ gerne 기쁜 마음으로

기억하세요!

gerne / gern : (기쁜 마음으로) 당연하지요, 천만에요 (한국어로 '네', '알겠습니다')

교체 연습

연습1)
Was kostet ein Kilo Bananen?
　　　　　　　Tomaten

연습2)
Was kosten drei Laib Brot?
　　　　　　zwei Laib Brot

연습3)
Was kosten 500g das Rindfleisch?
　　　　　　400g das Hühnerfleisch

☐ das Rindfleisch 소고기　　☐ das Hühnerfleisch 닭고기

Helga Moser	Guten Tag, haben Sie Schinken?
Verkäufer	Ja, wie viel möchten Sie?
Helga Moser	400g.
Verkäufer	Sonst noch etwas?
Helga Moser	Nein, danke. Das ist alles. Was kostet das?
Verkäufer	Das macht 5 Euro 50.
Helga Moser	Ist das ein Bergkäse?
Verkäufer	Nein, das ist kein Bergkäse, das ist ein Emmentaler.

헬가 모서 : 안녕하세요, 햄 있어요?
판매원 : 네, 얼마나 필요하시나요?
헬가 모서 : 400g 주세요.
판매원 : 더 필요하신 것 있으세요?
헬가 모서 : 아니요, 다예요. 얼마예요?
판매원 : 5유로 50입니다.
헬가 모서 : 이것은 베르그 치즈인가요?
판매원 : 아니요. 베르그 치즈가 아니고 에멘탈 치즈입니다.

VOKABEL

□der Schinken 햄　□der Bergkäse 베르그 치즈, 산(특히 알프스 산)에서 만든 치즈

□der Emmentaler 에멘탈 치즈(주로 스위스에서 만들어지며 부드러운 맛의 치즈)

ÜBUNG 1 Hören (듣기)

다음을 듣고 빈칸을 채워 보세요. 🎧 Track 054

1. _____ Brot und Milch?

2. Dann möchte ich 100g _____, bitte.

3. Sind das Pfirsiche? Nein, das sind doch keine _____

4. Haben Sie _____? Ja, wie viele möchten Sie?

5. _____ einen Liter Milch?

ÜBUNG 2 Sprechen (말하기)

다음 질문에 답하세요.

1. Haben wir noch Kartoffeln?

(그래, 우리 감자 있어.)

2. Brauchen wir noch Obst?

(아니, 과일은 필요 없어.)

3. Was kostet eine Wassermelone?

(수박 한 통은 5유로입니다.)

4. Sonst noch etwas?

(아니요, 이것이 다예요.)

ÜBUNG ③ Lesen (읽기)

다음 이야기를 읽어 보세요.

Fridolin und Antonia leben im Schlaraffenland. Dort hängen Würste an den Bäumen, Lollipos an den Fenstern und überall gibt es Zuckerwatte. Aus der Wasserleitung fließt Limonade und alle Häuser sind aus Keksen.

ÜBUNG ④ Schreiben (쓰기)

다음을 연결하며 문장을 만들어 보세요.

1. Ich möchte   •   • Tomaten und Gurken?

2. Haben Sie   •   • Milch und Käse.

3. Wir brauchen noch   •   • 100g Käse und einen Laib Brot.

4. Ich kaufe   •   • Obst und Gemüse im Supermarkt.

1

Simon

Ist das ein Apfel?

Anna

Das ist

_____,

das ist eine Birne.

Und das? Sind das
Pflaumen?

Nein, das sind doch keine
Pflaumen, das

_____.

Sind das Gurken?

Ja, _____.

2

Maria

Guten Tag. Haben Sie
Kartoffeln?

Verkäufer

Ja, wie viel

_____?

Drei Kilo, bitte.

Gerne. Sonst noch etwas?

Was kosten 100g

_____?

100g Käse kosten 1 Euro.

Dann möchte ich
_____ Käse, bitte.

☙ 독일의 아침 식사 ☙

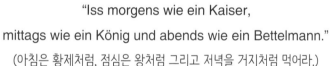

"Iss morgens wie ein Kaiser,
mittags wie ein König und abends wie ein Bettelmann."
(아침은 황제처럼, 점심은 왕처럼 그리고 저녁을 거지처럼 먹어라.)

간단한 독일식 아침은 여러 가지의 빵 종류, 버터와 잼, 커피와 차 등이다. 하지만 많은 독일인은 하루의 식사 중에 아침을 중요시 여긴다. 소시지와 햄, 여러 가지 치즈, 삶은 계란, 요구르트, 꿀, 과일, 뮤즐리와 오렌지 주스를 빵과 같이 먹는다.

특히 주말에는 여유를 즐기며 천천히 아침을 먹는다. 또 친구와 친척도 종종 아침 식사에 초대한다. 젊은 사람들은 커피숍에서 친구들과 같이 아침 먹는 것을 즐긴다. 독일 커피숍에서는 여러 종류의 아침 식사를 오후 2시 또는 3시까지 먹을 수 있다.

LEKTION 07

나의 하루

학습 목표
- ☐ 기상 시간 말하기
- ☐ 나의 일정 알려 주기
- ☐ 시간 약속하기

문법
- ☐ 기수 11~100.000.000, 분리동사, 시간

문화
- ☐ 시간을 지키는 독일 사람

Thomas : Wann gehst du normalerweise schlafen?
Maria : Um 22 Uhr.
Thomas : Und wann stehst du auf?
Maria : Um punkt 7 Uhr. Und du?
Thomas : Ich gehe meist gegen Mitternacht ins Bett und stehe um 9 auf. Und am Wochenende?
Maria : Da stehe ich immer erst gegen Mittag auf.

토마스: 너는 보통 몇 시에 자러 가니?
마리아: 밤 10시에.
토마스: 그럼 언제 일어나니?
마리아: 7시 정각에. 너는?
토마스: 나는 대부분 자정쯤에 자러 가고 9시에 일어나. 그리고 주말에는?
마리아: 주말에는 항상 점심 때 일어나.

기수 11~1.000.000.000

11	elf	21	einundzwanzig	60	sechzig
12	zwölf	22	zweiundzwanzig	70	siebzig
13	dreizehn	23	dreiundzwanzig	80	achtzig
14	vierzehn		…	90	neunzig
15	fünfzehn	30	dreißig	100	(ein) hundert
16	sechzehn	34	vierunddreißig	101	(ein) hunderteins
17	siebzehn	35	fünfunddreißig	211	zweihundertelf
18	achtzehn		…	1000	(ein) tausend
19	neunzehn	40	vierzig		
20	zwanzig	50	fünfzig		

2.000	zweitausend	10.000	zehntausend
3.000	dreitausend	20.000	zwanzigtausend
4.000	viertausend	30.000	dreißigtausend
5.000	fünftausend	100.000	(ein) hunderttausend

1.000.000	eine Million	10.000.000	zehn Millionen
100.000.000	hundert Millionen	1.000.000.000	eine Milliarde

KEY POINT
· 시간을 말할 때 um 전치사를 쓴다.
· aufstehen은 분리동사다. (분리동사 설명은 [대화 2]를 참고)

VOKABEL

☐ normalerweise 일반적으로
☐ schlafen gehen 자러 가다
☐ aufstehen 일어나다
☐ punkt … Uhr 정각 …시
☐ meist 대부분
☐ gegen …경
☐ die Mitternacht 자정
☐ ins Bett gehen 자러 가다
☐ halb 9 8시 30분
☐ das Wochenende 주말
☐ der Mittag 점심
☐ immer 항상

기억하세요!

독일어에서는 영어처럼 AM/PM을 쓰지 않고 24시간제를 쓴다. 그러나 공식 상황이 아니면 편하게 12시간제로 쓴다.

교체 연습

연습1)
Ich gehe normalerweise um 22 Uhr schlafen.
　　　　　　　　　　　　　um 23 Uhr

연습2)
Ich stehe um 8 Uhr auf.
　　　　　　um 7 Uhr

Maria : Anna, sehen wir uns morgen?
Anna : Das geht nicht. Ich habe keine Zeit.
　　　Ich stehe um 7 Uhr auf. Dann dusche ich mich und ziehe mich an.
　　　Danach frühstücke ich und um 7.30 fahre ich zur Uni.
Maria : Und nach dem Mittagessen?
Anna : Ich helfe im Café aus.
　　　Und am Abend passe ich auf Otto auf.
Maria : Wer ist Otto?
Anna : Der Hund der Nachbarin.

마리아: 안나, 우리 내일 보는 거지?
안나: 안 돼. 나는 시간이 없어. 나는 7시에 일어나. 그럼 샤워하고 옷을 입어. 그 다음에는 아침을 먹고 7시 30분에 학교(대학)에 가.
마리아: 점심 후에는?
안나: 카페에서 아르바이트해. 그리고 저녁에는 오토를 돌봐.
마리아: 오토는 누구니?
안나: 옆집 아줌마의 강아지야.

분리동사

aufstehen: Ich **stehe** um 7 Uhr **auf**. 나는 7시에 일어난다.

anziehen: Ich **ziehe** mich **an**. 나는 옷을 입는다(나에게 옷을 입힌다).

aushelfen: Ich **helfe** im Café **aus**. 카페에서 아르바이트한다.

aufpassen: Ich **passe** auf Otto **auf**. 나는 오토를 돌본다.

KEY POINT
• 분리동사는 동사에 접두어를 (분리전철) 붙임으로써 새로운 동사를 만드는 것이다.
• 분리동사는 일반 문장에서는 나누어서 쓴다. 문장의 두 번째 자리에는 인칭에 맞추어야 하는 동사를 쓰고 마지막 자리에 접두어를 쓴다.

VOKABEL
□ sehen 보다
□ die Zeit 시간
□ aufstehen 일어나다
□ duschen 샤워하다
□ anziehen 옷을 입다
□ frühstücken 아침 식사 하다
□ die Uni(versität) 대학교
□ die Vorlesung 강의
□ anfangen 시작하다
□ das Mittagessen 점심 식사
□ aushelfen 도와주다/ 아르바이트하다
□ das Café 카페
□ der Abend 저녁
□ aufpassen 돌보다

교체 연습

연습1)

Ich ziehe mich an und frühstücke.
　　frühstücke　　　　fahre zur Uni

연습2)

Sehen wir uns morgen? Ich habe keine Zeit.
Ich passe auf Otto auf.
　　helfe im Cafe aus

Maria : Nina, hast du morgen Zeit?
Nina : Um 10.30 Uhr habe ich einen Termin.
Maria : Was machst du um 14 Uhr?
Nina : Kurz nach 14 Uhr kaufe ich im Supermarkt ein.
Und um 15 Uhr kommen meine Freundinnen zu
Besuch. Möchtest du auch kommen?
Maria : Ja gern. Aber ich kann erst um 16 Uhr.
Nina : Gut, dann sehen wir uns um 16 Uhr.

마리아: 니나, 내일 시간 있니?
니나: 오전 10시 30분에 선약이
있어.
마리아: 오후 2시에는 뭐 해?
니나: 오후 2시 조금 지나서 슈
퍼마켓에 가서 장 보고, 3
시에는 내 친구들이 놀러
와. 너도 올래?
마리아: 그래. 좋아. 하지만 난
4시 이후에 갈 수 있어.
니나: 좋아, 그럼 4시에 보자.

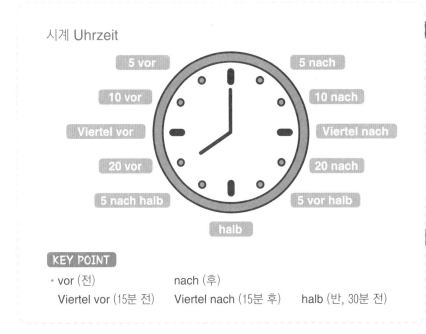

시계 Uhrzeit

5 vor
10 vor
Viertel vor
20 vor
5 nach halb
5 nach
10 nach
Viertel nach
20 nach
5 vor halb
halb

KEY POINT

• vor (전)   nach (후)
  Viertel vor (15분 전)   Viertel nach (15분 후)   halb (반, 30분 전)

VOKABEL

☐ **morgen** 내일
☐ **der Termin** 선약, 예약
☐ **bis** 까지
☐ **bis wann?** 언제까지?
☐ **einkaufen** 장 보다
☐ **der Supermarkt** 슈퍼마켓
☐ **zu Besuch** 방문하러
☐ **auch…** 도

기억하세요!

시간을 말할 때는 전치사 um을 쓴다.
10.30 Uhr라고 쓰지만 읽을 때는 10 Uhr 30라고 읽는다. 비공식에는 자주 Uhr 없이 말한다. …시 직전은 kurz vor, …시 직후는 kurz nach라고 한다

교체 연습

연습1)
Wann kommst du morgen? Ich komme um halb 11.
um halb 10

연습2)
Um Viertel nach 4 kommen meine Freundinnen.
Viertel nach 5

Fritz Büchner	Frau Moser, sehen wir uns morgen?
Helga Moser	Tut mir leid. Das geht nicht. Am Morgen frühstücke ich mit meiner Freundin, am Vormittag habe ich einen Termin im Krankenhaus, am Nachmittag arbeite ich und am Abend besuche ich meine Eltern.
Fritz Büchner	Wann gehen Sie normalerweise schlafen?
Helga Moser	Um 23 Uhr.
Fritz Büchner	Haben Sie übermorgen Zeit?
Helga Moser	Ja, übermorgen habe ich frei.

프리츠 뷔크너 : 모서 부인, 내일 보는 것이지요?
헬가 모서 : 죄송한데, 시간이 없어요. 아침에는 친구하고 아침을 먹고, 오전에는 병원에 예약이 있고, 오후에는 일하고 저녁에는 부모님 집에 갑니다.
프리츠 뷔크너 : 보통 몇 시에 주무세요?
헬가 모서 : 밤 11시예요.
프리츠 뷔크너 : 모레는 시간 있어요?
헬가 모서 : 네, 모레는 쉬어요.

VOKABEL

□ am Morgen 아침에   □ am Vormittag 오전에   □ am Mittag 점심에   □ am Nachmittag 오후에

□ am Abend 저녁 때   □ in der Nacht 밤에(in der Nacht만 전치사 in으로 쓰고 다른 시각은 am으로 쓴다.)

참고 (시간 표현)

	(공식)	(비공식)		(공식)	(비공식)
8:00	Es ist 8	Es ist 8 Uhr	8:30	Es ist halb 9	Es ist 8 Uhr 30
8:05	Es ist 5 nach 8	Es ist 8 Uhr 5	8:35	Es ist 5 nach halb 9	Es ist 8 Uhr 35
8:10	Es ist 10 nach 8	Es ist 8 Uhr 10	8:40	Es ist 20 vor 9	Es ist 8 Uhr 40
8:15	Es ist Viertel nach 8	Es ist 8 Uhr 15	8:45	Es ist Viertel vor 9	Es ist 8 Uhr 45
8:20	Es ist 20 nach 8	Es ist 8 Uhr 20	8:50	Es ist 10 vor 9	Es ist 8 Uhr 50
8:25	Es ist 5 vor halb 9	Es ist 8 Uhr 25	8:55	Es ist 5 vor 9	Es ist 8 Uhr 55

 **연습문제**

ÜBUNG ❶ Hören (듣기)

다음을 듣고 빈칸을 채워 보세요. 🎧 Track 062

1. Kurz nach _____ kaufe ich im Supermarkt ein.

2. _____ gehe ich mit meinem Freund ins Kino und dann essen wir Pizza.

3. Möchtest du auch kommen? Ja gern. Aber ich kann _____ .

4. Wann gehst du _____ ? Um 23 Uhr.

5. Meine Vorlesung _____ um halb 9.

ÜBUNG ❷ Sprechen (말하기)

다음 질문에 답하세요.

1. Wann stehst du normalerweise auf?

   (나는 보통 7시에 일어난다.)

2. Sehen wir uns morgen?

   (안 돼. 나는 시간이 없어.)

3. Was machst du um 13 Uhr?

   (1시에는 선약이 있다.)

4. Schönen Tag!

   (고마워, 너도.)

ÜBUNG ③ Lesen (읽기)

다음 메시지를 읽어 보세요.

Morgen Lisa. Was
machst du heute?
Ich gehe am Vormittag
shoppen :) Treffen
wir uns im Café um 11
Uhr?
Sms mir. Julia.

Hi Julia. Ich habe heute
bis 11.30 Uhr
Vorlesung.
Um 12 Uhr können wir
uns sehen. Freue mich
schon! Ich habe viel zu
erzählen!!!
Lisa

ÜBUNG ④ Schreiben (쓰기)

몇 시예요? 시간을 써 보세요.

시간을 표시해 보세요.

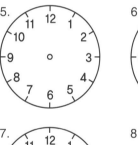

1.

2.

3.

4.

5.　　Viertel vor drei

6.　　dreiundzwanzig Uhr siebenundvierzig

7.　　Sechzehn Uhr fünfundzwanzig

8.　　kurz vor neun

1

Thomas

Wann gehst du
normalerweise schlafen?

Maria

Um 22 Uhr.

 Und wann stehst du auf?

Um _____
Uhr. Und du?

 Ich gehe meist gegen
_____ ins Bett
und stehe um halb 9 auf.

2

Maria

Anna, sehen wir uns morgen?

Anna

Ich habe _____. Ich stehe um 7 Uhr auf.
Danach frühstücke ich und um 7.30 fahre ich zur Uni.

 Und nach dem Mittagessen?

Ich helfe _____ aus.

3

Maria

Nina, hast du morgen Zeit?

Nina

Um 10.30 Uhr habe ich einen Termin.

 Was machst du _____?

Kurz nach 14 Uhr kaufe ich im Supermarkt ein. Und
_____ kommen meine Freundinnen zu Besuch.

문화 읽기

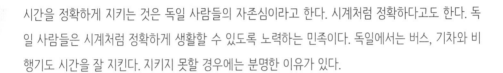

🥨 시간을 지키는 독일 사람 🥨

"Bester Beweis einer guten Erziehung ist die Pünktlichkeit"

"좋은 교육의 증거는 시간 엄수이다"

(고트홀트 에프라임 레싱, 독일의 작가)

시간을 정확하게 지키는 것은 독일 사람들의 자존심이라고 한다. 시계처럼 정확하다고도 한다. 독일 사람들은 시계처럼 정확하게 생활할 수 있도록 노력하는 민족이다. 독일에서는 버스, 기차와 비행기도 시간을 잘 지킨다. 지키지 못할 경우에는 분명한 이유가 있다.

그렇다고 모든 독일 사람들이 시간을 정확하게 지킨다는 것은 아니다. 원칙적으로 시간을 어기지 않는다는 것이다. 독일의 유명한 철학자 임마누엘 칸트는 매일 아침 5시에 일어나 7시에 대학교에 출발하고 8시부터 강의하고 오후 1시까지 책을 연구한 후 오후 4시 30분에 산책하고 늘 저녁 10시에 잠을 잤다고 한다.

일반적으로 독일 사람들은 약속 시간보다 5분 전에 가는 것을 선호한다. 그리고 모든 일도 제시간에 끝낸다(칼퇴근). 초대를 받았을 때 너무 일찍 오는 것도 부담스러워한다. 왜냐하면 시간을 정확히 계산해서 5분 전에 모든 일이 끝나도록 계획했기 때문이다. 약속 시간보다 10~15분 전에 도착하면 어쩌면 초대한 사람이 아직 속옷바람에 머리에 고데기를 하고 준비 중일 수도 있다.

LEKTION 08

나의 취미

학습 목표
- ☐ 행동 표현하기
- ☐ 취미를 묻고 알려 주기
- ☐ 부정의문문에 답변하기

문법
- ☐ 불규칙 동사 변화, 부정어(nicht), 부정의문문

문화
- ☐ 독일의 취미 활동

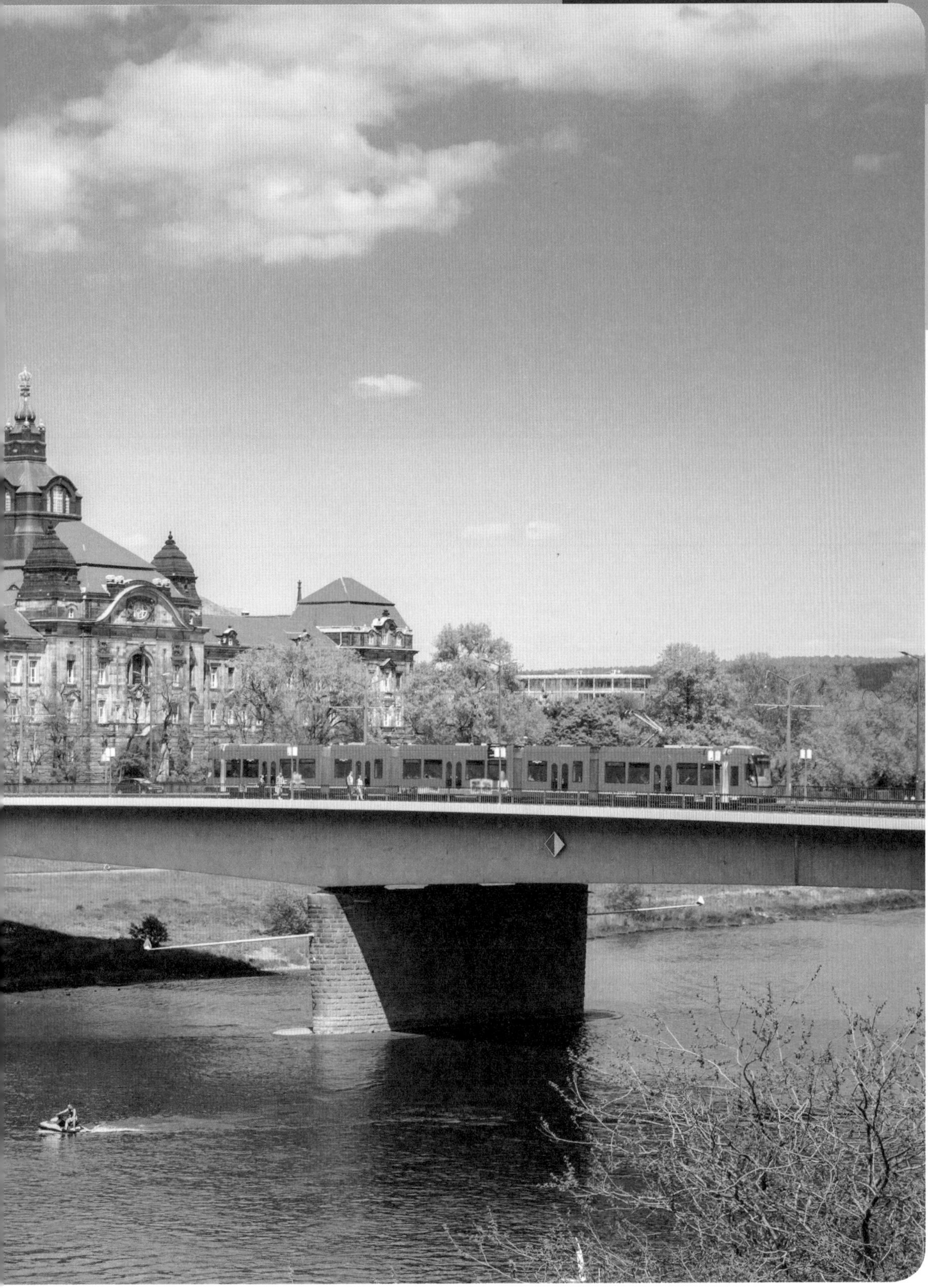

Julia : Was liest du?

Nina : Ich lese einen deutschen Roman.

Julia : Fährst du morgen zu deinen Eltern?

Nina : Nein. Nächste Woche.

Julia : Toll, dann fahren wir morgen nach München. Und was essen wir heute?

Nina : Ich habe keinen Hunger. Ich esse nichts.

율리아: 무엇을 읽니?

니나: 독일 소설책을 읽어.

율리아: 내일 부모님 집에 가니?

니나: 안 가, 다음 주에 가.

율리아: 그럼 내일 뮌헨에 가자. 그건 그렇고 오늘 무엇을 먹지?

니나: 나는 배가 고프지 않아. 아무것도 안 먹을래.

동사 변화

불규칙 동사 변화

	lesen 읽다	essen 먹다	fahren 가다
ich	lese	esse	fahre
du	**liest**	**isst**	**fährst**
er/sie/es	**liest**	**isst**	**fährt**
wir	lesen	essen	fahren
ihr	lest	esst	fahrt
sie	lesen	essen	fahren

불규칙 동사는 단수 2인칭, 3인칭만 주의해 주세요.

KEY POINT

· nichts는 영어 nothing과 같다.

· Ich esse **nichts**. 나는 아무것도 안 먹는다.

· Ich mache **nichts**. 나는 아무것도 안 한다.

· Ich höre **nichts**. 나는 아무것도 안 들린다.

VOKABEL

☐ lesen 읽다

☐ deutscher/e/es 독일어의

☐ der Roman 소설

☐ der Hunger 배고픔

☐ nichts 아무것

☐ in Ordnung 알았다

☐ toll 잘되다, 좋다

☐ fahren (타고) 가다

☐ München 뮌헨

☐ zu …에(게)

☐ nächste Woche 다음 주

기억하세요!

불규칙 동사 2인칭, 3인칭 단수에서 :

lesen (l와e 사이 i 추가)

essen (e가 i로 변함)

fahren (a가 ä로 변함)

교체 연습

연습1)

Was liest du? Ich lese einen Roman.

die Zeitung

연습2)

Fährst du nicht nach Berlin?

Fährt ihr   München

Thomas : Was sind deine Hobbies, Olaf?

Olaf : Meine Hobbies sind Fußball spielen, Klavier spielen und Computer spielen.

Thomas : Das sind viele Hobbies. Mein Hobby ist Schwimmen. Gehst du auch manchmal schwimmen?

Olaf : Ich gehe nur im Sommer schwimmen. Ich mag das Hallenbad nicht.

Thomas : Aber Schwimmen ist gesund.

Olaf : Ja, Schwimmen ist sehr gesund.

토마스: 너의 취미는 뭐니, 올라프?

올라프: 내 취미는 축구하기, 피아노 연주하기와 컴퓨터 게임하는 거야.

토마스: 취미가 많네. 내 취미는 수영이야. 너도 가끔 수영하러 가니?

올라프: 나는 여름에만 수영하러 가. 나는 실내 수영장을 안 좋아해.

토마스: 그런데 수영은 건강에 좋아.

올라프: 그래, 수영은 아주 좋지.

부정어 nicht

부정어는 문장 맨 뒤에 온다.

Ich mag das Hallenbad. Ich mag das Hallenbad **nicht**.

분리동사의 경우에는 마지막 위치에 있는 접두어 앞에 부정어 nicht를 쓴다.

Ich stehe auf. Ich stehe **nicht** auf.

부정어는 장소를 표현하는 단어 앞에 온다.

Ich gehe zur Uni. Ich gehe **nicht** zur Uni.

부정어는 4격 목적어를 동반하는 동사가 있을 경우에 목적어 앞에 온다.

Ich spiele Klavier. Ich spiele **nicht** Klavier.

KEY POINT

· Mein Hobby ist··· (한 가지 취미를 말할 때)
· Meine Hobbies sind···(여러 가지 취미를 말할 때)

VOKABEL

☐ das Hobby 취미
☐ Fußball spielen 축구하다
☐ Klavier spielen 피아노 치다
☐ Computer spielen 컴퓨터 게임하다
☐ viel/e 많은
☐ das Schwimmer 수영
☐ schwimmen 수영하다
☐ gesund 건강한
☐ manchmal 가끔
☐ im Sommer 여름에
☐ das Hallenbad 실내 수영장

기억하세요!

spielen(놀다) 동사의 여러 뜻
Fußball spielen,
Klavier spielen, Computer
spielen

교체 연습

연습1)

Was ist dein Hobby? Mein Hobby ist Fußball spielen.
　　　　　　　　　　　　　　　　Tennis

연습2)

Schwimmen ist sehr gesund.
Computer spielen nicht

☐ Basketball spielen 농구하다

Anna : Spielst du nicht gern Fußball?
Simon : Doch, ich spiele sogar sehr gern Fußball.
Anna : Thomas und Olaf spielen heute am Sportplatz. Willst du nicht mit ihnen spielen?
Simon : Nein, ich will nicht. Ich habe keine Lust.
Anna : Dann spielst du also doch nicht gern Fußball.
Simon : Doch, es ist wahr. Ich spiele wirklich gern Fußball.

안나: 너는 축구를 좋아하지 않니?
시몬: 아니, 나는 축구를 정말 좋아해.
안나: 토마스와 올라프는 오늘 운동장에서 축구해. 너는 그들과 같이 축구하지 않니?
시몬: 응, 안 할래. 오늘은 하기 싫어.
안나: 그럼 너는 축구를 좋아하는 것이 아니네.
시몬: 아니야. 진짜야. 나는 정말 축구를 좋아해.

부정의문문

질문은 일반적으로 동의 또는 부정할 수 있다.
Sind Sie Herr Kim? / Nein. 김 씨이신가요? / 아니요.
Sind Sie Herr Choi? / Ja. 최 씨이신가요? / 네.

부정으로 질문할 때는 nicht를 쓴다.
Sind Sie nicht Herr Kim? / Nein.
김 씨 아니신가요? / 네. (김 씨가 아닙니다.)
Sind Sie **nicht** Herr Choi? / Doch.
최 씨 아니신가요? / 아니요. (최 씨입니다)

VOKABEL
- sogar …도
- der Sportplatz 운동장
- wollen 원하다
- keine Lust haben 하기 싫다
- wahr 진실
- doch 아니다

기억하세요!

sehr gern > gern > nicht besonders gern > nicht gern
매우 좋아 〉 좋아 〉 그렇게 좋아하지 않아 〉 안 좋아

KEY POINT
- 부정으로 질문할 때는 독일어 대답은 한국어와 반대다(영어는 독일어와 같다).
- 부정으로 질문하는 것을 반대하려면 ja보다 doch를 사용한다.

교체 연습

연습1)
Spielst du nicht gern Tennis? Doch, ich spiele sogar sehr gern Tennis.
　　　　　　　Basketball Nein　　　　　　nicht gern Basketball

연습2)
Dann spielst du also doch nicht gern Fußball? Nein, ich spiele nicht gern Fußball.
　　　　　　　Tennis　Doch　　　　　wirklich　Tennis

Fritz Büchner	Was ist Ihr Hobby, Frau Moser?
Helga Moser	Mein Hobby ist Lesen. Ich lese gerne deutsche Romane. Und Sie?
Fritz Büchner	Meine Hobbies sind Schwimmen und ins Theater gehen. Gehen Sie nicht gern ins Theater?
Helga Moser	Doch, ich gehe sogar sehr gern ins Theater.
Fritz Büchner	Also, ich gehe heute Abend ins Theater. Wollen Sie nicht mitkommen?
Helga Moser	Ich weiß nicht. Was spielen sie heute?
Fritz Büchner	*Kabale und Liebe* von Schiller.
Helga Moser	Ach, wirklich? Ich komme gerne mit.

프리츠 뷔크너: 취미가 뭐예요, 모서 부인?
헬가 모서: 제 취미는 책 읽기입니다. 독일 소설을 좋아합니다. 뷔크너 씨는요?
프리츠 뷔크너: 제 취미는 수영과 연극 보는 것입니다. 연극 좋아하지 않으셨어요?
헬가 모서: 아니요. 연극 보는 것을 아주 좋아합니다.
프리츠 뷔크너: 저는 오늘 저녁에 극장에 갑니다. 같이 가지 않으실래요?
헬가 모서: 글쎄요. 오늘은 뭘 보여 주나요?
프리츠 뷔크너: 실러의 간계와 사랑.
헬가 모서: 아, 정말요? 저도 같이 가고 싶어요.

VOKABEL

☐ **Was spielen sie heute?** 오늘 무엇을 보여 주나요? (영화관, 극장 등에서)

 **연습문제**

ÜBUNG **1** Hören (듣기)

다음을 듣고 빈칸을 채워 보세요. 🎧 Track 070

1. Ich habe ＿＿＿＿＿＿＿＿＿. Was essen wir heute?

2. Fährst du ＿＿＿＿＿＿＿＿＿ nach München?

3. Ich habe ＿＿＿＿＿＿＿＿＿. Ich will heute nicht.

4. Meine ＿＿＿＿＿＿＿＿＿ Computer spielen und Lesen.

5. Ich mag das Hallenbad. Ich ＿＿＿＿＿＿＿＿＿.

ÜBUNG **2** Sprechen (말하기)

다음 질문에 답하세요.

1. Was sind deine Hobbies?

(나의 취미는 …다.)

2. Spielst du nicht gern Basketball?

(아니야, 나는 농구를 정말 좋아해.)

3. Willst du nicht Klavier spielen?

(그래, 나는 피아노 치고 싶지 않아.)

4. Hast du Hunger?

(그래, 나는 배가 고프다.)

ÜBUNG ❸ Lesen (읽기)

다음을 읽어 보세요.

1. Achte auf deine Gedanken – sie sind der Anfang deiner Taten.

2. Denke nicht an das, was dir fehlt, sondern an das, was du hast (Marc Aurel)

3. Liebe ist das Einzige, das wächst, indem wir es verbrauchen.

4. Der wahre Beruf des Menschen ist, zu sich selbst zu kommen (Hermann Hesse)

ÜBUNG ❹ Schreiben (쓰기)

다음 문장을 완성해 보세요.

1. Fährst du nicht zu deinen Eltern?

   Doch,   (아니, 갈 거야.)

2. Was isst du heute?

   Ich esse   (샐러드를 먹어.)

3. Gehst du auch manchmal schwimmen?

   Ja, ich   (나는 수영을 좋아해.)

4. Spielst du nicht Fußball?

   Nein, ich   (하고 싶지 않아.)

복습하기

1

Julia

Was _____ du?

Nina

Ich lese einen deutschen Roman.

Fährst du morgen zu deinen Eltern?

Nein. Nächste Woche.

Toll, dann _____ wir morgen nach München. Und was essen wir heute?

Ich habe keinen Hunger. Ich esse _____.

2

Thomas

Was sind deine Hobbies, Olaf?

Olaf

Meine _____ sind Fußball spielen und Computer spielen.

Mein Hobby ist Schwimmen. Gehst du auch manchmal _____?

Ich gehe nur im Sommer schwimmen. Ich mag das Hallenbad nicht.

3

Anna

Spielst du nicht gern Fußball?

Simon

_____, ich spiele sogar sehr gern Fußball.

Thomas und Olaf spielen heute am Sportplatz. Willst du nicht mit ihnen spielen?

Nein, ich will nicht. Ich habe keine _____.

문화 읽기

🥨 독일의 취미 활동 🥨

"Dienst ist Dienst und Schnaps ist Schnaps!"
('공과 사는 구분해야 한다'라는 속담)

독일 사람들은 일과 여가 시간을 엄격히 분리하는 것으로 잘 알려져 있다. 14세 이상의 독일 사람들이 여가 시간을 어떻게 보내고 어떤 취미와 운동을 좋아하는지에 대한 결과도 놀랍다.

2022년 통계에 따르면 독일인의 27.3%가 정원 가꾸기를 취미 활동이라고 꼽았다(1위). 25.7%로 2위는 쇼핑하는 것이다. 20.8%로 3위를 차지한 취미 활동은 사진 찍기다. 독일인들이 제일 좋아하는 운동은 헬스장에서 스스로의 체력을 단련하는 것으로 나타났다. 여전히 좋아하는 것은 수수께끼 푸는 것, 십자말풀이, 수도쿠 등 여러가지의 뇌를 사용하는 훈련 퀴즈이다. 그래서 독일에는 수수께끼 서적 또는 잡지가 많이 출판된다.

젊은 층에서는 미디어와 관련된 활동이 매우 인기 있다. 19세 미만의 독일인들의 93.5%가 TV 시청, 스트리밍으로 영화 또는 시리즈 보기, 인터넷과 SNS 사용과 라디오 듣기 등이 선호하는 취미라고 한다. 여가를 취미활동으로 즐기는 것도 중요하지만 조사에 따르면 독일인들의 84.5%는 가족, 친구, 지인들과의 좋은 관계가 삶의 제일 중요한 부분이라 이야기한다. 물질적인 부유가 가장 중요하다고 답한 사람은 36.9%이며 25%는 모험과 스릴이 제일 중요하다고 말한다.

LEKTION 09

나의 재능

학습 목표
- ☐ 재능 표현하기
- ☐ 의지를 묻고 답하기
- ☐ 설득하기

문법
- ☐ 화법조동사(können, wollen, möchten)

문화
- ☐ 독일의 교육 방법

Lehrerin :	Wer kann ein Instrument spielen?
Julia :	Ich kann Geige spielen.
Simon :	Und ich kann ein bisschen Gitarre spielen.
Lehrerin :	Schön. Kann jemand singen?
Anna :	Olaf kann gut singen. Aber er ist heute nicht da.
Lehrerin :	Nächsten Samstag gibt es eine Schulaufführung.

교사: 누가 악기를 다룰 줄 알아요?
율리아: 바이올린을 연주할 줄 알아요.
시몬: 그리고 저는 기타를 좀 칠 줄 알아요.
교사: 좋아요. 노래할 수 있는 사람 있나요?
안나: 올라프는 노래 잘 불러요. 하지만 오늘 출석을 안 했어요.
교사: 다음 토요일에 학교 발표회가 있습니다.

화법조동사

können (할 수 있다)

	1인칭	ich	**kann**
단수	2인칭	du	**kannst**
	3인칭	er/sie/es	**kann**
	1인칭	wir	**können**
복수	2인칭	ihr	**könnt**
	3인칭	sie	**können**
존칭		Sie	**können**

KEY POINT

• 화법조동사는 일반적으로 문장에서 본동사와 같이 쓴다.
• 본동사는 문장 끝에 원형으로 쓴다.
• 화법조동사는 인칭에 따라서 변화형으로 쓴다.

VOKABEL

☐ das Instrument 악기
☐ spielen 치다, 켜다, 불다
☐ die Geige 바이올린
☐ die Gitarre 기타
☐ jemand 누구
☐ singen 노래하다
☐ der Samstag 토요일
☐ die Schulaufführung 학교 발표회

기억하세요!

Montag	월요일
Dienstag	화요일
Mittwoch	수요일
Donnerstag	목요일
Freitag	금요일
Samstag	토요일
Sonntag	일요일

교체 연습

연습1)

Was kannst du spielen? Ich kann Geige spielen.
                                    Trompete

연습2)

Kannst du singen? Nein, ich kann nicht singen.
            Ja   sehr gut singen

106

Anna : Hallo Olaf. Am Samstag gibt es eine Schulaufführung. Willst du nicht singen? Du singst doch ganz gut.

Olaf : Aber nur privat. Nicht vor einem großen Publikum.

Anna : Du willst also nicht?

Olaf : Nein, ich will nicht. Vielleicht will ja jemand anders singen.

Anna : Julia und Simon wollen Geige und Gitarre spielen.

Olaf : In Ordnung. Ich überlege es mir.

안나: 안녕 올라프. 다음 토요일에 학교 발표회가 있어. 노래 부르지 않을래? 너 노래 꽤 잘 부르잖아.

올라프: 하지만 혼자 있을 때만. 관객 앞에서는 아니야.

안나: 그럼 노래 안 할래?

올라프: 아니, 안 할래. 혹시 다른 학생이 노래하고 싶을지도 몰라.

안나: 율리아와 시몬은 바이올린과 기타를 연주한대.

올라프: 알았어. 생각해 볼게.

화법조동사

wollen (하고 싶다)

단수	1인칭	ich	**will**
	2인칭	du	**willst**
	3인칭	er/sie/es	**will**
복수	1인칭	wir	**wollen**
	2인칭	ihr	**wollt**
	3인칭	sie	**wollen**
존칭		Sie	**wollen**

KEY POINT

• wollen: 강한 의지를 표현할 때 사용
• wollen + 부정: 거절하다, 거부하다
• wollen의 간곡한 표현: möchten

VOKABEL

☐ am Samstag 토요일에
☐ ganz gut 꽤 잘
☐ privat 개인, 혼자
☐ das Publikum 관객
☐ vielleicht 혹시
☐ jemand anders 다른 사람
☐ in Ordnung 알았다
☐ überlegen 생각하다

교체 연습

연습1)

Willst du singen? Ja, ich will singen.
      Klavier spielen   Klavier spielen

연습2)

Wollt ihr nicht tanzen? Nein, wir wollen nicht tanzen.
Willst du   ich will

Simon : Warum singst du nicht in der Schulaufführung?

Olaf : Ach, ich weiß nicht. Ich möchte schon, aber ich traue mich nicht.

Simon : Wieso? Du singst doch sehr gut. Alle möchten dich singen hören.

Olaf : Aber es sind bestimmt viele Leute dort. Ich möchte mich nicht blamieren.

Simon : Keine Sorge. Ich möchte auch etwas auf der Gitarre vorspielen. Und ich lerne erst seit einem Jahr. Vielleicht möchtest du mit mir üben? Ich möchte mit dir etwas vorspielen.

Olaf : Okay, das finde ich einen Versuch wert.

시몬: 학교 발표회 때 노래 안 하니?

올라프: 아, 글쎄. 하고는 싶은 데 용기를 못 내겠어.

시몬: 왜? 노래 잘하잖아. 다들 너의 노래를 듣고 싶어 해.

올라프: 하지만 틀림없이 사람 이 많을 것 같아. 웃음 거리가 되고 싶지 않아.

시몬: 걱정하지 마. 나도 기타 연주를 하고 싶어. 하지 만 배운 지 1년밖에 안 됐어. 나와 같이 연습할 래? 너와 같이 연주하고 싶어.

올라프: 좋아. 그것은 시도해 볼 만하네.

화법조동사

möchten (원하다)

단수	1인칭	ich	**möchte**
	2인칭	du	**möchtest**
	3인칭	er/sie/es	**möchte**
복수	1인칭	wir	**möchten**
	2인칭	ihr	**möchtet**
	3인칭	sie	**möchten**
존칭		Sie	**möchten**

KEY POINT

• 화법조동사는 일반적으로 두 번째 자리에 위치한다.
• möchten은 mögen 동사의 접속법 2식의 형태이다.

VOKABEL

□ trauen 용기 내다
□ möchten 원하다
□ die Leute (pl.) 사람들
□ blamieren 웃음거리가 되다
□ keine Sorge 걱정하지 마세요
□ vorspielen 연주하다, 발표하다
□ üben 연습하다

기억하세요!

einen Versuch wert sein: 시도해 볼 만하다(보통은 어떤 것이 시도해 볼 만하다 로 쓴다: etwas/das/es ist einen Versuch wert.)

교체 연습

연습1)

Ich möchte dich singen hören.
　　　　　Klavier spielen

연습2)

Ich möchte etwas auf der Gitarre vorspielen.
　　　　　Geige

Fritz Büchner	Können Sie ein Instrument spielen, Frau Moser?
Helga Moser	Ja, ich kann ein bisschen Klavier spielen.
Fritz Büchner	Wollen Sie nicht in der Schulaufführung vorspielen?
Helga Moser	Ach, ich weiß nicht. Es sind bestimmt viele Leute dort. Ich möchte mich nicht blamieren.
Fritz Büchner	Schade, alle möchten Sie spielen hören.
Helga Moser	Meine Schüler spielen Gitarre und Geige vor und vielleicht singt auch jemand.
Fritz Büchner	Super. Ich freue mich schon auf die Schulaufführung.
Helga Moser	Ja, ich freue mich auch schon.

프리츠 뷔크너 : 모서 부인, 악기를 연주할 수 있어요?
헬가 모서 : 네, 피아노를 좀 칠 수 있어요.
프리츠 뷔크너 : 학교 발표회 때 연주하고 싶지 않으세요?
헬가 모서 : 글쎄요. 틀림없이 사람이 많을 것 같아요. 웃음거리가 되고 싶지 않아요.
프리츠 뷔크너 : 아쉽네요. 다들 당신의 피아노 연주를 듣고 싶어 해요.
헬가 모서 : 제 학생들이 기타와 바이올린을 연주하고 혹시 한 명은 노래할지도 몰라요.
프리츠 뷔크너 : 좋아요. 학교 발표회가 기대되네요.
헬가 모서 : 네, 저도 기대가 됩니다.

VOKABEL

☐ Ich freue mich schon auf ⋯ 나는⋯ 기대가 된다

ÜBUNG ① Hören (듣기)

다음을 듣고 빈칸을 채워 보세요. 🎧 Track 078

1. Am _____ gibt es eine Schulaufführung.

2. Was kannst du spielen? Ich kann _____ .

3. _____ jemand singen? Anja kann gut singen.

4. Aber nur privat. Nicht vor einem _____ Publikum.

5. Keine Sorge. Ich möchte auch etwas _____ vorspielen.

ÜBUNG ② Sprechen (말하기)

다음 질문에 답하세요.

1. Kannst du ein Instrument spielen?

    (그래, 나는 피아노를 칠 수 있다.)

2. Willst du nicht Geige vorspielen?

    (아, 글쎄.)

3. Warum willst du nicht singen?

    (웃음거리가 되고 싶지 않아.)

4. Ich möchte mit dir zusammen spielen?

    (좋아. 그것은 시도해 볼 만해.)

ÜBUNG ③ Lesen (읽기)

다음 이야기를 읽고 문제를 풀어 보세요.

Vier Frauen (Ina, Anna, Karin und Carmen) und
vier Männer (Rudolf, Peter, Tim und Emil) gehen ins Kino.

Wer sitzt neben wem?

Tim sitzt zwischen Karin und Peter.
Emil sitzt nicht neben Anna.
Carmen sitzt zwischen Emil und Rudolf.
Zwischen Karin und Ina sitzen zwei Personen.
Rudolf sitzt nicht neben Ina.
Anna sitzt rechts neben Karin.

ÜBUNG ④ Schreiben (쓰기)

다음 단어를 사용하여 문장을 만들어 보세요.

1. bestimmt / Leute / sind / viele / dort / aber / es

    .

2. schon / möchte / ich / traue / nicht / mich / aber

    .

3. kann / bisschen / spielen / Gitarre / ein / ich

    .

4. Ordnung / ich / mir / es / überlege / in

    .

1

Lehrerin

Wer kann ein Instrument spielen?

Julia

Ich _____ Geige spielen.

Simon

Und ich kann ein bisschen Gitarre spielen.

Anna

Olaf _____ gut singen.

2

Anna

Am Samstag gibt es eine Schulaufführung.
_____ du nicht singen? Du singst
doch ganz gut.

Olaf

Aber nur privat. Nicht vor
einem großen Publikum.

Du _____ also
nicht?

Nein, ich _____
nicht.

3

Simon

Warum singst du nicht in der Schulaufführung?
Alle _____ dich singen hören.

Olaf

Ich möchte mich nicht _____.

Keine Sorge. Ich möchte auch etwas auf der
_____ vorspielen. Vielleicht möchtest du mit
mir üben? Ich möchte mit dir _____.

🥨 독일의 교육 방법 🥨

독일은 대학 교육이 무상으로 제공되고 있지만 대학을 졸업하는 비율이 26%밖에 안 된다(OECD 국가 평균 30%). 이는 직업 교육 훈련이 상대적으로 다양하고, 직업 훈련을 마치는 자들을 위한 일 자리가 지속적으로 제공되기 때문이다.

다른 국가와 비교하면 독일 교육 제도의 특징은 조기에 직업 교육 경로와 대학 진학 경로로 학생을 선별해서 나누고, 이러한 선택이 학생의 일생을 좌우한다는 것이다. 학생들은 만 10세쯤에 어떤 유형의 학교에 갈 것인지 정한다. 저소득층과 이민자 가정의 아이들은 주로 대학 진학이 어려워 직업 교육 학교인 Hauptschule(하우프트슐레)에 다닌다. 독일에서 부모가 대학을 졸업한 경우에는 저학력 부모의 자녀보다 대학 진학을 위한 고등학교 Gymnasium(김나지움)에 갈 확률이 4배 이상 높다고 한다.

독일 사람들은 청소부든, 벽돌공이든 어떤 직업이든지, 자신을 존중하는 사회에서 산다. 좋은 직업과 나쁜 직업을 나누지 않고 누구나 자신의 직업이 좋은 직업이라고 여기고 자기 직업에 대한 자부심을 갖고 자랑스럽게 생각하는 것이다.

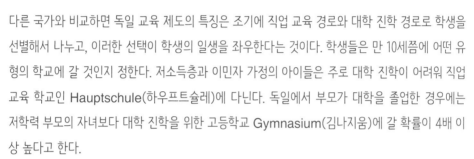

LEKTION 10

직업과 직장

학습 목표
☐ 직업 묻고 대답하기
☐ 장래희망 표현하기
☐ 필요한 정보 묻기

문법
☐ 시간 전치사(seit), 3 · 4격 전치사를 수반하는
동사

문화
☐ 독일의 월요병

Heinz Egger : Was bist du von Beruf?
Fritz Büchner : Ich bin Lehrer. Und du?
Heinz Egger : Ich bin Journalist. Ich arbeite für die Zeitung. Was unterrichtest du?
Fritz Büchner : Ich unterrichte Mathematik in einer Oberschule. Seit wann arbeitest du als Journalist?
Heinz Egger : Seit einem Jahr. Und seit wann bist du Lehrer?
Fritz Büchner : Seit zehn Jahren.

하인츠 에꺼: 너의 직업은 뭐니?
프리츠 뷔크너: 나는 교사야. 너는?
하인츠 에꺼: 나는 기자야. 신문사에서 일해. 무슨 과목을 가르치니?
프리츠 뷔크너: 고등학교에서 수학을 가르쳐. 너는 기자 생활을 언제부터 하고 있니?
하인츠 에꺼: 1년 전부터. 그럼 너는 언제부터 교사로 일하고 있니?
프리츠 뷔크너: 10년 전부터.

시간 전치사

과거에서 시작해서 현재까지 진행되는 기간을 말한다. 동사는 항상 현재시제로 쓴다.

A: Seit wann sind Sie Lehrer?
  언제부터 교사를 하셨습니까?
B: Seit einem Jahr.
  1년 전부터요. (아직도 하고 있다, seit + 3격)

KEY POINT

• 시간 전치사는 wann(언제), seit wann(언제부터), bis wann (언제까지) 의문사에 답할 때 쓴다.
• 그 외 시간 전치사: für(…동안), um(…시에), über(…동안), ab(…부터), von(…부터), an(…때), bis(…까지), in(…때), nach(…후), vor(…전), zwischen(…사이에), während(…도중에), außerhalb(…외에), innerhalb(…기간 안에)

VOKABEL

☐ der Beruf 직업
☐ Mathematik 수학
☐ die Oberschule 고등학교
☐ der Journalist 기자
☐ die Zeitung 신문
☐ für… …위해
☐ seit… …부터
☐ als… …으로

기억하세요!

직업을 물어볼 때
Was sind Sie von Beruf?
Was bist du von Beruf?
직업에 대해 대답할 때
ich arbeite als …으로 일하다

교체 연습

연습1)
Was bist du von Beruf? Ich bin Lehrer/ Lehrerin.
  Student/ Studentin

연습2)
Seit wann bist du Lehrer/Lehrerin?
  Student/ Studentin

Peter : Was ist dein Traumberuf?

Lisa : Mein Traumberuf ist Flugbegleiterin. Ich reise sehr gern in andere Länder, ich spreche Englisch und Französisch und arbeite gern im Service.

Peter : Aber es ist auch ein bisschen gefährlich.

Lisa : Aber nein. Fliegen ist sogar sicherer als Autofahren. Und du? Was ist dein Traumberuf?

Peter : Programmierer.

Lisa : Studierst du dann Informatik?

페터: 너의 장래 희망은 뭐니?

리사: 나의 장래 희망은 승무원이야. 나는 외국으로 여행하는 것을 좋아해. 영어와 프랑스어를 할 수 있고 서비스 업무를 좋아해.

페터: 하지만 위험하기도 하지.

리사: 아니야. 비행은 자동차 운전보다 더 안전해. 너는? 너의 장래 희망이 뭐야?

페터: 프로그래머야.

리사: 그럼 정보학 전공하니?

직업(der Beruf)

남성	여성	
der Architekt	die Architektin	건축가
der Pilot	die Pilotin	조종사
der Krankenpfleger	die Krankenpflegerin / die Krankenschwester	간호사
der Flugbegleiter	die Flugbegleiterin	승무원
der Arzt	die Ärztin	의사
der Lehrer	die Lehrerin	교사
der Bauer	die Bäuerin	농부
der Angestellte	die Angestellte	직원
der Selbstständige	die Selbstständige	사업가
der Beamte	die Beamtin	공무원
der Bauer	die Bäuerin	농부
der Sänger	die Sängerin	가수
der Hausmann	die Hausfrau	주부

VOKABEL

- der Traumberuf 장래 희망
- das Service 서비스
- gefährlich 위험하다
- fliegen 비행하다
- sicher(er als) (보다) 안전하다
- Auto fahren 운전하다
- der Richter 판사
- der Staatsanwalt 검사
- der Programmierer 법학
- das Semester 학기

기억하세요!

···ist (sicherer) als ···
··· 보다 (안전) 하다

교체 연습

연습1)

Was ist dein Traumberuf? Mein Traumberuf ist Pilotin.
     sein   Sein   Pilot

연습2)

Was ist Ihr Traumberuf? Mein Traumberuf ist Staatsanwalt.
                             Programmierer

Sekretärin :	Firma Hagen und Noll, mein Name ist Schmidt, was kann ich für Sie tun?
Karolina :	Guten Tag, mein Name ist Karolina Schantl. Ich möchte mich um die Praktikumsstelle bewerben. Welche Unterlagen brauche ich?
Sekretärin :	Ihren Lebenslauf, Bewerbungsschreiben, Zeugnisse und Empfehlungsschreiben. Bitte schicken Sie uns die Unterlagen an die Firmenadresse.
Karolina :	Bis wann soll ich die Unterlagen schicken?
Sekretärin :	Bis diesen Freitag.
Karolina :	Vielen Dank.

비서: 하겐과 놀 회사의 슈미드 입니다. 어떻게 도와드릴 까요?

카롤리나: 안녕하세요, 제 이름 은 카롤리나 산틀입니 다. 인턴 자리에 지원 하고 싶습니다. 어떤 서류가 필요할까요?

비서: 이력서, 지원서, 자격증과 추천서입니다. 이 서류를 회사 주소로 보내 주세요.

카롤리나: 서류 언제까지 보내 드리면 되나요?

비서: 이번 주 금요일까지 보내 주세요.

카롤리나: 감사합니다.

전치사를 수반하는 동사

3격 [aus(…에서), bei(…옆에, …근처에), mit(…과 함께, …으로), nach(…후 에, …를 향하여), unter(아래), von(…부터), vor(…앞에), zu(…으로, 에게)] kommen aus(…에서 오다), entschuldigen bei(…에게 사과하다), beginnen mit(…을 시작하다), fragen nach(…에 대해 묻다), leiden unter(…때문에 고통 받다), halten von(…에 대해 생각하다), schützen vor(…으로부터 보호하다), einladen zu(…에 초대하다)

4격 [auf(…위에, …위로 -on), für(…위해서), gegen(…향하여, …쯤에), über(…위에, …위로 -above), um(…주위, …시에 -시간)] achten auf(…을 주의하다), sorgen für(…을 돌봐주다), protestieren gegen(…을 반대하다), sprechen über(…에 대해 말하다), bitten um(…을 부탁하다)

VOKABEL

- die Firma 회사
- die Praktikumsstelle 인턴 자리
- die Unterlagen (pl.) 서류들
- der Lebenslauf 이력서
- das Bewerbungsschreiben 지원서
- das Zeugnis 자격증
- das Empfehlungsschreiben 추천서
- die Firmenadresse 회사 주소

기억하세요!

동사는 3격이나 4격을 필요 로 하는 전치사와 함께 쓴 다. 일반적으로 3격 전치사 뒤에 4격 전치사가 있다.

교체 연습

연습1)

Ich möchte mich um die Praktikumsstelle bewerben.
den Job

연습2)

Bitte schicken Sie den Brief an mich.
Frau Schmidt

Fritz Büchner	Karolina, bewerben Sie sich für das Praktikum?
Karolina	Ja, Herr Lehrer. Ich möchte mich bewerben. Welche Unterlagen brauche ich?
Fritz Büchner	Lebenslauf, Bewerbungsschreiben, Zeugnisse und Empfehlungsschreiben.
Karolina	Verstanden.
Fritz Büchner	Was ist Ihr Traumberuf?
Karolina	Mein Traumberuf ist Flugbegleiterin. Ich reise sehr gern in andere Länder, ich spreche Englisch und Französisch und arbeite gern im Service. Seit wann sind Sie Lehrer, Herr Büchner?
Fritz Büchner	Seit zehn Jahren.

프리츠 뷔크너 : 카롤리나, 인턴 자리에 지원하나요?
카롤리나 : 네, 뷔크너 선생님, 지원하고 싶습니다. 어떤 서류가 필요할까요?
프리츠 뷔크너 : 이력서, 지원서, 자격증과 추천서요.
카롤리나 : 알겠습니다.
프리츠 뷔크너 : 장래 희망은 뭐지요?
카롤리나 : 저의 장래 희망은 승무원입니다. 저는 외국으로 여행하는 것을 좋아해요. 영어와 프랑스어를 할 수 있고 서비스
　　　　　 일을 좋아합니다. 선생님은 언제부터 교사로 일을 하셨어요?
프리츠 뷔크너 : 10년 전부터 했어요.

 **연습문제**

ÜBUNG ① Hören (듣기)

다음을 듣고 빈칸을 채워 보세요. 🎧 Track 086

1. Ich unterrichte Deutsch in _____. Und du?

2. Ich arbeite für die Zeitung. Ich bin _____.

3. Ich spreche _____ und arbeite gern im Service.

4. Was bist du _____? Ich bin Programmiererin.

5. Lebenslauf, Bewerbungsschreiben, Zeugnisse und _____.

ÜBUNG ② Sprechen (말하기)

다음 질문에 답하세요. (자신의 답변을 말해 보세요)

1. Was ist dein Traumberuf?

(나의 장래 희망은 교사다.)

2. Was bist du von Beruf?

(나는 교사다.)

3. Seit wann arbeitest du?

(나는 2년 전부터 일하고 있다.)

4. Seit wann studierst du?

(나는 3년 전부터 공부한다.)

ÜBUNG ③ Lesen (읽기)

다음 대화를 읽어 보고 정답을 써 보세요.

A: Was sind Sie von Beruf?

B: Ich habe hundert Berufe.

A: Was? Aber Sie können doch nicht hundert Berufe haben?

B: Aber ich muss hundert verschiedene Arbeiten machen: kochen, putzen, aufräumen, waschen, nähen, Autofahren, ….

A: Dann verdienen Sie ja viel Geld!

B: Leider nein. Ich verdiene nichts.

A: Wo arbeiten Sie?

B: Ich arbeite zu Hause. Ich bin   .

ÜBUNG ④ Schreiben (쓰기)

다음에서 11개의 직업을 찾아 보세요.

U	V	P	I	C	U	N	L	E	H	R	E	R	V	X	S	M
B	H	I	T	A	I	U	B	J	Y	E	N	T	S	M	K	F
A	L	L	F	N	M	I	B	E	I	Q	B	I	H	B	R	G
U	W	O	F	G	W	W	F	D	V	K	E	V	H	K	A	L
E	Z	T	Z	E	K	E	L	V	I	P	A	F	X	D	N	T
R	E	I	G	S	T	W	U	V	A	H	M	F	H	P	K	I
U	L	T	U	Z	H	G	L	R	A	T	U	A	S	E	C	
S	G	J	R	E	D	Y	B	X	C	H	I	D	U	E	N	W
Ä	B	O	J	L	Q	S	E	I	H	I	N	S	S	W	S	M
N	F	U	F	L	K	U	G	M	I	R	F	C	F	K	C	G
G	N	R	L	T	W	V	L	N	T	I	V	I	R	M	H	Z
E	H	N	P	E	F	Z	E	G	E	I	K	E	A	U	W	T
R	G	A	A	J	P	E	I	C	K	G	E	Z	U	D	E	Y
B	F	L	D	S	B	N	T	C	T	D	T	N	J	I	S	P
E	W	I	W	G	Z	F	E	L	I	T	I	L	J	P	T	O
L	K	S	X	K	P	E	R	X	N	N	Q	X	Z	B	E	Q
U	U	T	K	V	H	R	Q	O	S	S	C	E	S	X	R	H

Lehrer, Pilot, Bauer, Sänger, Journalist, Angestellte, Flugbegleiter, Architekt, Beamtin, Hausfrau, Krankenschwester

1

Heinz Egger

 Was bist du von Beruf?

Fritz Büchner

Ich bin Lehrer. Und du?

Ich bin _____. Ich arbeite für die Zeitung. Was unterrichtest du?

Ich _____ Mathematik in einer Oberschule.

2

Peter

 Was ist dein _____?

Lisa

Mein Traumberuf ist Flugbegleiterin. Ich reise sehr gern in andere Länder, ich _____ Englisch und Französisch und arbeite gern im Service.

3

Karolina

 Guten Tag, mein Name ist Karolina Schantl. Ich möchte mich um die _____ bewerben. Welche Unterlagen brauche ich?

Sekretärin

Ihren Lebenslauf, Bewerbungsschreiben, Zeugnisse und Empfehlungsschreiben. Bitte _____ Sie uns die Unterlagen an die Firmenadresse.

122

🥨 독일의 월요병 🥨

독일에 대한 기사를 읽으면 독일이라는 국가가 직장인에게 천국인 것처럼 느껴질 수도 있다. 긴 휴가, 타당한 사회 복지, 최고의 근무 환경은 세상 어디에서도 찾기 어려운 조건을 자랑하기 때문이다.

보통 아플 때도 웬만하면 출근하는 대한민국의 회사 분위기인데 이런 모습을 독일에서는 상상하기 어렵다. 특히 감기에 걸렸을 때 자신을 생각하는 것뿐만 아니고 다른 동료에게 감기를 옮길 수도 있어 안 좋은 영향을 미치고 병을 키울 수 있기 때문에 아픈 몸으로 출근하는 것은 무책임하다고 생각한다.

독일에는 한국에도 있는 '월요병'이 있다. 주말이 끝나고 일요일 밤이 되면 침대 위에서 이리저리, 왼쪽에서 오른쪽으로 굴러다니며 깊이 잠을 자지 못하고 자꾸만 깨는 것이 월요병의 증세다. 월요병의 원인을 알아봤을 때 실제로 월요일에 대한 패닉이 아니라고 밝혀졌다. 독일 수면 연구가의 연구 결과를 따르면 주말에 바뀐 잠의 태도가 문제가 된다고 한다. 일요일에는 대부분의 사람이 늦잠을 잔다. 그리고 월요일에 일찍 나가야 하기 때문에 일찍 잠자리에 들지만, 충분한 수면 욕구를 만들기에는 낮에 활동한 시간이 적은 것이다.

이 병을 극복하기 위해서는 전문가들은 월요일 저녁에 멋진 계획을 세우라고 한다. 영화나 음악회, 외식 또는 데이트를 계획하면 월요일이 좀 더 부담 없는 날이 될 수 있다고 한다.

LEKTION **11**

나의 건강

학습 목표
- ☐ 통증 설명하기
- ☐ 병원 예약하기
- ☐ 충고 표현하기

문법
- ☐ 화법조동사(müssen, sollen), 시간 부사

문화
- ☐ 독일의 특이한 법과 규정

뮌헨 프라우엔 교회

Sophie : Du siehst blass aus, was fehlt dir denn?

Olaf : Ich habe Bauchschmerzen und mein Kopf tut mir auch weh.

Sophie : Hast du Fieber? Du musst zum Arzt gehen.

Olaf : Ich habe heute eine wichtige Prüfung.

Sophie : Dann musst du nach der Prüfung sofort zum Arzt gehen.

Olaf : Schon gut, mach ich.

소피: 얼굴이 창백해 보여, 어디 아프니?

올라프: 배가 아파, 그리고 머리도 아프고.

소피: 열도 나? 병원에 가 봐야 해.

올라프: 오늘 중요한 시험이 있어.

소피: 그럼 시험 후에 바로 병원에 가 봐.

올라프: 알았어. 그럴게.

화법조동사 müssen (해야만 한다)

단수	1인칭	ich	**muss**
	2인칭	du	**musst**
	3인칭	er/sie/es	**muss**
복수	1인칭	wir	**müssen**
	2인칭	ihr	**müsst**
	3인칭	sie	**müssen**
존칭		Sie	**müssen**

KEY POINT

· müssen은 명령, 의무를 표현한다.

· 다른 화법조동사와 같이 단수 1, 2, 3인칭 불규칙 변화한다.

VOKABEL

☐ blass 창백한

☐ aussehen 보이다

☐ die Bauchschmerzen 복통

☐ der Kopf 머리

☐ wehtun 아프다

☐ das Fieber 열

☐ wichtig 중요한

☐ die Prüfung 시험

☐ schon gut 알았다

기억하세요!

fehlen 동사는 인칭 3격과 같이 쓴다.

Was fehlt dir? Was fehlt Ihnen?

교체 연습

연습1)

Was fehlt dir denn? Ich habe Kopfschmerzen.
　　　　　　　　　　　　Halsschmerzen

연습2)

Du musst zum Arzt gehen.
　　　　　zur Apotheke

☐ Halsschmerzen 인후통　　☐ zur Apotheke 약국에

126

Arzthelferin :	Praxis Dr. Ortner, guten Tag.
Olaf :	Guten Tag, mein Name ist Olaf Ekholm. Kann ich heute noch einen Termin bekommen?
Arzthelferin :	Selbstverständlich, Herr Ekholm. Was fehlt Ihnen denn?
Olaf :	Ich habe Bauchschmerzen. Und mein Kopf tut auch weh.
Arzthelferin :	Wie wäre es mit 16 Uhr?
Olaf :	Das passt sehr gut. Vielen Dank.

간호사: 안녕하세요, 오르트너 병원입니다.

올라프: 안녕하세요. 제 이름은 올라프 엑홀름입니다. 오늘 예약이 아직 가능한가요?

간호사: 당연하지요, 엑홀름 씨, 어디가 아프세요?

올라프: 배가 아파요. 아, 그리고 머리도 아프네요.

간호사: 오늘 오후 4시는 어떠신가요?

올라프: 좋아요. 감사합니다.

시간 부사

과거	현재	미래
vorgestern 그제	heute 오늘	morgen 내일
gestern 어제	nun, jetzt 지금	übermorgen 모레
gerade 막 , 방금	gerade 지금	bald 곧

KEY POINT

· 시간 부사는 '언제?, 얼마 동안?, 얼마나 자주?'에 대한 대답이다.
· 과거, 현재, 미래의 시간(시점) 정보를 준다.

VOKABEL

☐ die Praxis 개인 병원
☐ der Termin 예약
☐ einen Termin bekommen 예약하다
☐ noch 아직
☐ selbstverständlich 당연하다
☐ wie wäre es mit… 어떠신가요?
☐ passen 좋다, 괜찮다

기억하세요!

화법조동사로 시작된 의문문을 만들 때 동사는 마지막 위치에 쓴다.

Kannst du mir <u>helfen</u>?

Muss ich heute <u>lernen</u>?

교체 연습

연습1)

Kann ich heute einen Termin bekommen?
    morgen

연습2)

Ich fahre morgen in die Stadt.
    übermorgen

Sophie : Olaf, was sagt der Arzt?
Olaf : Der Arzt sagt, ich soll heute zu Hause bleiben und viel Tee trinken.
Sophie : Ja? Und was sollst du noch?
Olaf : Ich soll mehr Gemüse essen und Sport treiben.
Sophie : Ja, Sport ist wichtig. Musst du auch Tabletten nehmen?
Olaf : Nein, ich soll nur gesund essen.

소피: 올라프, 의사 선생님이 뭐라고 하셨니?
올라프: 오늘 집에서 쉬고 차를 많이 마시라고 하셨어.
소피: 그래? 그리고 또 무엇을 하라고 하셨니?
올라프: 채소를 많이 먹고 운동을 하라고 하셨어.
소피: 그래, 운동은 중요해. 약도 먹어야 해?
올라프: 아니, 그냥 건강한 음식을 먹으라고 하셔.

화법조동사 sollen (해야 한다)

단수	1인칭	ich	**soll**
	2인칭	du	**sollst**
	3인칭	er/sie/es	**soll**
복수	1인칭	wir	**sollen**
	2인칭	ihr	**sollt**
	3인칭	sie	**sollen**
존칭		Sie	**sollen**

KEY POINT
· sollen은 충고, 조언을 표현한다.
· 다른 화법조동사와 같이 단수 1, 2, 3인칭 불규칙 변화한다.

VOKABEL
☐ zu Hause 집에
☐ bleiben 머무르다
☐ der Tee 차(tea)
☐ mehr 더
☐ das Gemüse 채소
☐ Sport treiben 운동하다
☐ wichtig 중요한
☐ Tablette nehmen 약 먹다
☐ gesund 건강한

기억하세요!
Ich muss viel Tee trinken.
(차를 많이 마셔야 한다.)
Ich soll viel Tee trinken.
(차를 많이 마셔야 한다고 한다. – 다른 사람이 충고했다)

교체 연습

연습1)
Ich soll zu Hause bleiben und viel Tee trinken.
Du sollst

연습2)
Müssen Sie auch Tabletten nehmen? Nein, ich soll nur Gemüse essen.
nur mehr Sport machen

Fritz Büchner	Frau Moser, Sie sehen blass aus. Was fehlt Ihnen denn?
Helga Moser	Ich habe Kopfschmerzen.
Fritz Büchner	Haben Sie Fieber? Sie müssen zum Arzt gehen.

Helga Moser	Guten Tag, mein Name ist Helga Moser. Kann ich heute noch einen Termin bekommen?
Arzthelferin	Selbstverständlich, Frau Moser. Was fehlt Ihnen denn?
Helga Moser	Ich habe starke Kopfschmerzen.
Arzthelferin	Wie wäre es mit 14 Uhr?
Helga Moser	Das passt sehr gut. Vielen Dank.

Fritz Büchner	Was sagt der Arzt, Frau Moser?
Helga Moser	Der Arzt sagt, dass ich weniger arbeiten soll.
Fritz Büchner	Ach ja? Müssen Sie auch Tabletten nehmen?
Helga Moser	Nein, ich soll nur mehr Urlaub machen.

프리츠 뷔크너 : 모서 부인, 얼굴이 창백해요. 어디 아프세요?
헬가 모서 : 네, 머리가 아파요.
프리츠 뷔크너 : 열이 있어요? 병원에 가셔야 해요.

헬가 모서 : 안녕하세요, 헬가 모서입니다. 오늘 예약이 아직 가능한가요?
간호사 : 당연하지요, 모서 부인. 어디가 아프세요?
헬가 모서 : 머리가 매우 아파요.
간호사 : 오늘 오후 2시는 어떠신가요?
헬가 모서 : 좋아요. 감사합니다.

프리츠 뷔크너 : 모서 부인, 의사 선생님이 뭐라고 하나요?
헬가 모서 : 일을 적게 하라고 합니다.
프리츠 뷔크너 : 그래요? 약도 드셔야 하나요?
헬가 모서 : 아니요, 그냥 휴식을 더 많이 하라고 합니다.

연습문제

ÜBUNG ❶ Hören (듣기)

다음을 듣고 빈칸을 채워 보세요. 🎧 Track 094

단수	복수	뜻
das	die Augen	눈
die		코
das	die Ohren	귀
der		입
der	die Arme	팔
das	die Beine	다리
der	die Füße	발
die	die Hände	손
der		목
die	die Schultern	어깨

ÜBUNG ❷ Sprechen (말하기)

다음 질문에 답하세요.

1. Was fehlt dir denn?

　　　　　　　　　　　　　　　　(나는 어깨 통증이 있다.)

2. Ich habe Bauchschmerzen.

　　　　　　　　　　　　　　　　(나는 병원에 가 봐야 해.)

3. Wie wäre es mit 11 Uhr?

　　　　　　　　　　　　　　　　(좋아요.)

4. Was sagt der Arzt?

　　　　　　　　　　　　　　　　(약 먹고 집에 있으라고 한다.)

ÜBUNG ③ Lesen (읽기)

다음을 읽어 보세요.

> Hausarzt
> Dr. Wolfgang Hauser
> Facharzt für Allgemeinmedizin
> Andersweg 30
> 40830 Wolfsburg
> Telefon: 0987/ 3082317

Praxis Doktor Wolfgang Hauser, Facharzt für Allgemeinmedizin. Die Praxis ist Montag bis Donnerstag von 9 bis 13 Uhr und 14 bis 18 Uhr geöffnet. Am Freitag von 9 bis 12 Uhr. Für Terminvereinbarung oder andere Fragen rufen Sie an unter 0987/3082317.

ÜBUNG ④ Schreiben (쓰기)

신체 부위 10개를 찾아보세요.

S	G	D	N	O	P	D	X	D	D	M	U	N	T	Z	S	G
H	V	X	L	M	U	N	D	F	S	P	O	O	W	A	H	V
R	V	O	K	B	E	K	Y	D	W	W	K	A	Y	M	R	V
O	Z	N	W	A	C	K	X	J	S	S	H	G	Z	G	O	Z
K	I	W	H	U	X	L	A	U	G	E	N	A	R	M	K	I
L	F	Q	O	C	C	B	U	Q	G	M	Q	O	L	H	L	F
M	W	L	F	H	M	L	V	M	J	F	G	H	G	D	M	W
E	I	J	H	Q	W	T	W	C	R	I	G	R	M	R	E	I
H	Y	U	T	S	F	U	S	S	W	N	Q	E	P	Y	H	Y
R	D	L	H	O	O	S	V	O	N	G	D	N	R	R	R	D
V	H	Ä	N	D	E	Y	L	Q	V	E	I	P	R	R	V	H
K	B	K	O	A	R	D	U	V	L	R	W	O	G	P	K	B
R	S	H	P	U	I	K	Z	V	M	U	W	I	P	N	R	S
G	I	U	Q	K	O	P	F	M	S	Z	T	T	O	P	G	I
J	O	O	B	E	I	N	E	P	F	G	Y	P	P	I	J	O

1.
2.
3.
4.
5.
6.
7.
8.
9.
10.

1

Sophie

Du siehst blass aus, was fehlt dir denn?

Hast du Fieber? Du musst _____ gehen.

Olaf

Ich habe _____ und mein Kopf tut mir auch weh.

Schon gut, mach ich.

2

Olaf

Kann ich heute noch einen _____ bekommen?

Ich habe Bauchschmerzen und _____ tut auch weh.

Arzthelferin

Selbstverständlich, Herr Ekholm. Was fehlt Ihnen denn?

3

Olaf

Der Arzt sagt, ich _____ heute zu Hause bleiben und viel Tee trinken. Ich soll mehr _____ essen und Sport treiben.

Sophie

Ja, Sport ist wichtig.

문화 읽기

🥨 독일의 특이한 법과 규정 🥨

- Oktoberfest(10월 축제) 때 독일청정법에 따라서 만들어지지 않은 맥주는 허락되지 않는다. (허용된 재료: 물, 홉, 이스트, 보리 / 허용된 맥주 공장: 뮌헨의 맥주 공장)

- 독일의 애국가 1절을 부르는 것은 불법이다["Deutschland, Deutschland über alles" (독일, 독일 가장 뛰어난 독일)]. 이 노래는 통일이 되기 전에 만들어졌고, 2차 대전부터 현재까지 1절, 2절은 불리지 않는다. (현재 독일 애국가는 3절)

- 독일 경찰 또는 공무원에게 공식적인 존칭(Sie)을 쓰지 않고 du라고 사용했을 때 600유로의 벌금을 낼 수도 있다.

- 굴뚝 청소부가 자신의 집에 출입하는 것을 금하는 것은 법을 어기는 행위다. 히틀러가 권력을 장악한 시기(제 3제국)에 굴뚝 청소부는 높은 권리와 위치에 있었다. 히틀러는 그들을 곳곳에 보내, 굴뚝에 올라가서 스파이 역할을 주로 맡겼다.

- 음주 상태에서 자전거를 타고 가다가 경찰에게 걸리면 운전 면허증을 압수당한다. 면허증을 다시 얻기 위해서는 어려운 시험과 검사를 통과해야 한다.

- 데모에 참석할 때 얼굴을 가리거나 마스크를 쓰는 것은 불법이다. 이를 어길 경우에 경찰이 다른 사유 없이 체포할 수 있다.

- 일요일에 드릴을 사용하는 것은 불법이다. 또 피아노 조율과 같이 이웃에게 소음으로 방해하는 행동은 삼가야 한다. 심지어 유리병을 분리수거할 경우 컨테이너에 넣을 때 나는 유리 깨지는 소음 때문에 수거하는 시간이 정해져 있다.

LEKTION 12

여행 가기

학습 목표
□ 장소 묻고 답하기
□ 숙소 예약하기
□ 길 설명하기

문법
□ 장소 부사 의문문(wohin? wo?),
　일반 주어(man), 화법조동사(dürfen)

문화
□ 독일의 교통수단

Julia : Anna, ich möchte am Wochenende einen Städteausflug machen. Hast du Lust mitzukommen?

Anna : Ja, ich habe am Wochenende noch nichts vor. Wohin willst du?

Julia : Ich möchte nach Heidelberg. Was meinst du?

Anna : Ich war schon zweimal in Heidelberg. Ich möchte nach Berlin.

Julia : Wirklich? Das ist auch ein guter Vorschlag. Berlin will ich auch gerne besuchen. Wo übernachten wir?

Anna : In einer Jugendherberge. Suchen wir mal im Internet.

율리아: 안나야, 주말에 다른 도시로 여행하고 싶은데 같이 갈래?

안나: 좋아, 아직 주말 계획이 없어. 어디로 가려고 하니?

율리아: 나는 하이델베르크에 가고 싶어. 어떻게 생각해?

안나: 나는 이미 두 번이나 하이델베르크에 갔었어. 나는 베를린에 가고 싶어.

율리아: 그래? 그것도 좋은 제안이야. 나도 베를린에 방문하고 싶어. 우리 어디서 숙박하지?

안나: 유스호스텔에서. 인터넷 검색을 해 보자.

장소 부사를 질문하는 Wohin? Wo?

Wo?(어디?)는 위치를 묻는다.

A: **Wo** übernachten wir? 우리는 어디에서 숙박하지?

B: In einer Jugendherberge. 유스호스텔에서. (대답: 장소)

Wohin?(어디로)는 방향을 포함하는 장소를 묻는다.

A: **Wohin** willst du? 어디로 가고 싶니?

B: Ich möchte nach Berlin. 베를린으로 가고 싶어. (대답: 방향 부사 nach, 장소 Berlin)

KEY POINT
· wo? 의문문은 3격(어디에)을 요구한다.
· wohin? 의문문은 4격(어디로)을 요구한다.

VOKABEL
☐ der Städteausflug
　도시 여행
☐ nichts vorhaben 계획
　없다
☐ wohin - wo 어디로 – 어디
☐ nach …로
☐ wirklich 정말, 진짜
☐ der Vorschlag 제안
☐ besuchen 방문하다
☐ übernachten 숙박하다
☐ die Jugendherberge
　유스호스텔
☐ suchen 찾다

기억하세요!
woher?는 3격(어디에서)을 요구한다.

교체 연습

연습1)

Wohin willst du? Ich möchte nach Berlin.
　　　　　　Wir möchten　　Frankfurt

연습2)

Wo übernachten wir? In einer Jugendherberge.
　　　　　　　　Im Hotel

Anna	: Guten Tag, haben Sie am Wochenende noch ein Zimmer für zwei Personen frei?
Auskunft	: Leider sind keine Doppelzimmer mehr frei. Aber es sind noch zwei Betten in einem Vierbett-Zimmer frei.
Anna	: Was kostet das? Wir bleiben nur eine Nacht.
Auskunft	: 15 Euro pro Person. Es gibt freies WLAN im Zimmer, ein Café und eine Fernsehlounge im Haus.
Anna	: Klasse. Dann reservieren Sie uns zwei Betten für Samstag.
Auskunft	: Sehr gerne.

안나: 안녕하세요, 주말에 두 사람을 위한 방이 아직 있나요?

안내원: 2인실은 다 나갔네요. 하지만 4인실에 침대 2개가 비어 있습니다.

안나: 얼마예요? 저희는 하루만 있을 거예요.

안내원: 일인당 15유로입니다. 방에 무료 와이파이가 있고 건물 안에 커피숍과 TV 감상실이 있습니다.

안나: 좋아요. 그럼 토요일에 침대 2개 예약 좀 해 주세요.

안내원: 네, 알겠습니다.

일반 주어 man

	격	남성
1	주격	man
2	소유격	-
3	간접목적어	ein**em**
4	직접목적어	ein**en**

KEY POINT

· man은 누구나를 말할 때 성별 구분 없이 단수 3인칭으로 쓴다.
Hier darf **man** nicht parken. 여기서는 주차하면 안 돼요.
Hier muss **man** leise sein. 여기서는 조용해야 한다.

VOKABEL

□ zwei Personen 두 사람
□ frei (비어) 있다
□ das Doppelzimmer 2인실
□ Vierbett-Zimmer 4인실
□ pro Person 한 사람당
□ WLAN 와이파이
□ die Fernsehlounge TV 감상실
□ im Haus 건물 안에
□ reservieren 예약하다
□ Klasse 좋다

기억하세요!

man은 일반 주어 단수 또는 복수 대신 쓰인다.

교체 연습

연습1)
Hier darf ich nicht schwimmen.
　　　man

연습2)
Du musst mehr Sport treiben.
Man muss

Anna : Julia, schau mal. Das ist der Pergamonaltar.

Julia : Aber Anna, hier darf man nicht fotografieren.

Anna : Du hast Recht. Im Museum darf man vieles nicht: man darf nicht fotografieren, man darf nicht essen, man darf nicht telefonieren und man darf nichts anfassen.

Julia : Ja, und man muss leise sein.

Anna : Wenigstens darf man miteinander sprechen.

Julia : Psst!

안나: 율리아, 이것 봐. 이것이 페르가몬의 대제단이야.

율리아: 안나야, 여기서 사진 촬영은 금지야.

안나: 너의 말이 맞아. 박물관에서는 많은 것을 하면 안 돼. 사진 촬영도 안 되고, 음식 섭취도 안 되고, 전화 통화도 안 되고, 만지는 것도 안 되잖아.

율리아: 그래, 그리고 조용히 해야 해.

안나: 적어도 말은 해도 돼서 다행이다.

율리아: 쉿!

화법조동사 dürfen

단수	1인칭	ich	**darf**
	2인칭	du	**darfst**
	3인칭	er/sie/es	**darf**
복수	1인칭	wir	**dürfen**
	2인칭	ihr	**dürft**
	3인칭	sie	**dürfen**
존칭		Sie	**dürfen**

KEY POINT

· dürfen은 허락/금지, 부탁, 제안을 표현한다.

· 다른 화법조동사와 같이 단수 1, 2, 3인칭 불규칙 변화한다.

VOKABEL

☐ der Pergamonaltar 페르가몬의 대제단(베를린 페르가몬 박물관 안)

☐ man 누구든지

☐ fotografieren 사진촬영하다

☐ das Museum 박물관

☐ telefonieren 전화하다

☐ anfassen 만지다

☐ leise sein 조용히 하다

☐ wenigstens 적어도

☐ miteinander 함께, 같이

☐ sprechen 말하다 (불규칙동사 – 단수 2인칭, 3인칭에서 e가 i로 변한다.)

기억하세요!

단수 1인칭과 3인칭, 복수 1인칭과 3인칭 형태가 동일하다.

교체 연습

연습1)

Hier darf man nicht essen.
　　　　　　　　　　trinken

연습2)

Du musst leise sein.
　　　　　　leise sprechen

Fritz Büchner	Ich möchte am Wochenende einen Städteausflug machen. Haben Sie Lust mitzukommen?
Heinz Egger	Ja, ich habe am Wochenende noch nichts vor. Wohin wollen Sie?
Fritz Büchner	Ich möchte nach Heidelberg.
Heinz Egger	Wo übernachten wir?
Fritz Büchner	Im Hotel. Ich reserviere es.

Fritz Büchner	Darf man hier fotografieren?
Heinz Egger	Nein, man darf hier nicht fotografieren.
Fritz Büchner	Im Museum darf man vieles nicht.
Heinz Egger	Wenigstens darf man miteinander sprechen.

프리츠 뷔크너 : 주말에 도시 여행을 가고 싶은데 같이 가실래요?
하인츠 에꺼 : 네, 아직 주말에 다른 계획이 없어요. 어디로 가려고요?
프리츠 뷔크너 : 하이델베르크에 가고 싶어요.
하인츠 에꺼 : 어디서 숙박하나요?
프리츠 뷔크너 : 호텔에서요. 제가 예약하겠습니다.

프리츠 뷔크너 : 여기서 사진 촬영해도 되나요?
하인츠 에꺼 : 아니요. 여기는 사진 촬영 금지예요.
프리츠 뷔크너 : 박물관에서 많은 것을 하면 안 되지요?
하인츠 에꺼 : 네, 적어도 말은 해도 돼서 다행이에요.

 **연습문제**

ÜBUNG ① Hören (듣기)

다음을 듣고 빈칸을 채워 보세요. 🎧 Track 102

Wer?	Wohin?	Warum?
Peter	Dresden	TU Dresden
Nina		
Helga Moser		
Simon und Maria		

ÜBUNG ② Sprechen (말하기)

다음 질문에 답하세요.

1. Wohin willst du am Wochenende?

    (나는 주말에 … 에 가고 싶다.)

2. Wo übernachten wir?

    (호텔에서 숙박하자.)

3. Haben Sie am Wochenende noch ein Doppelzimmer frei?

    (네, 2인실 아직 있습니다.)

4. Was kostet das?

    (한 사람당 10유로입니다.)

5. Darf ich hier fotografieren?

    Nein, man   (아니요, 여기서 사진 촬영은 안 돼요.)

다음을 읽어 보세요.

Berlin ist die Bundeshauptstadt der Bundesrepublik Deutschland und hat 3,5 Millionen Einwohner. Das Brandenburger Tor, das von 1788 und 1791 errichtet wurde, ist das Wahrzeichen Berlins und ein Symbol für die Wiedervereinigung Deutschlands. Zu den weiteren Sehenswürdigkeiten Berlins zählen das Reichstagsgebäude, der Fernsehturm, Schloss Charlottenburg und der Bebelplatz.

ÜBUNG ❹ Schreiben (쓰기)

1. Hier   man nicht rauchen. (금연)

2. Hier   man nicht essen. (음식 금지)

3.   telefonieren. (전화 통화 금지)

4.   Eis essen. (아이스크림 금지)

Julia

Anna, ich möchte am Wochenende einen
_____ machen. Hast du Lust mitzukommen?

Anna

Ja, ich habe am Wochenende noch nichts
vor. Wohin willst du?

Ich möchte nach _____. Was meinst du?

Ich war schon zweimal in Heidelberg. Ich
möchte nach Berlin.

Julia

Guten Tag, haben Sie
am Wochenende noch
ein Zimmer für zwei
Personen frei?

Auskunft

Leider sind keine
_____ mehr frei.
Aber es sind noch zwei
Betten in einem Vierbett-
Zimmer frei.

Was kostet das? Wir
bleiben nur eine Nacht.

15 Euro pro _____.

Anna

Julia, schau mal. Das ist der Pergamonaltar.

Julia

Aber Anna, hier _____ man nicht fotografieren.

Im Museum darf man vieles nicht: man darf nicht
fotografieren, man darf nicht essen, man darf nicht
_____ und man darf nichts angreifen.

문화 읽기

🥨 독일의 교통수단 🥨

❶ Straßenbahn(전차) : 도시 내에서 자동차, 버스와 뒤섞여 레일 위로 다니는 열차다. 보통 2~3칸으로 되어 있다.

❷ Stadtbahn, Schnellbahn(도시열차) : 도심과 도심의 사이를 다니는 열차다.

❸ Bus(버스) : 보통 앞에서 타고 뒤로 내린다.

❹ U-Bahn(지하철) : 보통은 대도시에서 운행된다.

❺ Zug 열차(기차) : 빠른 열차에는 ICE, 그리고 일반 열차에는 RE, IC, RB가 있다.

❻ Taxi(택시) : 전화로 부르는 콜택시 형태이고 길거리에서 택시를 타려면 택시 정류장에서만 가능하다.

특이한 점은 표 검사가 없다는 것이다. 표를 사서 지하철 타기 전에 기계에 찍어야 한다. 검사하는 사람들은 돌아다니면서 검사를 실행하지만, 검사에 잘 걸리지 않는다.

표 없이 탔다가 검사에 걸리면 10배에서 15배의 벌금을 내야 한다.

독일은 시내 교통비가 비싼 편이다. 한 번 타는 데 2~3유로라서 한국 돈으로 약 2500~3500원이다. 따라서 대중교통을 자주 이용하는 사람들을 위해 하루 권, 일주일 권, 한달 권, 1년 권을 판매한다.

2023년 설문조사의 결과에 따르면 독일 사람이 매일 사용하는 교통수단은 개인 자가용(62%)이고, 대중교통(10%)보다 자전거(28%)를 더 많이 이용한다.

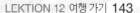

LEKTION 13

쇼핑하기

학습 목표
- ☐ 좋아하는 음식 표현하기
- ☐ 식당에서 주문하기
- ☐ 선호하는 옷 말하기

문법
- ☐ mögen, möchten, hätten gerne,
  지시대명사 dieser/diese/dieses

문화
- ☐ 독일의 식사 매너

Jean : Was isst du gern?

Simon : Ich esse gern Schnitzel mit Pommes. Magst du auch Schnitzel?

Jean : Nein, ich mag keine Schnitzel. Ich mag Spaghetti.

Simon : Und was trinkst du gern?

Jean : Ich trinke gern Cola. Magst du auch gern Cola?

Simon : Ja, Cola mag ich auch gerne. Lass uns eine Cola trinken gehen.

잔: 어떤 음식을 좋아하니?

시몬: 돈가스와 감자튀김을 좋아해. 너도 돈가스 좋아하니?

잔: 아니, 나는 돈가스를 안 좋아해. 나는 스파게티를 좋아해.

시몬: 음료수는 뭘 좋아해?

잔: 콜라를 좋아해. 너도 콜라를 좋아하니?

시몬: 응, 나도 콜라를 좋아해. 우리 콜라 한 잔 마시러 가자.

mögen

단수	1인칭	ich	**mag**
	2인칭	du	**magst**
	3인칭	er/sie/es	**mag**
복수	1인칭	wir	**mögen**
	2인칭	ihr	**mögt**
	3인칭	sie	**mögen**
존칭		Sie	**mögen**

KEY POINT

• mögen은 본동사로 자주 사용된다. 그러나 화법조동사로도 사용한다(가능성, 추측, 소망을 표현할 때).
Das mag richtig sein. 옳을 수도 있다. – 추측

VOKABEL

☐ das Schnitzel 돈가스
☐ die Pommes 감자튀김
☐ die Spaghetti 스파게티
☐ die Cola 콜라
☐ Lass uns … …하자

기억하세요!

Lass uns eine Cola trinken gehen.
영어 Let's go와 같이 Lass uns(let us…)이라는 표현이다(존칭 Lassen Sie uns…).

교체 연습

연습1)

Was isst du gern? Ich esse gern Salat.
Hamburger

연습2)

Was trinkst du gern? Ich trinke gern Apfelsaft.
Orangensaft

Kellner : Möchten Sie bestellen?

Simon : Ja, gerne. Ich möchte ein Wiener Schnitzel mit Pommes, bitte. Und zum Trinken eine Cola.

Jean : Für mich auch eine Cola. Und ich hätte gerne einen Sauerbraten mit Gemüse.

Simon : Wir möchten zahlen. Zusammen, bitte.

Kellner : Das macht zusammen 32,80 Euro.

Jean : Hier haben Sie 35 Euro. Stimmt so.

웨이터: 주문하시겠어요?

시몬: 네, 비엔나 돈가스와 감자 튀김 주세요. 그리고 콜라 하나요.

잔: 저도 콜라 주세요. 그리고 사우어브라튼과 야채로 하겠습니다.

시몬: 계산해 주세요. 같이요.

웨이터: 32,80유로입니다.

잔: 35유로 여기 있습니다. 잔돈은 됐어요.

원하는 것 표현하기

Ich möchte … (+ 4격) 나는 …을 원하다

Ich hätte gerne… (+ 4격) …을 주세요

　　　 einen Hamburger. (der) 저는 햄버거를 주세요.

　　　 eine Bratwurst. (die) 저는 그릴 소시지를 주세요.

　　　 ein Backhähnchen. (das) 저는 구운 닭을 주세요.

KEY POINT

• hätte는 접속법 2식이며 공손한 부탁을 표현할 때 쓴다.

• 접속법: 사실의 상황이 아닌, 상상한 것을 표현할 때 쓰인다. 접속법 1식과 2식이 있다

VOKABEL

☐ bestellen 주문하다

☐ das Wiener Schnitzel 비엔나 돈가스

☐ zum Trinken 마실 것

☐ der Sauerbraten 사우어브라튼(식초에 절인 쇠고기를 볶은 요리)

☐ der Wunsch 소원, 원하는 것

☐ zahlen 계산

☐ zusammen 함께, 같이

☐ Stimmt so 잔돈은 됐어요(직역: 그렇게 맞아요)

기억하세요!

Wiener Schnitzel ----

Sauerbraten

교체 연습

연습1)

Ich möchte einen Sauerbraten mit Pommes.
　　　 ein Wiener Schnitzel mit Salat

연습2)

Wir möchten zahlen.
Ich möchte

Nina : Wie findest du den gelben Rock?

Maria : Den finde ich sehr schick. Aber mir gefällt die Farbe nicht.

Nina : Und dieser blaue?

Maria : Dieser gefällt mir. Er steht dir bestimmt super.

Nina : Meinst du? Aber ich möchte doch lieber eine Hose.

Maria : Dann schau hier: diese Hose ist wirklich elegant.

니나: 노란색 치마 어때?

마리아: 아주 예쁜 것 같아. 하지만 색이 마음에 안 들어.

니나: 그럼 이 파란색 치마는?

마리아: 마음에 들어. 너에게 분명히 잘 어울릴 거야.

니나: 그렇게 생각해? 아무래도 나는 바지가 더 좋아.

마리아: 그럼 여기 봐 봐. 이 바지는 정말 세련됐다.

지시대명사

격	남성	여성	중성	복수
1	dieser	diese	dies(es)	diese
2	dieses	dieser	dieses	dieser
3	diesem	dieser	diesem	diesen
4	diesen	diese	dies(es)	diese

KEY POINT

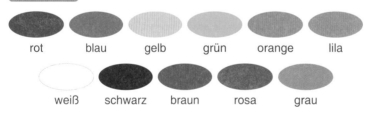

rot blau gelb grün orange lila

weiß schwarz braun rosa grau

VOKABEL

- der Rock 치마
- schick 예쁜, 시크한
- finden 생각하다
- gefallen (+Dat.) (마음에) 들다
- die Farbe 색
- bestimmt 분명히
- stehen (+Dat.) (누구에게) 어울리다
- lieber 차라리, 오히려
- die Hose 바지
- elegant 세련된

기억하세요!

색을 표현하는 형용사는 주어의 성을 따라 정관사(부정관사) 어미로 변한다.
명사 앞에 형용사가 있으면 어미 변화를 한다 (자세한 내용은 20과 참고)

교체 연습

연습1)

Wie findest du den grünen Rock?
　　　　　　　　　schwarzen

연습2)

Der Rock steht Dir bestimmt super.
Das Kleid

Heinz Egger	Ich esse gern Schnitzel. Mögen Sie auch Schnitzel?
Fritz Büchner	Nein, ich mag keine Schnitzel. Ich mag Spaghetti.
Heinz Egger	Und was trinken Sie gern?
Fritz Büchner	Ich trinke gern Bier.
Heinz Egger	Ich trinke auch gern Bier. Lassen Sie uns ein Bier trinken gehen.

Helga Moser	Wie finden Sie den gelben Rock?
Carmen Wiese	Dieser gefällt mir. Er steht Ihnen bestimmt super.
Helga Moser	Meinen Sie? Aber ich möchte doch lieber eine Hose.
Carmen Wiese	Dann schauen Sie hier: diese Hose ist wirklich elegant.

하인츠 에꺼 : 저는 비엔나 돈가스를 좋아합니다. 뷔크너 씨도 돈가스 좋아하세요?
프리츠 뷔크너 : 아니요. 저는 돈가스를 좋아하지 않아요. 저는 스파게티를 더 좋아해요.
하인츠 에꺼 : 그럼 마실 것은 무엇을 좋아하시나요?
프리츠 뷔크너 : 맥주를 좋아합니다.
하인츠 에꺼 : 저도 맥주를 좋아합니다. 그럼 같이 맥주 한잔하러 갈까요?

헬가 모서: 노란색 치마 어떻게 생각하세요?
까르멘 비세: 마음에 들어요. 분명히 잘 어울릴 거예요.
헬가 모서: 그렇게 생각하세요? 하지만 저는 바지가 더 좋겠어요.
까르멘 비세: 그럼 여기 보세요. 이 바지는 정말 세련됐네요.

 **연습문제**

ÜBUNG ❶ Hören (듣기)

듣고 표시하세요. 🎧 Track 110

		Richtig	Falsch
1.	Anna bestellt Bratwurst mit Kartoffeln.	☐	☐
2.	Simon hätte gerne ein Bier und das Brathähnchen.	☐	☐
3.	Frau Moser möchte einen Apfelsaft und einen Kuchen.	☐	☐
4.	Olaf möchte nur einen Kaffee.	☐	☐

ÜBUNG ❷ Sprechen (말하기)

다음 질문에 답하세요.

1. Was ist Ihre Lieblingsfarbe?

   Meine Lieblingsfarbe ist

   (내가 가장 좋아하는 색은 …입니다.)

2. Was ist Ihr Lieblingsessen?

   (내가 가장 좋아하는 음식은 …입니다.)

3. Was ist Ihr Lieblingsgetränk?

   (내가 가장 좋아하는 음료수는 …입니다.)

ÜBUNG ❸ Lesen (읽기)

다음을 읽어 보세요. 그리고 2~6절을 완성해 보세요.

Grün, grün, grün sind alle meine Kleider (deutsches Kinderlied)

1. Grün, grün, grün sind alle meine Kleider;
    grün, grün, grün ist alles was ich hab.
    Darum lieb ich alles, was so grün ist,
    weil mein Schatz ein Jäger ist.

2. rot – Reiter

3. blau – Matrose

4. schwarz – Schornsteinfeger

5. weiß – Müller

6. bunt - Maler

ÜBUNG ❹ Schreiben (쓰기)

그림을 보고 써 보세요.

1.

4.

2.

5.

3.

6.

Jean

Was isst du gern?

Simon

Ich _____ gern
Schnitzel mit Pommes.
Magst du auch Schnitzel?

Nein, ich _____
keine Schnitzel. Ich mag
Spaghetti.

Kellner

Möchten Sie bestellen?

Simon

Ja, gerne. Ich _____
ein Wiener Schnitzel mit
Pommes, bitte. Und zum
Trinken eine Cola.

Jean

Für mich auch eine Cola.
Und ich _____
gerne einen Sauerbraten
mit Gemüse.

Nina

Wie findest du den
_____?

Maria

Dieser gefällt mir. Er steht
dir bestimmt super.

Meinst du? Aber ich
_____ doch
lieber eine Hose.

Maria

Dann schau hier:
_____ Hose ist
wirklich elegant.

문화 읽기

🥨 독일의 식사 매너 🥨

식사 규칙과 규정은 나라별로 많이 다르다.

독일 사람들은 점심 시간 때 Mahlzeit이라는 인사를 많이 한다. 이 인사는 다른 언어로 표현하기 어렵다. Guten Appetit는 '맛있게 드세요'이지만, Mahlzeit는 여러 의미를 포함하는 인사다(점심 시간이다, 점심인데 밥 안 먹니?, 나는 먹으러 간다, 맛있게 먹어라, 나도 맛있게 먹을게 등 많은 의미가 포함).

독일인의 식사 예절

1. 소리 나게 쩝쩝거리며 먹는 것은 절대로 안 된다.
2. 음식을 입에 넣고 말하면 안 된다. 그래서 한입에 너무 많이 먹지 않는다.
3. 양손은 손목까지 식탁 위에 놓는다. 팔꿈치는 식탁 위에 올리지 않는 것이 좋다.
4. 식기를 접시 위에 X 모양으로 놓으면 아직 식사가 다 안 끝났다는 표시다.
   식사를 다 마친 후에는 식기를 평행으로 접시 위에 올려놓는다.
5. 냅킨은 오직 입 닦는 데 사용한다. 얼굴, 코, 손 등을 닦으면 안 된다.
6. 빵이 있을 때 손으로 작게 잘라서 칼을 사용해서 버터를 바른다.

LEKTION 14

초대하기

학습 목표
□ 생일 초대하기
□ 선물 고르기
□ 불참을 알려 주기

문법
□ 월·계절, 서수, 대등접속사

문화
□ 생일의 특별한 전통

Thomas : Alex, hast du am Samstag Zeit? Ich habe
Geburtstag und wollte dich zu meiner
Geburtstagsparty einladen.

Alex : Ach, du hast Geburtstag? Wann und wo feierst
du denn?

Thomas : Diesen Samstag, den 12. April um 19.00 Uhr.
Im Café Einstein.

Alex : Ich bin eigentlich mit meiner Freundin
verabredet.

Thomas : Dann kommt doch zusammen.

Alex : Das ist eine gute Idee. Ich frage meine
Freundin und gebe dir Bescheid.

토마스: 알렉스, 토요일에 시간 있어? 내 생일인데 생일 파티에 초대하고 싶어.

알렉스: 너 생일이야? 언제, 어디서 파티해?

토마스: 이번 주 토요일 저녁 7시. 카페 아인슈타인에서.

알렉스: 사실은 여자 친구랑 약속이 돼 있는데.

토마스: 그럼 같이 와.

알렉스: 좋은 생각이야. 여자 친구에게 물어보고 알려 줄게.

월 (Monate)

Januar	1월	April	4월	Juli	7월	Oktober	10월
Februar	2월	Mai	5월	August	8월	November	11월
März	3월	Juni	6월	September	9월	Dezember	12월

계절 (Jahreszeiten)

Frühling	봄	Sommer	여름	Herbst	가을	Winter	겨울

KEY POINT

- im Januar(1월에), im Februar(2월에), …
- im Frühling(봄에), im Sommer(여름에), …

VOKABEL

☐ der Geburtstag 생일
☐ die Geburtstagsparty 생일 파티
☐ einladen 초청하다
☐ eigentlich 사실은
☐ verabredet sein mit (+Dat.) …와 약속됐다
☐ Bescheid geben 알려 주다

기억하세요!

Monate는 항상 der(남성)이다.
Jahreszeiten도 항상 der(남성)이다.

교체 연습

연습1)
Wann hast du Geburtstag? Im April.
　　　　　　　　　　　　　Dezember

연습2)
Wann feierst du? Diesen Samstag.
　　　　　　　　　　　　Freitag

Verkäufer : Guten Tag, kann ich Ihnen helfen?
Alex : Ja, ich suche ein Geschenk für meinen
Freund. Er wird 23 Jahre alt.
Verkäufer : Also, wie wäre es mit einem Gutschein?
Alex : Hm, ein Gutschein ist zu unpersönlich.
Verkäufer : Wie wäre es mit einer CD? Sehen Sie mal
hier, wir haben eine große Auswahl an CDs.
Alex : Das ist ein prima Vorschlag, er mag Musik.

판매원: 도와드릴까요?
알렉스: 네. 친구에게 줄 선물을
찾고 있어요. 그는 23살
이 돼요.
판매원: 그럼, 기프트 카드는 어
떠세요?
알렉스: 음, 기프트 카드는 정성
이 없어요.
판매원: 그럼 CD는 어떤가요?
여기 한번 보세요. 선택
의 폭이 넓습니다.
알렉스: 좋은 생각이네요. 제 친
구는 음악을 좋아해요.

서수

1	erst-	11	elft-	21	einundzwanzigst-
2	zweit-	12	zwölft-	22	zweiundzwanzigst-
3	dritt-	13	dreizehnt-	23	dreiundzwanzigst-
4	viert-	14	vierzehnt-	24	vierundzwanzigst-
5	fünft-	15	fünfzehnt-	25	fünfundzwanzigst-
6	sechst-	16	sechzehnt-	26	sechsundzwanzigst-
7	siebt-	17	siebzehnt-	27	siebenundzwanzigst-
8	acht-	18	achtzehnt-	28	achtundzwanzigst-
9	neunt-	19	neunzehnt-	29	neunundzwanzigst-
10	zehnt-	20	zwanzigst-	30	dreißigst-
				31	einunddreißigst-

VOKABEL

□ helfen (+Dat.) 도와주다
□ das Geschenk 선물
□ der Gutschein 기프트
카드
□ unpersönlich 정성 없는
□ CD 시디
□ prima 좋은
□ der Vorschlag 제안
□ die Musik 음악
□ große Auswahl an
폭넓은 선택

기억하세요!

서수는 점으로 표기한다.
der einundzwanzigste
Juni(21. Juni) 6월 21일(이다)
am einundzwanzigsten
Juni(21. Juni) 6월 21일에
(생일이다)

KEY POINT

• 서수 1에서 19까지는 기본수에 -t를 붙이고 20 이상은 -st를 붙인다.

교체 연습

연습1)

Wann hast du Geburtstag? Mein Geburtstag ist am sechsten Dezember.
　　　　　　　　　　　　　　　　am ersten März

연습2)

Welcher Tag ist heute? Heute ist der einunddreißigste Januar.
　　　　　　　　　　　　der zwölfte September

Lisa : Hallo Thomas. Hier spricht Lisa. Vielen Dank für die Einladung zu deiner Geburtstagsfeier.

Thomas : Gerne, Lisa. Du kommst also?

Lisa : Es tut mir so leid. Ich kann am Samstag leider nicht kommen, denn ich fliege morgen nach Italien.

Thomas : Schade, dass du nicht kommen kannst, aber ich freue mich, dass du deine Eltern siehst.

Lisa : Danke, ich hoffe, deine Feier wird toll.

Thomas : Danke, also bis bald.

리자: 안녕 토마스, 나 리자야. 생일 파티에 초대해 줘서 고마워.

토마스: 당연하지, 리자. 그러면 너는 오지?

리자: 정말 미안해. 토요일에는 갈 수 없어, 왜냐하면 내일 이탈리아에 가.

토마스: 오지 못해서 섭섭하네. 하지만 네가 부모님을 보게 되니 기쁘다.

리자: 고마워, 좋은 파티가 되기를 바라.

토마스: 고마워, 곧 다시 만나자!

대등 접속사

···, denn··· (이유 설명 – 왜냐하면)

Ich kann am Samstag leider nicht kommen, **denn** ich fliege morgen nach Italien. 토요일에는 갈 수 없어. 왜냐하면 이탈리아에 가.

KEY POINT

- denn은 두 개의 주문장을 연결하는 접속사다.
- 두 개의 주문장 구조는 변하지 않는다(주어-동사-목적어).
- 접속사는 두 번째 문장의 처음 자리에 위치한다.

VOKABEL

- die Einladung 초청
- die Geburtstagsfeier 생일 파티
- fliegen 비행기로 가다, 날아가다
- denn 왜냐하면
- Italien 이탈리아
- schade 섭섭한, 유감스러운
- hoffen 소망하다, 바라다

기억하세요!

접속사 denn 앞에는 항상 콤마를 쓴다.

교체 연습

연습1)

Schade, dass du nicht kommen kannst, aber ich freue mich, dass du deine Eltern siehst.
　　　　　　　ihr　　　　　　　könnt　　　　　　　　　　　ihr eure　　　　seht

연습2)

Ich kann am Samstag nicht kommen, denn mein Bruder kommt.
　　　　　　　Montag　　　　　　　　　meine Eltern kommen

Fritz Büchner	Haben Sie am Wochenende Zeit? Ich wollte Sie zu meiner Hausparty einladen. Diesen Samstag, den 28. Juli um 18.00 Uhr.
Heinz Egger	Ich bin eigentlich mit meiner Freundin verabredet.
Fritz Büchner	Dann kommen Sie doch zusammen.
Heinz Egger	Das ist eine gute Idee. Ich frage meine Freundin und gebe Ihnen Bescheid.

Verkäuferin	Guten Tag, kann ich Ihnen helfen?
Heinz Egger	Ja, ich suche ein Geschenk für meinen Freund. Er macht eine Hausparty.
Verkäuferin	Wie wäre es mit einer Flasche Wein?
Heinz Egger	Das ist ein prima Vorschlag, er mag Wein.
Verkäuferin	Dann sehen Sie mal hier, wir haben eine große Auswahl an Weinen.
Heinz Egger	Schönen Dank.

프리츠 뷔크너 : 주말에 시간 있어요? 이번 주 7월 28일, 토요일 저녁 6시 하우스 파티에 초청하고 싶은데요.
하인츠 에꺼 : 사실은 여자 친구랑 약속이 돼 있는데요.
프리츠 뷔크너 : 그럼 같이 오세요.
하인츠 에꺼 : 좋은 생각이네요. 여자 친구에게 물어보고 연락드리겠습니다.

판매원 : 안녕하세요. 무엇을 도와드릴까요?
하인츠 에꺼 : 친구를 위해 선물을 찾고 있습니다. 하우스 파티를 하거든요.
판매원 : 와인 한 병은 어떨까요?
하인츠 에꺼 : 좋은 제안입니다. 그는 와인을 좋아합니다.
판매원 : 여기 한번 보세요. 선택의 폭이 넓습니다.
하인츠 에꺼 : 감사합니다.

VOKABEL

☐ **Hausparty** 하우스 파티   ☐ **Wein** 와인

 **연습문제**

ÜBUNG ① Hören (듣기)

듣고 빈칸을 채우세요. 🎧 Track 118

Hallo Hans,

ich feiere meinen Geburtstag und möchte Dich zu meiner _____ einladen.

Am Samstag, den _____ Februar um _____ Uhr im Café Altstadt.

Es gibt Kaffee und _____. Bitte sag mir bis zum _____ Februar

Bescheid, ob Du kommst. Ich hoffe, dass wir uns auf meiner Geburtstagsparty sehen.

Liebe Grüße,

Irene

ÜBUNG ② Sprechen (말하기)

질문에 답하세요.

1. Wann ist Ihr Geburtstag?

    Mein Geburtstag ist am _____ (나의 생일은 …입니다.)

2. Machen Sie eine Geburtstagsparty?

    Ja _____ (네, 생일 파티를 합니다.)

    Nein. _____ (아니요, 생일 파티를 안 합니다.)

3. Mit wem feiern Sie Ihren Geburtstag?

    Ich feiere mit _____ (나는 …이랑 같이 파티한다.)

4. Was möchten Sie zum Geburtstag?

    Ich möchte _____ (나는 생일 선물로 …을 원한다.)

ÜBUNG ③ Lesen (읽기)

다음을 읽어 보고 옳은지, 옳지 않은지 표시해 보세요.

Florian hat am 1. Januar Geburtstag. Er macht am Samstag eine Geburtstagsparty. Er bereitet die Party vor. Die Party beginnt um 14.00 Uhr. Seine Freunde, Richard und Martin helfen ihm. Seine Mutter macht Pizza und einen Kuchen. Florian bekommt Bücher, CDs und Spiele. Er hat viel Spaß.

		Richtig	Falsch
1.	Florian hat im Sommer Geburtstag.	☐	☐
2.	Seine Geburtstagsparty ist am Samstag.	☐	☐
3.	Die Party beginnt am Vormittag.	☐	☐
4.	Seine Freunde Richard und Marion helfen ihm.	☐	☐
5.	Seine Mutter kocht nicht.	☐	☐

ÜBUNG ④ Schreiben (쓰기)

다음에 대한 이유를 써 보세요.

1. Kommst du zu meiner Geburtstagsparty?

    Ich kann leider nicht kommen, denn

    (유감스럽게 나는 … 때문에 올 수 없다.)

2. Treffen wir uns am Samstag?

    Am Samstag habe ich keine Zeit, denn

    (나는 … 때문에 토요일에 시간이 없다.)

3. Hast du morgen Zeit? Ich möchte ins Kino gehen.

    Morgen kann ich nicht, denn

    (나는 … 때문에 내일 영화관에 갈 시간이 없다.)

1

Thomas

Alex, hast du am Samstag Zeit?
Ich habe _____ und wollte dich zu meiner
_____ einladen. Diesen Samstag, den 12.
April um 19.00 Uhr. Im Café Einstein.

Alex

Ich bin eigentlich mit meiner Freundin verabredet.

Dann _____ doch zusammen.

Das ist eine gute Idee.

2

Alex

Ja, ich suche ein _____ für meinen
Freund. Er wird 23 Jahre alt.

Verkäufer

Wie _____ es mit einer CD? Sehen Sie
mal hier, wir haben eine große Auswahl an CDs.

Das ist ein prima Vorschlag, er _____ Musik.

3

Lisa

Hallo Thomas. Hier _____ Lisa. Vielen
Dank für die Einladung zu deiner Geburtstagsfeier.

Thomas

Gerne, Lisa. Du kommst also?

Es tut _____. Ich kann am Samstag leider
nicht kommen, denn ich fliege morgen nach Italien.

🥨 생일의 특별한 전통 🥨

Schachtelkranz(샤흐틀크란츠)라는 전통은 주로 독일 북부에서 많이 볼 수 있다. 여자가 만 25살 되는 날까지 결혼하지 않은 경우에 Schachteln(박스)를 긴 줄에 달아 준다. 독일어 표현에 Alte Schachtel이라는 표현이 있는데 그것은 '늙은 박스'라는 의미다. 친구 또는 친척들이 작은 박스(담배, 껌, 약, 화장품 등이 든 박스)를 줄에 달아서 만들고 집 문 앞에 걸어 놓는다.

남자는 만 25살 되는 날까지 결혼하지 않은 경우에 Sockenkranz(속켄크란츠)를 받는다. 나이 든 남성은 Alte Socke(늙은 양말)이 된다는 의미다. 여자와 비슷하게 친구와 친척이 양말을 줄에 달아서 집 문 앞에 걸어 놓는다.

만 18번째 생일을 맞이하는 사람의 머리에 날계란을 터트리는 전통도 있다. 이 의미는 이제 병아리가 껍질을 깨고 이 세상에 나온 것처럼 어른이 돼서 세상에 나가라는 것이다.

LEKTION 15

놀러 가기

학습 목표
□ 오늘의 계획 묻기
□ 제안하기
□ 거절하기

문법
□ 복수형(-e, -en, -er, -s, 외래어)

문화
□ 독일의 동물원

Peter : Was machen wir heute?

Sophie : Gehen wir doch in den Zoo. Dort gibt es Pinguine, Krokodile und Kängurus. Ich möchte auch Schafe, Pferde und Fische sehen.

Peter : Warst du noch nie im Zoo? Du willst ja alle Tiere sehen! Kängurus, Pinguine und Krokodile will ich auch sehen. Aber Schafe, Pferde und Fische? Die kannst du ja auch wo anders sehen.

Sophie : Bitte, ich gehe so selten in den Zoo.

Peter : Na gut. Wie du willst.

Sophie : Ich liebe eben Tiere.

페터: 우리 오늘은 뭘 할까?

소피: 동물원에 가자. 동물원에는 펭귄, 악어와 캥거루가 있어. 그리고 양, 말과 물고기도 보고 싶다.

페터: 동물원에 한 번도 안 가 봤니? 모든 동물을 다 보려고 하잖아. 캥거루, 펭권과 악어는 나도 보고 싶어. 하지만 양, 말과 물고기? 다른 데에서도 볼 수 있잖아.

소피: 그리고 동물원에는 자주 가지 못해.

페터: 알았어. 네가 원하는 대로.

소피: 나는 정말 동물들이 좋아.

복수형

1. -e를 취하는 복수형

der Pinguin	die Pinguin<u>e</u>	펭귄
die Maus	die M<u>äu</u>s<u>e</u>	생쥐
das Konzert	die Konzert<u>e</u>	연주

KEY POINT

• 대부분 남성, 중성 명사는 -e를 취하는 복수형이다.
• a, o, u가 포함되면 ä, ö, ü로 변한다(여성은 항상, 남성/중성은 대부분)

2. -s를 취하는 복수형

der Uhu	die Uhu<u>s</u>	부엉이
die Oma	die Oma<u>s</u>	할머니
das Auto	die Auto<u>s</u>	자동차

KEY POINT

• a, i, o, u로 끝난 명사는 -s를 취하는 복수형이다.

VOKABEL

☐ der Zoo 동물원
☐ das Tier 동물
☐ das Känguru 캥거루
☐ der Pinguin 펭귄
☐ das Krokodil 악어
☐ das Schaf 양
☐ das Pferd 말
☐ der Fisch 물고기
☐ wo anders 다른 데
☐ selten 가끔

기억하세요!

복수는 항상 관사가 die다.

교체 연습

연습1)

Was möchtest du haben? Ich möchte einen Hund.
                Hunde

연습2)

Meine Lieblingstiere sind Krokodile.
           Elefanten

Thomas : Ich schlage vor, wir gehen heute ins Kino.
Es gibt einen neuen Bond-Film. Ich muß den unbedingt sehen.

Olaf : Was findest du denn so toll an Bond-Filmen? Die sind doch alle gleich. Immer geht es um böse Verbrecher, neue Waffen und schnelle Autos.

Thomas : Richtig. Und dann noch die schönen Bond-Frauen.

Olaf : Also, gut. Gehen wir ins Kino. Ich lade dich auf ein Popcorn ein.

Thomas : Nein, das Popcorn zahle ich.

Olaf : Überredet. Lass uns gleich losgehen.

토마스: 오늘 영화관에 가는 것은 어떨까? 새로운 007 영화가 있는데, 꼭 봐야 겠어.

올라프: 007 영화가 뭐가 그렇게 좋아? 모두 다 같잖아. 항상 나쁜 범죄자, 새로운 무기 그리고 빠른 자동차에 관한 것이잖아.

토마스: 맞아. 그리고 또 아름다운 007 여자들.

올라프: 그래, 좋아. 오늘 영화 보러 가자. 내가 팝콘 사 줄게.

토마스: 아니야, 팝콘은 내가 산다.

올라프: 설득 성공. 바로 가자.

복수형

3. 단수형과 동일한 복수형

der Verbrecher	die Verbrecher	범죄자
der Fernseher	die Fernseher	TV
der Sessel	die Sessel	의자
der Garten	die Gärten	정원

KEY POINT
• 남성/중성 명사 중 -er, -en, -el, sel로 끝난 명사

4. -en를 취하는 복수형

die Waffe	die Waffen	무기
die Frau	die Frauen	여자
der Student	die Studenten	대학생 (남자)
die Uhr	die Uhren	시계

KEY POINT
• 대부분 여성 명사, -n 변화 남성 명사

VOKABEL
☐ vorschlagen 제안하다
☐ ins Kino gehen
 영화관에 가다
☐ Bond-Film 007 영화
☐ es geht um …에 관한
☐ böse 나쁜
☐ der Verbrecher 범죄자
☐ die Waffe 무기
☐ das Popcorn 팝콘
☐ überreden 설득하다
☐ losgehen 가기 시작하다,
 바로 가다

기억하세요!
외래어는 대부분 -en을 취하는 복수형이다.
a, o, u가 포함되면 Umlaut ä, ö, ü로 변한다.

교체 연습

연습1)
Ich habe 10 Minuten Zeit. Ich mache eine Pause.
　　　2 Stunden

연습2)
In Salzburg gibt es einen schönen Garten.
　Seoul　　　schöne Parks

Nina : Gehen wir heute ins Nationalmuseum?

Jean : Du willst ins Museum? Ich mag Museen
überhaupt nicht.
Die sind doch total altmodisch und langweilig.

Simon : Ich finde das keine schlechte Idee. Zurzeit kann
man dort eine Ausstellung über Ägypten sehen.

Nina : Toll, und du Jean, bleibst also zu Hause?

Jean : Ja, ich bleibe zu Hause und lese meine Bücher.
Ich muss auch noch Englisch - Wörter lernen.
Aber ich wünsche euch viel Spaß.

Simon : Na gut, bis später!

니나: 우리 오늘 국립박물관에 갈까?

잔: 너 박물관에 가고 싶어? 나는 박물관을 정말 싫어해. 완전 구식이고 재미가 없잖아.

시몬: 나는 나쁘지 않은 생각 같아. 현재 이집트와 관련한 전시회를 볼 수 있어.

니나: 좋아. 잔, 넌 집에 있을 거니?

잔: 그래, 나는 집에서 책들을 읽을 거야. 그리고 영어 단어도 공부해야 해. 즐거운 시간 보내기를 바라.

시몬: 알았어. 이따가 봐!

복수형

5. -er를 취하는 복수형

der Mann	die Männer	남자
das Buch	die Bücher	책
der Wald	die Wälder	숲
das Kind	die Kinder	어린이

KEY POINT

• 대부분 중성, 그리고 몇 개의 남성 명사는 -er를 취하는 복수형이다.

4. -en를 취하는 복수형

der Globus	die Globen	지구본
die Firma	die Firmen	회사
das Museum	die Museen	박물관

VOKABEL

☐ das Nationalmuseum 국립박물관

☐ das Museum 박물관

☐ total 완전

☐ altmodisch 구식, 시대에 뒤떨어진

☐ keine schlechte Idee 나쁘지 않은 생각

☐ die Ausstellung 전시회

☐ Ägypten 이집트

☐ Viel Spaß 즐거운 시간 보내(세요)

기억하세요!

복수형은 완벽한 규칙이 없다. 대부분의 명사는 -en, -e를 취하는 복수형이다. 외래어 복수형은 여러 개가 가능하다.

교체 연습

연습1)

Gehen wir heute ins Konzert? Ich mag Konzerte überhaupt nicht.
        in eine Austellung   Ausstellungen

연습2)

Das Kind liest ein Buch.
Die Kinder lesen Bücher

 **회화**

Fritz Büchner	Was machen wir heute?
Helga Moser	Gehen wir in den Zoo? Dort gibt es Affen, Löwen und Tiger. Ich möchte auch Giraffen, Elefanten und Eisbären sehen.
Fritz Büchner	Waren Sie noch nie im Zoo? Sie wollen ja alle Tiere sehen!
Helga Moser	Ich liebe Tiere. Und ich gehe so selten in den Zoo.
Fritz Büchner	Na gut. Wie Sie wollen.

Fritz Büchner	Gehen wir heute ins Nationalmuseum?
Heinz Egger	Sie wollen ins Museum? Ich mag Museen überhaupt nicht. Die sind doch alle gleich.
Fritz Büchner	Dann bleiben Sie also zu Hause?
Heinz Egger	Ja, ich bleibe zu Hause und lese meine Bücher. Ich möchte auch noch Französisch - Wörter lernen. Aber ich wünsche Ihnen viel Spaß.

프리츠 뷔크너 : 오늘은 무엇을 할까요?
헬가 모서 : 동물원에 갈까요? 거기에 원숭이, 사자와 호랑이가 있어요. 그리고 기린, 코끼리와 북극곰을 보고 싶어요.
프리츠 뷔크너 : 동물원에 한 번도 안 가 보셨나요? 모든 동물을 다 보고 싶어하네요.
헬가 모서 : 저는 동물을 매우 좋아합니다. 그리고 동물원에 아주 가끔 갑니다.
프리츠 뷔크너 : 좋아요, 원하시는 대로 하지요.

프리츠 뷔크너 : 오늘은 박물관에 갈까요?
하인츠 에꺼 : 박물관에 가시게요? 저는 박물관을 정말 싫어해요. 다 똑같아요.
프리츠 뷔크너 : 그럼 집에 계실 건가요?
하인츠 에꺼 : 네, 집에서 책을 읽을 거예요. 프랑스어 단어도 외우고 싶어요. 즐거운 시간 보내시기 바랍니다.

VOKABEL

☐ der Affe, -en 원숭이   ☐ die Giraffe,-n 기린   ☐ der Löwe, -n 사자   ☐ der Elefant, -en 코끼리

☐ der Tiger, - 호랑이 (복수형, 단수형이 동일)   ☐ der Eisbär, -en 북극곰

※각 단어의 단수형, 복수형 형태

연습문제

ÜBUNG ① Hören (듣기)

듣고 빈칸을 채우세요. 🎧 Track 126

1. ein   zwei Äpfel

2. ein Tisch

3.   fünf Schlüssel

4. eine Tomate

5.   sieben Kulis

ÜBUNG ② Sprechen (말하기)

다음 질문에 답하세요.

1. Gehen Sie gerne in den Zoo?

   Ja,   (네, 저는 동물원에 가는 것을 좋아합니다.)

   Nein,   (아니오, 저는 동물원에 가는 것을 안 좋아합니다.)

2. Welche Tiere kennen Sie?

   Ich kenne Hunde,   (저는 강아지, …을 알아요.)

3. Was ist Ihr Lieblingstier?

   Mein Lieblingstier ist   (제가 제일 좋아하는 동물은 …입니다.)

4. Welches Tier mögen Sie nicht?

   Ich mag   nicht. (저는 …을 싫어합니다.)

ÜBUNG ③ Lesen (읽기)

다음을 읽어 보세요.

Äpfel sind in Deutschland sehr beliebt, da es sie auch im Winter gibt. Zusätzlich kann man sie vielseitig zubereiten, zum Beispiel als Bratapfel, Apfelstrudel oder Apfelmus. Äpfel sind gesund und liefern viele Vitamine. In Deutschland gibt es über 2000 verschiedene Apfelsorten. Äpfel helfen als Hausmittel auch gegen Heiserkeit, Durchfall und Übelkeit.

ÜBUNG ④ Schreiben (쓰기)

단어를 찾아서 써 보세요. (단수 – 복수)

Pferdaffenkängurupinguinekamelhundeschafkänguruskatzeaffemäusekrokodile
elefantenkamelepinguinepferdehundaffekrokodilschafekatzenelefantmaus

예 das Pferd	die Pferde

Peter

Was machen wir heute?

Sophie

Gehen wir doch _____. Dort gibt es
Pinguine, Krokodile und Kängurus. Ich möchte
auch Schafe, Pferde und Fische sehen.

Warst du noch nie im Zoo? Du willst ja alle Tiere sehen!
Kängurus, Pinguine und _____ will ich auch
sehen. Aber Schafe, Pferde und _____? Die
kannst du ja auch wo anders sehen.

Thomas

Ich _____, wir gehen heute ins Kino.
Es gibt einen neuen Bond- Film. Ich muss den
unbedingt sehen.

Olaf

Was findest du denn so toll an Bond-Filme? Die
sind doch alle gleich. Immer geht es um böse
_____, neue Waffen und schnelle
_____.

Richtig. Und dann noch die schönen Bond-Frauen.

Also, gut. Gehen wir heute ins _____.
Ich lade dich auf ein Popcorn ein.

문화 읽기

🥨 독일의 동물원 🥨

독일 최초의 동물원은 1571년에 설립된 자바부르크(Tierpark Sababurg) 동물원이다. 18세기 때는 다른 곳으로 사용했지만 1973년에 다시 자연 속의 동물원으로 문을 열게 되었다.

자바부르크 동물원은 이국적인 동물도 많지만 독일(유럽)에서만 볼 수 있는 특별한 동물들도 많이 있다. 자연 속에 있는 이 동물원의 크기는 1,300,000㎡ (393,250평)이며 900종이 넘는 종류의 동물을 볼 수 있다.

동물원 내에 위치한 자바부르크 성은 그림 동화 〈잠자는 숲 속의 공주〉에서 공주가 백 년 동안 잠들어 있던 성의 배경이 되었다.

독일 (유럽)의 특별한 동물:

알펜슈타인복
(Alpensteinbock)

유럽들소(Wisent)

지셀(Ziesel)

고라니(Elch)

오소리(Dachs)

LEKTION 16

관공서에서

학습 목표
- ☐ 우체국에서
- ☐ 체류 허가 신청하기
- ☐ 은행에서

문법
- ☐ 명령형(존칭, 2인칭 단수, 2인칭 복수)

문화
- ☐ 잘 웃지 않는 독일 사람들

Anna : Ich möchte bitte dieses Paket versenden.

Angestellte : Bitte füllen Sie das Formular aus. Was ist im Paket?

Anna : Ein Pullover und zwei Bücher; ein Geschenk für meine Freundin.

Angestellte : Kreuzen Sie bitte hier „Geschenk" an. Schreiben Sie die Adresse des Absenders und des Empfängers in das Formular. Danach wiege ich das Paket. Stellen Sie das Paket auf die Waage. Das macht 27 Euro und 50 Cent.

Anna : Wann kommt das Paket an?

Angestellte : In zwei Tagen.

안나: 이 소포를 보내려고 합니다.

종업원: 여기 서류를 작성해 주세요. 소포 내용은 뭔가요?

안나: 스웨터 한 벌과 책 두 권이에요. 친구를 위한 선물이에요.

종업원: 여기 '선물'이라고 표시하세요. 그리고 보내는 사람과 받는 사람의 주소를 서류에 쓰세요. 그런 후 소포의 무게를 잴게요. 저울에 소포를 올려 주세요. 27유로 50센트입니다.

안나: 소포는 언제 도착하나요?

종업원: 이틀 후에요.

명령형

존칭 Sie

동사	직설법	명령형	의미
ausfüllen	Sie füllen aus	Füllen Sie aus!	작성하세요
ankreuzen	Sie kreuzen an	Kreuzen Sie an!	체크하세요
schreiben	Sie schreiben	Schreiben Sie!	쓰세요
stellen	Sie stellen	Stellen Sie!	놓으세요

KEY POINT
- 존칭형(Sie) 명령형에서는 주어와 동사의 어순만 바뀐다.
- 존칭형 명령형에는 항상 Sie를 사용한다.

VOKABEL
- das Paket 소포
- versenden 보내다
- das Formular 서류
- ausfüllen 작성하다
- ankreuzen 체크하다
- der Absender 발송인
- der Empfänger 수신인
- wiegen 무게를 재다
- stellen (올려)놓다
- die Waage 저울
- ankommen 도착하다

기억하세요!

haben/sein 명령형
2인칭 단수 du hast→Hab!
du bist→Sei!
3인칭 복수 ihr habt→Habt!
ihr seid→Seid!
존칭 Sie haben→Haben Sie!
Sie sind→Seien Sie!

교체 연습

연습1)

Wo finde ich die Post? Fahren Sie gerade aus!
Gehen Sie

연습2)

Ich muss heute arbeiten. Arbeite nicht so viel!
lernen   Lerne

Olaf : Simon, meine Aufenthaltserlaubnis läuft bald ab. Was muss ich tun?

Simon : Stell einen neuen Antrag.

Olaf : Wo bekomme ich einen neuen Antrag?

Simon : Das Antragsformular bekommst du per Post. Trag deine Daten ein, und geh zum Ausländeramt. Nimm auch deinen Reisepass, zwei Passfotos und den Mietvertrag mit.

Olaf : Danke für die Info.

Simon : Kein Problem!

올라프: 시몬, 체류 허가가 곧 만료되는데 어떻게 해야 하지?

시몬: 새로운 허가를 신청해.

올라프: 새로운 신청서를 어떻게 받지?

시몬: 신청서는 우편으로 받을 거야. 개인 정보를 써 놓고 외국인청에 가. 여권, 증명사진 2장과 집 임대차 계약서를 가지고 가.

올라프: 정보 고마워.

시몬: 천만에.

명령형

2인칭 단수 du

동사	직설법	명령형	의미
stellen	du stellst	Stell!	신청해라
eintragen	du trägst ein	Trag ein!	써 놓아라
gehen	du gehst	Geh!	가라
mitnehmen	du mit	Nimm mit!	가져가라

KEY POINT
- 2인칭 단수형(du) 명령형에서는 인칭 어미 -st를 생략하면 된다.
- 불규칙 변화 동사는 모음 교체를 하지 않는다.

2인칭 복수 ihr

동사	직설법	명령형	의미
rufen	ihr ruft	Ruft!	(너희들) 불러라
öffnen	ihr öffnet	Öffnet!	(너희들) 열어라
lesen	ihr lest	Lest! .	(너희들) 읽어라

KEY POINT
- 2인칭 복수형(ihr) 명령형에서는 주어와 동사의 어순이 바뀐다.

VOKABEL

- die Aufenthaltserlaubnis 체류 허가
- ablaufen 만료되다
- der Antrag 신청서
- per Post 우편으로
- eintragen 써 놓다
- die Daten 개인 정보
- das Ausländeramt 외국인 관청
- der Reisepass 여권
- das Passfoto 여권 사진
- der Mietvertrag 임대 계약서

기억하세요!

명령형은 명령뿐만 아니라 부탁, 충고, 조언, 권유, 요청 등을 표현할 때도 사용된다. 명령형은 3가지 형태가 있다(du, ihr, Sie - 너, 너희들, 당신).

교체 연습

연습1)

Rufen Sie mich an.
Ruf

연습2)

Geh nach Hause und lies ein Buch.
Geht   lest

Peter : Ich möchte gerne ein Konto eröffnen.
Beraterin : Sind Sie Student oder arbeiten Sie?
Peter : Ich bin Angestellter. Wie viel kostet es denn?
Beraterin : Das ist für Sie kostenlos. Füllen Sie bitte dieses Formular aus. Haben Sie einen Ausweis dabei?
Peter : Ja, ich habe meinen Reisepass mit. Wann bekomme ich meine Bankomatkarte?
Beraterin : Die bekommen Sie in etwa einer Woche mit der Post. Sie können bei allen Bankomaten Geld abheben, einzahlen oder überweisen.

페터: 은행 계좌를 개설하고 싶습니다.
은행 직원: 학생이에요, 직장인이에요?
페터: 직장인입니다. 그럼 수수료는 얼마인가요?
은행 직원: 그럼 무료입니다. 이 서류를 작성해 주세요. 신분증을 가지고 오셨나요?
페터: 여권을 갖고 왔습니다. 체크카드는 언제 받나요?
은행 직원: 약 1주일 후에 우편으로 받으실 거예요. 모든 ATM 기계에서 돈을 출금, 입금 또는 송금할 수 있어요.

양태 불변화사

• 의문문에 쓰는 불변화사
denn(흥미), eigentlich(관심, 비난)

• 평서문에 쓰는 불변화사
eben(이유), schon(확실), einfach(불만)

KEY POINT

• 양태 불변화사는 대화에서 감정이나 강조를 잘 표현하기 위해 쓰인다.
• 한 문장에서 여러 가지로 함께 사용할 수 있다.
• 한국어로 그대로 해석하기 힘들다.
Wie viel kostet es? 얼마예요?
Wie viel kostet es **denn**? 그런데/도대체 얼마예요?

VOKABEL

☐ das Konto 계좌
☐ der Angestellter 직장인
☐ kostenlos 무료
☐ der Ausweis 신분증
☐ dabei haben 가지고 있다
☐ die Bankomatkarte 은행 체크카드
☐ das Bargeld 현금
☐ abheben 출금하다
☐ einzahlen 입금하다
☐ überweisen 송금하다

기억하세요!

불변화사는 감탄, 관심, 비난, 강조, 불만을 더 잘 표현할 수 있도록 쓴다.

교체 연습

연습1)
Wie spät ist es? Wie spät ist es denn?
Wie viel kostet Wie viel kostet

연습2)
Was machst du? Was machst du denn?
　　 macht ihr 　　 macht ihr

회화

Helga Moser	Ich möchte bitte dieses Paket versenden.
Angestellter	Bitte füllen Sie das Formular aus. Was ist im Paket?
Helga Moser	Ein Paar Turnschuhe und eine CD; ein Geschenk für meinen Bruder.
Angestellter	Kreuzen Sie bitte hier „Geschenk" an. Schreiben Sie Ihre Adresse und die Adresse des Empfängers in das Formular.

Ali Dumaz	Entschuldigung, meine Aufenthaltserlaubnis läuft bald ab. Was muss ich tun?
Beamter	Stellen Sie einen neuen Antrag. Hier haben Sie ein Formular. Tragen Sie Ihre Daten ein und kommen Sie wieder. Nehmen Sie Ihren Reisepass, zwei Passfotos und Ihren Mitvertrag mit.
Ali Dumaz	Danke für die Infos.

헬가 모서 : 이 소포를 보내려고 합니다.
우체국 직원 : 여기 서류를 작성해 주세요. 소포 내용은 뭔가요?
헬가 모서 : 운동화 한 켤레와 CD 한 장입니다. 동생을 위한 선물이에요.
우체국 직원 : 여기 '선물'이라고 표시하세요. 그리고 고객님의 주소와 받는 사람의 주소를 서류에 쓰세요.

알리 두마즈 : 실례합니다, 체류 허가가 곧 만료되는데 어떻게 해야 하나요?
공무원 : 새로운 허가를 신청하세요. 여기 서류를 드릴게요. 개인 정보를 써 놓고, 여권, 증명사진 2장과 집 임대차 계약서
　　　　를 가지고 다시 오세요.
알리 두마즈 : 감사합니다.

VOKABEL

☐ ein Paar 한 켤레 ☐ Turnschuhe 운동화

ÜBUNG ❶ Hören (듣기)

듣고 빈칸을 채우세요. 🎧 Track 134

1. Die Musik ist zu _____. Bitte _____ das Radio aus.

2. Unser _____ ist krank. _____ ihn doch.

3. Hier ist der Zoo. _____ hier aus.

4. Ich möchte ins Kino gehen. Dann _____ doch mit.

5. Es ist schon _____ Uhr. _____ schnell nach Hause.

ÜBUNG ❷ Sprechen (말하기)

명령형을 사용해서 조언해 주세요.

1. Ich habe Hunger.

   (essen, doch, etwas)

   (무엇을 좀 먹지.)

2. Ich kann kein Deutsch.

   (besuchen, doch, einen Kurs)

   (독일어 수업을 좀 가지.)

3. Wir sind müde.

   (schlafen, doch)

   (좀 자지.)

4. Ich finde meinen Schlüssel nicht.

   (schauen, doch, unter den Tisch)

   (책상 밑에 한번 보지.)

ÜBUNG ③ Lesen (읽기)

다음을 읽어 보세요.

"Pass auf!" Stellen Sie sich vor, es würde keinen Imperativ geben. Und Sie stehen mit jemandem an einem gefährlichen Abhang. Sie sehen, dass die andere Person gleich ausrutschen wird. **"Passen Sie auf!"** können Sie nicht sagen, wenn es keinen Imperativ gibt. Sie müssten also einen längeren Satz sagen, wie "Sie müssen unbedingt aufpassen!"
Ganz schön lang! Bis Sie diesen Satz gesagt haben, ist die andere Person schon hinuntergestürzt.

ÜBUNG ④ Schreiben (쓰기)

문장을 써 보세요.

1. Fahren Sie mit dem Schiff,

2. Iss einen Kuchen,

3. Besucht eure Muter

4. Trink viel Wasser,

5. Mach Hausaufgaben,

1

Anna

Ich möchte bitte dieses _____ schicken.

Angestellte

Bitte füllen Sie das Formular aus. Was ist im Paket?

Ein Pullover und zwei Bücher.

_____ Sie bitte hier „Geschenk" an.
Schreiben Sie die Adresse des Absenders und des
Empfängers in das Formular.

2

Olaf

Simon, meine Aufenthaltserlaubnis läuft bald ab.
Was muss ich tun?

Simon

_____ einen neuen Antrag. Trag deine Daten
ein, und _____ zum Ausländeramt.
_____ auch deinen Reisepass, zwei Passfotos und
den Mietvertrag mit.

3

Peter

Ich möchte gerne ein Konto eröffnen.

Beraterin

_____ Sie bitte dieses Formular _____.

Wann bekomme ich meine _____?

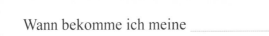

Die bekommen Sie in etwa einer Woche mit der Post.

🥨 잘 웃지 않는 독일 사람들 🥨

어떤 사람들이 다른 사람을 웃게 만들까? 독일 사람은 15개 국가와 비교했을 때 꼴찌를 차지했다. 웃음은 세계 모든 사람들을 연결시킨다.

다른 사람을 잘 웃기는 부분에서 1등을 차지한 국가는 미국이다. 2등, 3등은 스페인과 이탈리아이다.

왜 독일은 유머가 없는 나라가 되었을까? 작가 마크 트웨인은 독일 농담은 웃음을 일으키지 않는다고 말했다. 독일의 합리적이고, 부지런하며 절약하는 이미지 때문일지도 모르겠다.

독일어(특히 문법, 어순과 발음) 때문에 웃기지 않는다는 의견도 크다. 영어만 봐도 단어로 말장난이 가능해서 웃을 수 있는 기회가 있지만, 정확한 독일어는 이러한 것이 불가능하다.

이름 있는 독일 코미디언 헤닝 벤(Henning Wehn)은 독일 사람도 다른 나라 사람들과 같이 웃는 것을 좋아한다고 했다. 그러나 영국 사람들은 일하는 것 대신 웃는 것을 좋아한다면 독일 사람들은 일을 다 끝내고 웃는 것을 좋아한다고 했다.

LEKTION 17

현재 표현하기

학습 목표
- □ 관심 표현하기
- □ 현재 사건을 보고하기
- □ 준비 과정 표현하기

문법
- □ 재귀동사(순수 재귀동사, 비순수 재귀동사),
  재귀대명사

문화
- □ 유명한 독일인 (2)

Maria : Hi Anna, was machst du?

Anna : Ich ruhe mich aus, aber eigentlich langweile ich mich. Und du?

Maria : Ich gehe mit Simon und Sven zum Jahrmarkt. Interessierst du dich auch für den Jahrmarkt?

Anna : Ja, ich interessiere mich sehr für den Jahrmarkt. Und ich freue mich, dass ich mitkommen darf.

Maria : Wir treffen uns in einer Stunde vor dem Rathaus.

Anna : Sehr gut. Ich mache mich bald auf den Weg.

마리아: 안나야, 뭐 하니?

안나: 집에서 쉬고 있어, 그런데 사실은 지루해. 너는?

마리아: 나는 시몬, 스벤과 같이 축제 시장에 가. 너도 축제 시장에 관심 있니?

안나: 그럼, 축제 시장에 아주 관심이 많지. 그리고 같이 가게 되어 기뻐.

마리아: 우리 한 시간 후에 시청 앞에서 만나자.

안나: 아주 좋아. 나 곧 출발할게.

재귀동사

1. 순수 재귀동사(4격)

주어	동사	재귀대명사	
Du	langweilst	dich	–
Wir	ruhen	uns	aus (분리동사)
Sie	machen	sich	auf den Weg

재귀대명사

대명사	4격	3격	대명사	4격	3격
ich	mich	mir	wir	uns	uns
du	dich	dir	ihr	euch	euch
er/sie/es	sich	sich	Sie/sie	sich	sich

KEY POINT

• 재귀동사는 3격/4격 재귀대명사를 요구한다.

VOKABEL

☐ sich ausruhen 쉬다
☐ sich langweilen 지루하다
☐ der Jahrmarkt 축제 시장
☐ sich interessieren 관심 있다
☐ sich freuen 기쁘다
☐ sich treffen 만나다
☐ sich auf den Weg machen 출발하다

기억하세요!

재귀대명사는 항상 주어에 따라서 쓴다. 3인칭 단수/복수는 3격, 4격 모두 sich을 쓴다.

교체 연습

연습1)

Ich langweile mich.
Wir langweilen uns

연습2)

Der Schüler entschuldigt sich.
Die Schüler entschuldigen

Olaf : Komm schnell, im Fernsehen zeigen sie einen Überfall in der Bank. Und die Räuber tragen nicht einmal Masken. Was die sich wohl denken?

Sophie : Räuber, die sich keine Mühe geben····.

Olaf : Aber jetzt werden sie es sich schon merken. Sie werden erwischt und sitzen dann für einige Zeit fest.

Sophie : Muss ich mir Sorgen machen? Ich gehe fast täglich zur Bank.

Olaf : Das solltest du dir überlegen.

Sophie : Ja, das werde ich.

올라프: 빨리 와, TV에서 은행 습격 사건을 보여 줘. 강도들은 마스크도 안 썼어. 무슨 생각일까?

소피: 노력 안 하는 강도도 있네.

올라프: 이제 알게 될 거야. 강도 들은 잡히고 이제 한참 동안 감옥에 있어야 해.

소피: 걱정해야 하나? 나는 거 의 매일 은행에 가는데.

올라프: 다시 생각해 봐야겠다.

소피: 그렇게.

재귀동사

2. 순수 재귀동사(3격)

주어	동사	재귀대명사	
Ich	gebe	mir	Mühe
Du	machst	dir	Sorgen
Wir	merken	uns	deine Nummer

KEY POINT

• 재귀대명사 없이 쓸 수 없다.
  (Ich freue mich → ich freue 안 된다)
• 재귀대명사를 물어볼 수 없다.
  (Sie freut sich → wen freut sie? 안 된다)
• 다른 명사로 바꿀 수 없다.
  (Wir freuen uns → Wir freuen mich 안 된다)

VOKABEL

☐ der Überfall 습격
☐ der Räuber 강도
☐ die Maske 마스크
☐ festsitzen (감옥에) 갇히다
☐ sich merken 기억하다
☐ fast täglich 거의 매일
☐ sich vorstellen 상상하다
☐ sich denken 생각하다
☐ sich Mühe geben 노력하다
☐ sich erwischen lassen 잡히다
☐ sich Sorgen machen 걱정하다
☐ sich überlegen 고려하다

교체 연습

연습1)
Ich gebe mir Mühe.
Du gibst dir

연습2)
Du machst dir keine Sorgen.
Mach dir

Julia : Kannst du mir etwas Geld borgen? Ich möchte mir einen Schal kaufen.

Anna : Klar, aber ich muss zum Bankomat gehen. Wartest du eine halbe Stunde? Ich wasche mich, kämme meine Haare und ziehe mich an.

Julia : Wenn du eine halbe Stunde brauchst, dann wasche ich meine Wäsche.

Anna : Willst du ins Bad? Schminkst du dich heute nicht?

Julia : Keine Schminke heute. Bereite du dich vor.

Anna : Gut, ich beeile mich.

율리아: 돈 좀 빌려 줄 수 있어? 목도리 하나 사고 싶어.

안나: 그럼. 하지만 ATM에 가야 해. 30분만 기다릴래? 씻고, 머리 빗고 옷을 입을게.

율리아: 30분이 필요하면 나는 빨래를 할게.

안나: 욕실 쓸래? 오늘은 화장 안 해?

율리아: 오늘은 화장 안 해. 너나 준비해.

안나: 그래, 서두를게.

재귀동사

3. 비순수 재귀동사

주어	동사	재귀대명사	
Ich	wasche	mich	–
Ich	wasche	mir	die Haare
Ich	wasche		meine Wäsche

KEY POINT

· 비순수 재귀동사는 재귀동사로 쓰거나 3격, 4격 목적어가 필요한 동사로도 쓸 수 있다.

· 재귀대명사와 4격 목적어가 있으면 항상 재귀대명사가 먼저 온다.

VOKABEL

☐ borgen 빌리다
☐ der Schal 목도리
☐ sich waschen (자기를) 씻다
☐ sich die Haare kämmen 머리 빗다
☐ sich anziehen 옷 입다
☐ Wäsche waschen 빨래하다
☐ sich schminken 화장하다
☐ sich vorbereiten 준비하다
☐ sich beeilen 서두르다

기억하세요!

waschen 같은 비순수 재귀동사는 재귀대명사 또는 4격 목적어를 필요로 한다.

교체 연습

연습1)

Ich wasche mich heute nicht.
Du wäscht dich

연습2)

Bereitest du dich vor?
Bereiten wir uns

 **회화**

Helga Moser	Ich langweile mich. Was machen Sie, Herr Büchner?
Fritz Büchner	Ich gehe mit Heinz zum Jahrmarkt. Kommen Sie mit? Interessieren Sie sich auch für den Jahrmarkt?
Helga Moser	Ja, ich interessiere mich besonders für Antiquitäten. Und ich freue mich, dass ich mitkommen darf.
Fritz Büchner	Wir treffen uns in einer Stunde vor dem Rathaus.
Helga Moser	Gut, ich mache mich bald auf den Weg.

Helga Moser	Carmen, ich gehe mit Fritz Büchner und Heinz Egger zum Jahrmarkt. Kommst du mit?
Carmen Wiese	Ja gerne, aber ich brauche eine halbe Stunde. Ich dusche mich, wasche meine Haare und ziehe mich an.
Helga Moser	Dann bereite dich schnell vor. Wir treffen uns in einer Stunde vor dem Rathaus.

헬가 모서 : 아, 지루하네요. 뷔크너 씨, 뭐 하세요?
프리츠 뷔크너 : 하인츠와 같이 축제 시장에 가요. 같이 가실래요? 축제 시장에 관심 있어요?
헬가 모서 : 네, 특히 골동품에 관심이 많아요. 그리고 같이 갈 수 있어서 기뻐요.
프리츠 뷔크너 : 한 시간 후 시청 앞에서 만나기로 했어요.
헬가 모서 : 네, 곧 출발할게요.

헬가 모서 : 까르멘, 나 프리츠 뷔크너와 하인츠 에꺼랑 축제 시장에 가. 같이 갈래?
까르멘 : 그래 좋아, 하지만 30분이 필요해. 샤워하고, 머리 감고 옷을 입으려면.
헬가 모서 : 그럼 빨리 준비해. 한 시간 후에 시청 앞에서 만나기로 했어.

 **연습문제**

ÜBUNG ① Hören (듣기)

듣고 빈칸을 채우세요. 🎧 Track 142

1. Renate schminkt _____ . Sie schminkt _____ und ihren Mund.
   Dann zieht sie _____ an. Sie zieht einen Rock und _____ an.
   Sie _____ .

2. Markus _____ . Dann kämmt er _____ und zieht sich um.
   Er zieht _____ an. Er macht _____ auf den Weg.

3. Heidi _____ . Sie hat heute Geburtstag. Sie freut _____
   die Bücher. Sie _____ für Geschichte. Sie unterhält
   _____ mit Opa über Geschichte.

ÜBUNG ② Sprechen (말하기)

빈칸을 채워 보세요.

1. Was kann man sich anziehen? (무엇을 입을 수 있나요?)
   Rock,

2. Mit wem kann man sich treffen? (누구를 만날 수 있나요?)
   Freunde,

3. Für was kann man sich interessieren? (무엇에 관심이 있을 수 있나요?)
   Musik,

4. Was kann man sich waschen? (무엇을 씻을 수 있나요?)
   Füße,

ÜBUNG ❸ Lesen (읽기)

다음을 읽고 재귀동사, 재귀대명사를 표시해 보세요.

Auf der Straße treffen sich zwei Männer. Der eine sitzt müde auf einem Stein, denn er ist lahm. Der andere tastet sich langsam vorwärts, denn er ist blind. Der Lahme sieht den Blinden.

"Ich bin lahm und schwach. Ich kann mir keine Arbeit finden, weil man mich nicht haben will."

Der Blinde hört die Worte des Lahmen. Da hat er eine Idee.

"Komm, Bruder", sagt er. "Setz dich auf mich, ich bin stark. Ich trage dich auf den Schultern und du zeigst mir den Weg."

Der Lahme setzt sich auf die Schultern des Blinden. Nun machen sie sich zusammen auf den Weg. Allein ist jeder hilflos. Aber zusammen kommen sie gemeinsam ans Ziel.

ÜBUNG ❹ Schreiben (쓰기)

맞는 답을 선택하세요.

1. Du ziehst   □ dir   □ dich   schnell an.

2. Das Kind wäscht   □ dich   □ sich   die Hände.

3. Ich schminke   □ mir   □ mich   jeden Tag.

4. Wir machen   □ uns   □ sich   auf den Weg.

5. Interessiert ihr   □ sich   □ euch   für den Jahrmarkt?

복습하기

Maria

 Hi Anna, was machst du?

Anna

 Ich ruhe _____ aus, aber eigentlich langweile ich mich. Und du?

 Ich gehe mit Simon und Sven zum Jahrmarkt. _____ du dich auch für den Jahrmarkt?

 Ja, ich interessiere mich sehr für den Jahrmarkt. Und ich freue mich, dass ich. _____ darf.

Olaf

 Im Fernsehen zeigen sie einen Überfall in der Bank. Und die Räuber tragen nicht einmal Masken. Was die _____ wohl denken?

Sophie

 Räuber, die sich keine Mühe geben···

 Aber jetzt werden sie es sich schon merken. Sie werden erwischt und _____ dann für einige Zeit fest.

192

🥨 유명한 독일인 (2) 🥨

마틴 루터(1483~1546)

카톨릭 교회의 부패에 대한 95개의 반박문(Disputatio, 1517년)을 발표하였다. 이로 인하여 1521년 카톨릭 교회에서 파면을 당하였다. 라틴어로 되어 있는 성서를 독일어로 번역하여 많은 대중이 자유롭게 성경을 읽고 이해할 수 있게 공헌하였다. 그가 성경을 번역하면서 이용한 독일어는 현대 독일어의 표준이 되었고 결국 종교개혁을 이루어 냈다. 많은 강의와 〈루터 전집〉, 〈그리스도인의 자유에 대하여〉 등 많은 저서를 남기며 세계사에 거대한 영향을 끼친 종교개혁의 시발점이 되었다.

헤르만 헤세 (1877~1962)

20세기 유럽 작가 중에 세계적으로 가장 잘 알려진 독일 소설가이자 시인이다. 헤세의 책은 세계적으로 1억 권 넘게 팔렸다. 1946년에는 《유리알 유희》로 노벨문학상을 수상하였다. 헤세는 11살 때부터 동화를 썼다. 또 청소년 시절에는 골동품 가계와 서점에서 일을 하며 많은 책과 접촉할 수 있었다. 대표적인 작품으로는 〈수레바퀴 밑에서〉, 〈데미안〉, 〈싯타르타〉 등이 있다.

칼 라거펠트 (1933~2019)

1933년 함부르크에서 태어나 16세에 국제 양모 사무국 주최의 디자인 콘테스트에서 여성용 코트 부분에서 1위를 차지하였다. 샤넬, 클로에 펜디, 장파투의 아트디렉터와 책임 디자이너였고 가장 유명한 독일 패션디자이너다.

LEKTION **18**

과거 표현하기

학습 목표
☐ 과거의 일 표현하기
☐ 휴가 이야기 1
☐ 휴가 이야기 2

문법
☐ 현재완료(규칙 동사/ 불규칙 동사의 과거분사)

문화
☐ 스위스

Olaf : Simon, hast du ein neues Auto?

Simon : Ja, ich habe vor zwei Wochen ein neues Auto gekauft. Es ist nagelneu.

Olaf : Also hast du Autofahren gelernt?

Simon : Ja, ich habe den Führerschein gemacht. Ich habe viel dafür gelernt.

Olaf : Gratulation.

Simon : Komm, wir drehen eine Runde.

올라프: 시몬, 너 새 자동차 있어?

시몬: 응, 나 2주 전에 새 차를 샀어. 완전 새거야.

올라프: 그럼, 운전을 배운 거야?

시몬: 응, 운전 면허증을 땄어. 그것을 위해 공부를 많이 했지.

올라프: 축하해.

시몬: 가자, 우리 한 바퀴 돌자.

현재완료

1. 규칙 동사의 과거분사형: ge + 동사 어간 + (e) t

동사원형	뜻	과거분사
kaufen	사다	gekauft
lernen	배우다	gelernt
machen	하다 (만들다)	gemacht

KEY POINT
- 현재완료형은 haben/sein 조동사와 과거분사형으로 사용된다.
- 현재완료는 과거 사실을 표현할 때 사용한다(대부분 일상대화에서 구어체로).

VOKABEL
- nagelneu 아주 새로운
- der Führerschein 운전 면허증
- dafür 그것을 위하여
- Gratulation! 축하합니다
- eine Runde drehen 한 바퀴 돌다

기억하세요!
일반적으로 규칙 동사의 과거분사는 -t로, 불규칙 동사의 과거분사는 -en으로 끝난다.

교체 연습

연습1)

Hast du heute gearbeitet? Ja, ich habe heute viel gearbeitet.
Haben Sie

연습2)

Ich habe zwei Jahre in Deutschland gelebt.
Wir haben drei

Nina : Was hast du in den Ferien gemacht?

Alex : Ich bin mit meinen Eltern nach Italien ans Meer gefahren.

Nina : Wie habt ihr die Zeit verbracht?

Alex : Also, morgens habe ich meist ein Buch gelesen, und meine Eltern sind zum Markt gegangen.

Nina : Und am Nachmittag?

Alex : Am Nachmittag sind wir den Strand entlang gelaufen, haben in der Sonne gelegen und abends haben wir die Stadt angesehen. Natürlich haben wir auch guten Wein getrunken.

니나: 방학 동안에 무엇을 했니?

알렉스: 나는 부모님과 같이 이탈리아 바다에 갔었어.

니나: 어떻게 시간을 보냈니?

알렉스: 아침에는 주로 책 읽고, 부모님은 시장에 가셨지.

니나: 그리고 오후에는?

알렉스: 오후에는 해변가를 따라 걷고, 일광욕도 하고, 저녁에는 시내를 구경했어. 당연히 좋은 와인을 마셨어.

현재완료

2. 과거분사형: ge + 동사 어간 + en

동사원형	뜻	과거분사
fahren	(자동차, 버스, 기차 등으로) 가다	gefahren
lesen	읽다	gelesen
laufen	달리다	gelaufen
liegen	눕다	gelegen
sehen	보다	gesehen

3. 모음 교체 현상이 있는 과거분사

동사원형	뜻	과거분사
trinken	마시다	getrunken
denken	생각하다	gedacht
entscheiden	결정하다	entschieden
gehen	(걸어서) 가다	gegangen

VOKABEL

- ☐ die Ferien 방학
- ☐ Italien 이탈리아
- ☐ ans(= an das) …에
- ☐ das Meer 바다
- ☐ verbringen 지내다, 보내다
- ☐ meist 주로
- ☐ der Strand 해변가
- ☐ entlang 따라
- ☐ die Sonne 해
- ☐ die Stadt 도시
- ☐ ansehen 구경하다
- ☐ natürlich 당연히
- ☐ der Wein 와인

기억하세요!

현재완료는 현재와 연관이 있는 과거를 표현한다.

교체 연습

연습1)

Ich bin mit dem Bus gefahren. Und ihr?
    mit der Straßenbahn

연습2)

Hast du Anna gesehen? Nein, ich habe sie nicht gesehen.
Haben Sie Herrn Mayer   ihn

Thomas : Wann bist du von Frankreich zurückgekommen?

Jean : Ich bin vor zwei Tagen angekommen.

Thomas : Warum hast du nicht angerufen? Ich habe auf deinen Anruf gewartet.

Jean : Entschuldige, nach meiner Ankunft habe ich den ganzen Tag geschlafen. Und am nächsten Tag haben mich meine Freunde eingeladen. Am Abend habe ich ferngesehen.

Thomas : Gestern habe ich alles für unsere Party eingekauft.

Jean : Dann ist ja alles vorbereitet? Danke.

토마스: 프랑스에서 언제 돌아왔니?

쟌: 이틀 전에 도착했어.

토마스: 왜 전화 안 했니? 연락 기다렸는데.

쟌: 미안해, 도착한 후 하루 종일 잤어. 그리고 그 다음 날에는 친구들이 나를 초청했어. 저녁에는 TV 봤어.

토마스: 어제 내가 파티를 위해 모든 것 다 샀어.

쟌: 그럼 다 준비됐네. 고마워.

현재완료

4. 분리동사 과거분사: 접두어 + ge + 동사 어간 + en

동사원형	뜻	과거분사
ankommen	도착하다	angekommen
anrufen	전화하다	angerufen
fernsehen	TV 보다	ferngesehen

5. 모음 교체 현상 없는 과거분사

동사원형	뜻	과거분사
bekommen	받다	bekommen
unterhalten	대화하다	unterhalten
gefallen	마음에 들다	gefallen

VOKABEL

☐ Frankreich 프랑스
☐ zurückkommen 돌아오다
☐ ankommen 도착하다
☐ der Anruf 전화, 연락
☐ Entschuldige 미안(하다)
☐ einladen 초청하다
☐ fernsehen TV 보다

기억하세요!

현재완료형에서 조동사 haben/sein은 주어 뒤에(두 번째 위치) 오고 그리고 과거분사는 문장 끝에 위치한다.

교체 연습

연습1)

Wann bist du zurückgekommen?
    seid ihr

연습2)

Ich habe ein Geschenk bekommen.
Du hast ein Auto

Helga Moser	Haben Sie ein neues Auto?
Fritz Büchner	Ja, ich habe ein neues Auto gekauft.
Helga Moser	Das ist ja toll. Wann haben Sie es gekauft?
Fritz Büchner	Vor zwei Wochen. Es ist nagelneu.
Helga Moser	Also haben Sie Autofahren gelernt?
Fritz Büchner	Nein, den Führerschein habe ich vor vielen Jahren gemacht.

Fritz Büchner	Was haben Sie im Urlaub gemacht?
Helga Moser	Ich bin mit meiner Schwester in die Schweiz gefahren. Meistens sind wir auf Berge gestiegen oder sind Rad gefahren. Abends haben wir die Stadt besichtigt und natürlich auch gut gegessen.

헬가 모서 : 새 차 사셨어요?
프리츠 뷔크너 : 네, 새 차 샀습니다.
헬가 모서 : 좋으시겠네요. 언제 사셨어요?
프리츠 뷔크너 : 2주 전에요. 완전 새것이에요.
헬가 모서 : 그럼 운전을 배우신 거예요?
프리츠 뷔크너 : 아니요, 운전 면허증은 오래 전에 땄습니다.

프리츠 뷔크너 : 휴가 때 무엇을 하셨습니까?
헬가 모서 : 여동생과 같이 스위스에 갔었습니다. 주로 산을 타거나, 자전거 투어를 했습니다. 저녁에는 시내를 구경하고 당연히 맛있는 것을 많이 먹었습니다.

VOKABEL

☐ Urlaub 휴가   ☐ besichtigen 구경하다   ☐ Berg steigen 산을 타다

 **연습문제**

ÜBUNG ❶ Hören (듣기)

듣고 빈칸을 채우세요. 🎧 Track 150

1. Die kleine Lisa   mit ihrer Mutter nach Dresden   .

2. In Italien   wir jeden Tag Pizza   .

3. Wann   du gestern nach Hause   ?

4. Letzte Woche   ich meinen Onkel in Brüssel   .

5. Was   du   ?

ÜBUNG ❷ Sprechen (말하기)

현재완료를 사용해서 대답해 보세요.

1. Was haben Sie gestern gemacht?

   Ich habe gestern den ganzen Tag Deutsch gelernt.

   Ich habe   (나는 어제 하루 종일 잤다.)
   Ich bin gestern ins Kino gegangen.

   Ich bin   (나는 어제 도서관에 갔다.)

2. Hast du ein neues Auto gekauft?

   Ja,   (네, 새 자동차를 샀어요.)

   Nein,   (아니요, 새 자동차를 사지 않았어요.)

ÜBUNG ③ Lesen (읽기)

다음을 읽고 현재완료(haben/sein + 과거분사)를 표시해 보세요.

Ich heiße Gülcan.

Ich bin in einer kleinen Stadt in der Türkei geboren. Meine Familie hat in einem schönen Haus am Fluss gewohnt. Dort hat es auch einen großen Garten gegeben. Im Sommer habe ich mit meinen Freundinnen im Garten gespielt. Meine Brüder haben im Fluss gebadet. Am Wochenende haben uns oft meine Verwandten besucht und wir haben im Garten gegrillt. Das waren sehr schöne Tage und wir hatten viel Spaß.

ÜBUNG ④ Schreiben (쓰기)

현재완료 형식을 사용하여 과거형으로 쓰세요.

Tina und Karl gehen ins Kino. Sie sehen einen Actionfilm.

Danach trinken sie einen Kaffee und unterhalten sich über den Film.

Sie lachen viel. Karl kauft Tina eine Rose.

Tina und Karl sind ins Kino gegangen···

1

Olaf

Simon, _____ du ein neues Auto?

Simon

Ja, ich habe vor zwei Wochen ein neues Auto gekauft. Es ist nagelneu.

Also hast du Autofahren _____?

Ja, ich habe den Führerschein _____. Ich habe viel dafür gelernt.

2

Nina

Was hast du in den Ferien gemacht?

Alex

Ich bin mit meinen Eltern nach Italien ans Meer _____.

Wie habt ihr die Zeit verbracht?

Also, morgens habe ich meist ein _____ gelesen, und meine Eltern sind zum Markt _____.

3

Thomas

Warum hast du nicht angerufen? Ich habe auf deinen Anruf _____.

Jean

Entschuldige, nach meiner Ankunft habe ich den ganzen Tag geschlafen. Und am nächsten Tag haben mich meine _____ eingeladen. Am Abend habe ich _____.

🥨 스위스 (Confoederatio Helvetica) 🥨

스위스는 중앙 유럽에 위치한 연방 공화국이다. 스위스에서는 공식적으로 4가지 언어를 쓴다(독일어, 프랑스어, 이탈리아어, 로만슈어). 스위스에서 사용하는 독일어는 표준 독일어와 다르다. 학교에서 독일어 외에 다른 언어도 배워서 스위스 사람들은 기본 2~3개의 언어를 한다.

스위스 공화국은 언어마다 다르게 불린다.

독일어: die Schweiz

프랑스어: Suisse

이탈리아어: Svizzera

로만슈어: Svizra

그래서 중립적인 국가명을 찾았는데 헬베티아 연방(Confoederatio Helvetica, 라틴어)이다. 로마 제국 시기의 헬베티족(남부 독일에 살던 갈리아 부족)에서 유래했다.

스위스의 재미있는 사실:

- 기니피그를 혼자 키우는 것은 불법이다. 꼭 두 마리 이상을 같이 키워야 한다.
- 스위스 국기는 정사각형이다(세계적으로 스위스와 바티칸 국기만 정사각형이다).
- 스위스 사람들은 세계적으로 기대수명이 가장 길다(남자 81.3세, 여자 85.3세).
- 스위스에는 3,000m 넘는 산이 208개가 있다(24개는 4,000m를 넘는다).
- 세계에서 가장 긴 터널은 스위스 코타드 터널이다. 알프스 산을 통과하는 길이가 57km다. 이 터널을 완성하기 위해 17년이 걸렸다.

스위스 마테호른

LEKTION 19

동화 이야기

학습 목표
- ☐ 동화로 과거 배우기 1
- ☐ 동화로 과거 배우기 2
- ☐ 과거 일 보고하기

문법
- ☐ 과거(규칙 동사/ 불규칙 동사)

문화
- ☐ 독일 동화

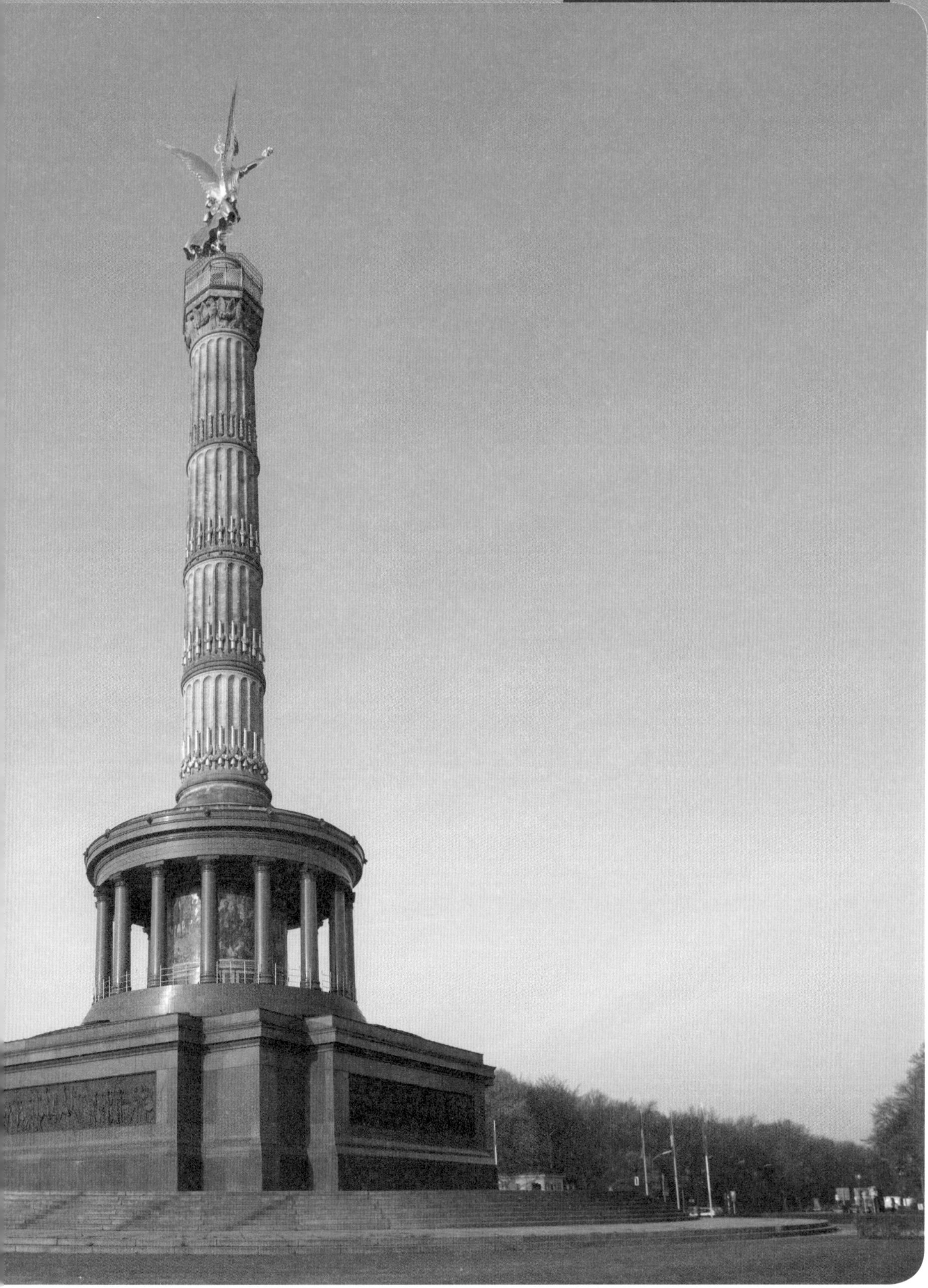

Peter : Hör mal die Geschichte.
Es waren einmal ein perfekter Mann und eine perfekte Frau.
Sie begegneten sich und heirateten. Die Hochzeit war perfekt.
Und ihr Leben zusammen war ebenso perfekt.
Am Weihnachtsabend fuhr dieses perfekte Paar eine kurvenreiche Straße entlang, als sie am Straßenrand jemanden bemerkten, der eine Panne hatte. Sie hielten an, um zu helfen.

페터: 이 이야기를 들어 봐.
옛날, 옛날에 완벽한 남자와 완벽한 여자가 있었어.
그들은 만났고 결혼을 했어. 결혼식은 완벽했지.
그리고 그들의 삶도 완벽했어.
크리스마스 저녁에 이 완벽한 부부가 커브가 많은 길을 가다가 길가에 자동차가 고장 난 사람을 발견했지. 그들은 도와주려고 차를 세웠어.

과거형

1. 규칙 동사의 과거형 leben (살다)

단수	1인칭	ich	lebe	lebte
	2인칭	du	lebst	lebtest
	3인칭	er/sie/es	lebt	lebte
복수	1인칭	wir	leben	lebten
	2인칭	ihr	lebt	lebtet
	3인칭	sie	leben	lebten
존칭		Sie	leben	lebten

KEY POINT

· 과거형은 현재완료형과 같이 과거 사실을 표현한다.
· 규칙 변화 동사는 일반적으로 모음 교체 현상이 없다(arbeiten - arbeitete, studieren - studierte).

VOKABEL

☐ die Geschichte 이야기
☐ perfekt 완벽한
☐ sich begegnen 만나다
☐ heiraten 결혼하다
☐ die Hochzeit 결혼식
☐ das Leben 삶
☐ kurvenreich 커브 많은
☐ die Straße 길
☐ der Straßenrand 길가
☐ bemerken 발견하다
☐ die Panne 자동차 고장
☐ anhalten 멈추다

기억하세요!

과거형은 대부분 동화, 소설, 기사에 사용한다(문어체).

교체 연습

연습1)
Vor langer Zeit lebte ein Mädchen.
　　　　　　lebten ein Mann und eine Frau

연습2)
Ich bemerke ein kleines Haus.
　　　bemerkte

Peter : Es war der Weihnachtsmann mit einem riesigen Sack voller Geschenke.
Das perfekte Paar lud den Weihnachtsmann mitsamt seiner Geschenke in ihr Auto und verteilte gemeinsam die Geschenke. Unglücklicherweise hatten sie einen Unfall. Nur eine Person überlebte. Wer war es?

Lisa : Ich weiß es. Die Frau. Es gibt nämlich keinen Weihnachtsmann und auch keinen perfekten Mann.

페터: 길가의 남자는 아주 큰 선물 보따리를 갖고 있는 산타클로스였어. 완벽한 부부는 산타클로스와 선물 보따리를 자신의 자동차에 싣고 같이 선물을 나누어 주었지. 유감스럽게도 그 세 사람은 사고가 났어. 한 사람만 살아남았는데. 누구였을까?

리사: 나는 답을 알아. 여자야. 산타클로스와 완벽한 남자는 존재하지 않거든.

과거형

2. 불규칙 동사의 과거형

ich	fahre	**fuhr**
du	fährst	**fuhrst**
er/sie/es	fährt	**fuhr**
wir	fahren	**fuhren**
ihr	fahrt	**fuhrt**
sie	fahren	**fuhren**
Sie	fahren	**fuhren**

KEY POINT

• 불규칙 동사 과거형은 1인칭과 3인칭 단수 형태가 동일하다.
• laden – lud, essen – aß, gehen – ging

VOKABEL

☐ der Weihnachtsmann 산타클로스
☐ riesig 아주 큰
☐ der Sack 보따리
☐ voller 가득 찬
☐ laden 싣다
☐ verteilen 나누다
☐ gemeinsam 같이
☐ unglücklicherweise 유감스럽게
☐ der Unfall 사고
☐ überleben 살아남다
☐ wissen 알다
☐ nämlich 사실, 결국

교체 연습

연습1)
Ich fahre mit dem Fahrrad.
　fuhr

연습2)
Wir essen gemeinsam.
　Sie aßen

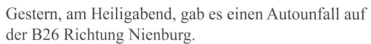
Gestern, am Heiligabend, gab es einen Autounfall auf der B26 Richtung Nienburg.
Die Straßen waren eisig und das Auto war zu schnell.
Die Fahrerin bremste auf der glatten Fahrbahn, aber das Auto kam ins Schleudern und fuhr gegen einen Baum.
Das Auto der jungen Frau war voller Geschenke. Sie wurde nur leicht verletzt.
Was für ein Glück zu Weihnachten.

어제 크리스마스 이브에 니엔부르크 방향 B26 국도에서 자동차 사고가 있었습니다. 길은 미끄러웠고 자동차는 빨리 달렸습니다. 여성 운전자는 미끄러운 운행길에 브레이크를 밟았지만, 자동차는 쏠리고 나무에 부딪혔습니다. 선물로 가득 차 있었던 자동차에 탄 젊은 여성 운전자는 가벼운 부상만 입었습니다. 크리스마스에 큰 행운이 있었습니다.

과거형

3. 특별한 동사 haben, sein, werden

ich	hatte	war	wurde
du	hattest	warst	wurdest
er/sie/es	hatte	war	wurde
wir	hatten	waren	wurden
ihr	hattet	wart	wurdet
sie	hatten	waren	wurden
Sie	hatten	waren	wurden

KEY POINT

· haben, sein, werden은 일반적으로 과거형으로 사용한다.
· Ich hatte keine Zeit(나는 시간이 없었다) : 일반적으로 과거형을 쓴다.

교체 연습

연습1)

Waren Sie schon im Krankenhaus?
Warst du

연습2)

Ich habe keine Zeit.
　　hatte

 **회화**

Fritz Büchner   Hören Sie mal die Geschichte.
Es waren einmal ein perfekter Mann und eine perfekte
Frau. Sie begegneten sich und heirateten. Die Hochzeit
war perfekt. Und ihr Leben zusammen war ebenso
perfekt. Am Weihnachtsabend fuhr dieses perfekte Paar
eine kurvenreiche Straße entlang, als sie am Straßenrand
jemanden bemerkten, der eine Panne hatte. Sie hielten
an, um zu helfen. Es war der Weihnachtsmann. Das
perfekte Paar lud den Weihnachtsmann mitsamt seiner
Geschenke in ihr Auto und verteilte gemeinsam die
Geschenke. Unglücklicherweise hatten sie einen Unfall. Sie
wurden aber alle nur leicht verletzt. Was für ein Glück zu
Weihnachten.

프리츠 뷔크너 : 이 이야기를 들어 보세요. 옛날에 완벽한 남자와 완벽한 여자가 있었습니다. 그들은 만났고 결혼을 했습니
다. 결혼식은 완벽했습니다. 그리고 그들의 삶도 완벽했습니다. 크리스마스 저녁에 이 완벽한 부부가 커브
가 많은 길을 가다가 길가에서 자동차가 고장 난 사람을 발견했습니다. 도와주려고 차를 세웠습니다. 그
남자는 산타클로스였습니다. 완벽한 부부는 산타클로스와 선물 보따리를 자신의 자동차에 싣고 같이 선물
을 나누어 주었습니다. 유감스럽게 그 세 사람은 사고가 났습니다. 하지만 다 가벼운 부상만 입었습니다.
크리스마스에 큰 행운이 있었습니다.

ÜBUNG ❶ Hören (듣기)

듣고 맞은 답을 표시하세요. 🎧 Track 158

1. ich lese   □ leste   □ las   □ lieste

2. du läufst   □ lief   □ läuftest   □ liefst

3. sie isst   □ isstet   □ isst   □ aß

4. wir gehen   □ gingen   □ ging   □ gehten

5. ihr lernt   □ lerntete   □ lerntet   □ lurntet

6. sie kommen   □ kommten   □ kamen   □ komen

ÜBUNG ❷ Sprechen (말하기)

과거형을 빈칸에 채워 보세요. (haben, sein)

1. _____ du gestern im Kino? / Nein, ich _____ keine Zeit.
   (어제 영화관에 갔었니? / 아니, 시간이 없었어.)

2. _____ du krank? / Ja, ich _____ im Krankenhaus.
   (너 어제 아팠니? / 그래. 나는 병원에 있었어.)

3. _____ er Urlaub? / Ja, er _____ in der Schweiz.
   (그는 휴가 갔었니? / 그래, 그는 스위스에 있었어.)

4. _____ du viel Arbeit? / Nein, ich _____ wenig Arbeit.
   (너는 일이 많니? / 아니, 나는 일이 적다.)

5. _____ ihr Probleme? / Ja, wir _____ große Probleme.
   (문제가 있니? / 그래. 우리는 큰 문제가 있어.)

ÜBUNG ③ Lesen (읽기)

다음을 읽고 과거 형식을 표시해 보세요.

In den Winterferien waren wir in Österreich zum Skifahren. Das Wetter war schön und wir hatten viel Schnee. Am zweiten Tag fuhr ich allein Ski. Ich fuhr den Berg zu schnell hinunter. Ich lachte und sah den Skifahrer vor mir nicht. Wir stießen zusammen und ich stürzte. Mein Bein war gebrochen. Ich musste drei Wochen im Krankenhaus bleiben.

ÜBUNG ④ Schreiben (쓰기)

과거 형식을 사용하여 과거형으로 쓰세요.

Tina und Karl gehen ins Kino. Sie sehen einen Actionfilm.

Danach trinken sie einen Kaffee und unterhalten sich über den Film.

Sie lachen viel. Karl kauft Tina eine Rose.

Tina und Karl gingen ins Kino···

1

Peter

Es waren einmal ein perfekter Mann und eine _____.
Sie begegneten sich und _____.
Am Weihnachtsabend fuhr dieses perfekte Paar eine kurvenreiche
Straße entlang, als sie am Straßenrand jemanden _____,
der eine Panne hatte.

2

Peter

Es war der _____ mit einem riesigen Sack voller
Geschenke.
Das Paar lud die Geschenke in ihr Auto und verteilte
gemeinsam.
Unglücklicherweise hatten sie einen _____.
Nur eine Person überlebte. Wer war es?

Lisa

Ich weiß es. Die Frau. Es gibt nämlich keinen
_____ und auch keinen perfekten Mann.

3

Gestern, am Heiligabend, gab es einen Autounfall auf der B26 Richtung
Nienburg. Die Straßen waren eisig und das _____ war zu
schnell.
Die _____ bremste auf der glatten Fahrbahn, aber das Auto
kam ins Schleudern und fuhr gegen einen Baum. Das Auto der jungen Frau
war voller Geschenke. Sie wurde nur leicht verletzt. Was für ein Glück zu
_____.

문화 읽기

🥨 독일 동화 거리 🥨

동화는 구두로 전해 내려오는 이야기다. 신화, 전설, 민담 같은 종류가 아니고 그런 이야기를 재구성한 것을 동화라고 한다. 동화는 단순히 어린이를 위한 이야기가 아니다. 동화를 통해 풍부한 정서와 진실을 배울 수 있다. 그러나 어린이만을 위한 이야기가 아니어서 동화 속에 잔인하고 무서운 요소들도 많이 찾을 수 있다. 그림 형제(야콥과 빌헬름)가 동화집부터 동화, 신화, 동요 등을 체계적으로 정리했다.

독일 동화의 특징:

- '옛날, 옛날에(Es war einmal…)'로 시작하고 '…만약 그들이 죽지 않았다면, 그들은 아직도 잘 살고 있을 것이다(und wenn sie nicht gestorben sind, dann leben sie noch heute)'로 끝난다.
- 시간과 장소는 정확하지 않고 언급되지도 않는다.
- 주인공은 일반적으로 업무가 주어지고 끝에 항상 성공적으로 완료한다.
- 주인공도 약점이 있어서 위험에 처하거나 어떤 문제가 생긴다.
- 숫자 3, 7과 12는 특별한 의미가 있다.
- 마지막은 항상 해피엔딩이며 꼭 교훈이 있다.

독일 동화 가도(Märchenstrasse)

그림 형제가 태어난 곳(Hanau)부터 시작하며 여러 동화의 무대를 둘러볼 수 있는 관광지다.

그림 형제 동상

그림 형제 마을

LEKTION 20

형용사로
표현하기

학습 목표
☐ 날씨 표현하기
☐ 사물 설명하기
☐ 사람에 대해 말하기

문법
☐ 형용사 변화(강변화, 약변화, 혼합변화)

문화
☐ 독일의 날씨와 기온

Maria : Regnerisches Wetter, starker Wind und tiefe Temperaturen… das ist die Wettervorhersage für morgen.

Julia : Ach nein, wir wollten doch ein Picknick machen.

Maria : Sieht schlecht aus. Aber übermorgen gibt es sonniges Wetter und steigende Temperaturen.

Julia : Dann müssen wir unser Picknick auf übermorgen verschieben.

Maria : Ja, ich gebe den anderen Bescheid.

Julia : Gut, dann freue ich mich auf übermorgen.

마리야: 비오는 날씨, 센 바람과 낮은 온도… 내일의 일기예보야.

율리아: 안 돼. 우리 피크닉 가기로 했잖아.

마리야: 좋아 보이지 않네. 하지만 모레는 햇빛이 나고 온도도 올라간대.

율리아: 그럼 우리 피크닉을 모레로 미루어야겠네.

마리야: 그래, 친구들에게 연락할게.

율리아: 좋아, 그럼 모레를 기대할게.

형용사

형용사 변화: 형용사 변화 1식 과 2식과 3식이 있다.

1. 1식: 형용사와 명사를 썼을 때 (강변화) : 형용사+명사

단수

격	남성	여성	중성
1	guter Mann	schöne Frau	neues Auto
2	guten Mannes	schöner Frau	neuen Autos
3	gutem Mann	schöner Frau	neuem Auto
4	guten Mann	schöne Frau	neues Auto

복수

격	남성	여성	중성
1	gute Männer	schöne Frauen	neue Autos
2	guter Männer	schöner Frauen	neuer Autos
3	guten Männern	schönen Frauen	neuen Autos
4	gute Männer	schöne Frauen	neue Autos

KEY POINT

• 형용사가 명사 앞에 있으면 어미 변화를 하고 동사 다음에 있으면 어미 변화를 하지 않는다.

VOKABEL

☐ regnerisch 비 오는
☐ das Wetter 날씨
☐ tief 낮은
☐ die Temperatur 온도
☐ die Wettervorhersage 일기예보
☐ das Picknick 피크닉
☐ schlecht aussehen 나빠 보인다
☐ sonnig 해가 비치는
☐ steigend 올라간, 상승한
☐ verschieben 미루다
☐ Bescheid geben 연락하다
☐ sich freuen auf … …을 기대하다

기억하세요!

형용사의 어미를 변화 하기 전에 주어의 성, 단수/복수, 격, 정관사/부정관사를 확인하세요.

교체 연습

연습1)

Heute haben wir schönes Wetter.
　　　　　　　　　schlechtes

연습2)

Ich mag schnelle Autos.
Du magst neue

216

Sophie : Ich sehe was, was du nicht siehst, und das ist schwarz.

Jean : Ist es das schwarze Sofa?

Sophie : Nein, ist es nicht das schwarze Sofa.

Jean : Dann der schwarze Fernseher? Oder die schwarzen Stühle?

Sophie : Nein, auch nicht der schwarze Fernseher. Und auch nicht die schwarzen Stühle. Du musst bei mir schauen.

Jean : Es sind die schwarzen Schuhe. Die sind neu, oder?

소피: 나는 네가 보지 못한 것을 봐. 그것은 검은색이야.

잔: 검은색 소파야?

소피: 아니야, 검은색 소파는 아니야.

잔: 그럼 검은색 TV? 아니면 검은색 의자들은?

소피: 아니야, 검은색 TV도 아니고 검은색 의자들도 아니야. 나에게서 찾아봐.

잔: 검은색 신발이야. 새 신발이지, 그렇지?

형용사

2. 2식: 형용사와 명사 앞에 정관사를 썼을 때 (약변화) : 정관사+형용사+명사

단수

격	남성	여성	중성
1	der gute Mann	die schöne Frau	das neue Auto
2	des guten Mannes	der schönen Frau	des neuen Autos
3	dem guten Mann	der schönen Frau	dem neuen Auto
4	den guten Mann	die schöne Frau	das neue Auto

복수

격	남성	여성	중성
1	die guten Männer	die schönen Frauen	die neuen Autos
2	der guten Männer	der schönen Frauen	der neuen Autos
3	den guten Männern	den schönen Frauen	den neuen Autos
4	die guten Männer	die schönen Frauen	die neuen Autos

VOKABEL

☐ was (=etwas) 어떤 것
☐ das Sofa 소파
☐ der Stuhl 의자
☐ schauen 보다
☐ der Schuh 신발

기억하세요!

약변화를 다음 단어에도 쓴다.
derselbe(같은),
dieser(이것),
jeder(누구나),
mancher(어떤),
welcher(어떤?)

KEY POINT

· 형용사 앞에 정관사가 있으면 약변화를 한다.

교체 연습

연습1)

Mir gefällt das schöne Wetter.
             kalte

연습2)

Ich mag die schnellen Autos.
Du magst   neuen

Nina : Ich bin verliebt.

Anna : Ja? Wer ist der glückliche Mann?

Nina : Sein Name ist Pedro. Pedro ist ein großer Mann. Seine blauen Augen und seine schwarzen Haare sind wunderschön. Er hat auch einen guten Charakter. Er ist gebildet und hilfsbereit.

Anna : Hat er auch negative Eigenschaften?

Nina : Seine negativen Eigenschaften? Er ist viel zu nett zu anderen Frauen.

Anna : Typisch Mann.

니나: 나는 사랑에 빠졌어.

안나: 그래? 운 좋은 남자가 누구니?

니나: 그의 이름은 베드로야. 베드로는 키 큰 남자야. 그의 파란색 눈과 그의 검은색 머리카락은 너무 멋있어. 그는 또한 성격도 좋아. 교양 있고 남을 잘 도와줘.

안나: 나쁜 특성도 있니?

니나: 그의 안 좋은 특성? 다른 여자들에게 너무 친절해.

안나: 전형적인 남자네.

형용사

3. 3식: 형용사와 명사 앞에 부정관사를 썼을 때 (혼합 변화) : 부정관사+형용사+명사

단수

격	남성	여성	중성
1	ein gut<u>er</u> Mann	eine schön<u>e</u> Frau	ein neu<u>es</u> Auto
2	eines gut<u>en</u> Mannes	einer schön<u>en</u> Frau	eines neu<u>en</u> Autos
3	einem gut<u>en</u> Mann	einer schön<u>en</u> Frau	einem neu<u>en</u> Auto
4	einen gut<u>en</u> Mann	eine schön<u>e</u> Frau	ein neu<u>es</u> Auto

복수

격	남성	여성	중성
1	meine gut<u>en</u> Hunde	unsere schön<u>en</u> Frauen	keine neu<u>en</u> Autos
2	deiner gut<u>en</u> Hunde	eurer schön<u>en</u> Frauen	keiner neu<u>en</u> Autos
3	seinen gut<u>en</u> Hunden	ihren schön<u>en</u> Frauen	keinen neu<u>en</u> Autos
4	ihre gut<u>en</u> Hunde	Ihre schön<u>en</u> Frauen	keine neu<u>en</u> Autos

KEY POINT

• 형용사 앞에 부정관사가 있으면 약변화를 한다.

• 복수는 부정관사 없이 쓰인다(강변화).

VOKABEL

☐ verliebt sein 사랑에 빠지다

☐ glücklich 행복한

☐ wunderschön 멋지다

☐ der Charakter 성격

☐ gebildet 교양 있는

☐ hilfsbereit 잘 도와주는

☐ negativ 나쁜, 안 좋은

☐ die Eigenschaft 특성

☐ nett 친절한

☐ typisch 전형적인

기억하세요!

혼합 변화를 다음 단어에도 쓴다:

mein·dein·sein 등 소유대명사, kein(아닌)

교체 연습

연습1)

Das ist eine wunderschöne Frau.
    ein großer Mann

연습2)

Unser neues Auto ist schnell.
Dein schnelles   neu

Fritz Büchner	Regnerisches Wetter, starker Wind und tiefe Temperaturen… das ist die Wettervorhersage für morgen.
Heinz Egger	Ach nein, wir wollten doch ein Picknick machen.
Fritz Büchner	Sieht schlecht aus. Aber übermorgen gibt es sonniges Wetter und steigende Temperaturen.
Heinz Egger	Dann müssen wir unser Picknick auf übermorgen verschieben.

Heinz Egger	Ich bin verliebt.
Fritz Büchner	Ja? Wer ist die glückliche Frau?
Heinz Egger	Ihr Name ist Carmen. Sie ist eine kleine Frau. Ihre grünen Augen und ihre blonden Haare sind wunderschön. Sie hat auch einen guten Charakter. Sie ist gebildet und hilfsbereit.
Fritz Büchner	Hat sie auch negative Eigenschaften?
Heinz Egger	Nein, sie hat keine negative Eigenschaften. Nur gute.

프리츠 뷔크너 : 비 오는 날씨, 센 바람과 낮은 온도… 내일의 일기예보래요.
하인츠 에꺼 : 안 돼요. 우리 피크닉 가기로 했잖아요.
프리츠 뷔크너 : 좋아 보이지 않네요. 하지만 모레는 햇빛이 나고 온도도 올라간대요.
하인츠 에꺼 : 그럼 우리 피크닉을 모레로 미루어야겠네요.

하인츠 에꺼 : 저… 사랑에 빠졌어요.
프리츠 뷔크너 : 그래요? 운 좋은 여자가 누구예요?
하인츠 에꺼 : 그녀의 이름은 카르멘이에요. 그녀는 키가 작아요. 그녀의 초록색 눈과 금발머리는 너무 아름답습니다. 그녀의 성격도 좋아요. 교양 있고 남을 잘 도와줍니다.
프리츠 뷔크너: 안 좋은 특성도 있나요?
하인츠 에꺼 : 아니요. 안 좋은 특성은 없고 좋은 특성만 있어요.

ÜBUNG ① Hören (듣기)

듣고 빈칸을 채우세요. 🎧 Track 166

1. Wir machen Fotos von _____ Stadt.

2. Hast du schon _____ Bücher gelesen?

3. Zu _____ Lächeln gehören _____ Zähne.

4. Paul spielt mit _____ Mitschülern im Park.

5. _____ Bruder hat mir _____ Geschenk gegeben.

ÜBUNG ② Sprechen (말하기)

맞는 형용사를 고르세요.

1. Trägst du gern _____ Röcke? (너는 짧은 치마 입는 것을 좋아하니?)

   a) kurze   b) kurzen   c) kurzes

2. Paul ist der _____ Schüler. (바울은 최고의 학생이다.)

   a) besten   b) bester   c) beste

3. Ich lese ein _____ Buch (나는 좋은 책을 읽는다.)

   a) gutes   b) gute   c) guten

4. Ferdinand erzählt über einen _____ Film. (페르디난드는 지루한 영화에 대한 이야기를 한다.)

   a) langweilig   b) langweiliges   c) langweiligen

ÜBUNG ③ Lesen (읽기)

다음을 읽고 형용사를 표시해 보세요.

Anna sucht einen intelligenten, gut aussehenden, freundlichen und lustigen Mann. Dieser Mann sollte blondes Haar und blaue Augen haben. Er sollte groß sein und eine tiefe Stimme haben.

Ich bin 32 Jahre alt und meine Hobbys sind Fußball und Basketball. Ich suche eine sportliche, schlanke und humorvolle Frau. Sie sollte kleine Kinder und große Hunde mögen. Ich freue mich auf viele Antworten. Robert.

ÜBUNG ④ Schreiben (쓰기)

형용사 9개를 찾아보세요.

V	F	M	B	G	L	E	L	D	K	M	D	T	J
R	K	B	L	S	N	E	G	A	T	I	V	E	S
J	L	R	O	I	W	G	B	H	C	V	I	U	E
G	E	P	N	K	G	P	C	P	I	R	U	P	B
N	I	S	D	J	G	E	B	I	L	D	E	T	F
C	N	X	U	K	A	D	M	H	K	J	S	B	T
R	E	D	U	U	S	O	N	N	I	G	E	S	W
X	L	U	X	F	G	U	U	O	B	H	Y	N	H
X	F	G	L	Ü	C	K	L	I	C	H	E	D	W
F	L	W	H	D	C	W	I	F	A	Z	F	L	K
U	F	L	R	D	K	H	J	U	X	C	L	R	K
U	D	W	U	N	D	E	R	S	C	H	Ö	N	D
I	C	C	W	F	X	U	H	O	T	A	H	K	B
J	G	R	Ü	N	S	V	S	T	A	R	K	E	R

1.

2.

3.

4.

5.

6.

7.

8.

9.

1

Maria

 Regnerisches Wetter, starker Wind und tiefe Temperaturen… das ist die _____ für morgen.

Julia

Ach nein, wir wollten doch ein Picknick machen.

 Sieht schlecht aus. Aber übermorgen gibt es _____ Wetter und steigende Temperaturen.

2

Sophie

 Ich sehe was, was du nicht siehst, und das ist schwarz.

Jean

Ist es das _____ Sofa?

 Nein, ist es nicht das schwarze Sofa. Du musst bei mir schauen.

Es sind die schwarzen _____. Die sind neu, oder?

3

Nina

 Ich bin verliebt.

Anna

Ja? Wer ist der _____ Mann?

Sein Name ist Pedro. Pedro ist ein großer Mann. Seine blauen Augen und seine _____ Haare sind wunderschön. Er hat auch einen _____ Charakter. Er ist gebildet und hilfsbereit.

🥨 독일의 날씨와 기온 🥨

독일은 온화한 북반구 서풍지대에 위치하고 있다. 한편으로 동유럽 대륙성 기후가 있고 다른 한편으로는 서유럽 해양성 기후가 있다.

독일 날씨는 멕시코 만류의 큰 영향을 받아서 평균 기온이 8.7도이고(한국 11.9도) 평균 강수량은 789mm이다(한국은 1373mm).

지구 온난화 때문에 특히 독일의 여름 기온이 많이 높아졌고 봄의 시간이 10년마다 5일 정도씩 앞당겨지고 있다.

독일의 역대 최저 기온은 2001년에 Funtensee에서 -45.9도를 기록했지만, 산맥에 있는 곳이라서, 아직까지는 1929년 Hüll에서 측정한 -37.8도가 최저 기온이라고 한다. 최고 기온은 2019년에 기록한 41.2도다. 최근 독일에서 대폭풍과 홍수가 많이 일어났다.

독일은 일반적으로 날씨의 영향을 많이 받고 산다. 모르는 사람을 만났을 때 날씨에 대한 대화를 많이 나누게 된다.

LEKTION 21

축제

학습 목표
□ 크리스마스 준비
□ 부활절의 기대
□ 어머니날

문법
□ 수동태(동작 수동태, 화법동사, 상태 수동태)

문화
□ 독일의 크리스마스

Alex : Welches Fest findest du am wichtigsten?

Lisa : Ich denke, das wichtigste Fest ist Weihnachten. Bei uns gibt es vor Weihnachten immer viel zu tun. Der Weihnachtsbaum wird geschmückt, Geschenke werden gekauft und auch Weihnachtskekse werden gebacken.

Alex : Und am Heiligen Abend?

Lisa : Am Heiligen Abend wird die ganze Familie eingeladen, es wird leckeres Essen gekocht und Weihnachtslieder werden gesungen.

Alex : Gibt es auch Geschenke?

Lisa : Natürlich werden auch Geschenke verteilt.

알렉스: 너는 어떤 축제가 제일 중요하다고 생각해?

리사: 내 생각에 제일 중요한 축제는 크리스마스야. 크리스마스 전에는 항상 일이 많아. 크리스마스 트리를 장식하고, 선물을 사고 크리스마스 쿠키도 구워.

알렉스: 크리스마스 이브에는?

리사: 크리스마스 이브에는 온 가족을 초대하고 맛있는 음식을 만들고 캐럴을 불러.

알렉스: 선물도 있어?

리사: 당연히 선물도 나누어 주지.

수동태

1. 동작 수동태

Was passiert? 어떤 일이 일어나나요?

- Kekse **werden gebacken**. 쿠키를 굽게 된다.
- Weihnachtslieder **werden gesungen**. 캐럴을 부르게 된다.
- Leckeres Essen **wird gekocht**. 맛있는 음식이 만들어진다.

KEY POINT
• 수동태 문장에서는 주어(행하는 자)보다 동작(행동)이 중요하다.
• 동작 수동태형은 werden와 과거분사로 이루어진다.

VOKABEL
☐ das Fest 축제
☐ am wichtigsten 제일 중요한
☐ der Weihnachtsbaum 크리스마스 트리
☐ die Weihnachtskekse 크리스마스 쿠키
☐ das Weihnachtslied 크리스마스 캐럴
☐ schmücken 장식하다
☐ backen (오븐에) 굽다
☐ verteilen 나누어 주다

기억하세요!
동작 수동태는 동작/행동에 집중한다.

교체 연습

연습1)

Weihnachtslieder werden gesungen.
Ein Weihnachtslied wird

연습2)

Ich backe Kekse. Die Kekse werden gebacken.
       esse   werden gegessen

Alex : Was denkst du über Ostern?

Anna : Ostern ist auch ein wichtiges Fest in Deutschland. Besonders Kinder freuen sich auf den Osterhasen.

Alex : Und was bereitet man für Ostern vor?

Anna : Die Eier müssen bemalt werden, der Osterstrauß muss zusammengestellt werden und die Osterkörbe mit den Schokoladenhasen müssen versteckt werden.

Alex : Mmh. Leckere Schokoladenhasen!

Anna : Natürlich muss auch eine gute Ostermahlzeit gekocht werden. Bei uns gibt es immer einen Lammbraten.

알렉스: 부활절에 대해 어떻게 생각해?

안나: 독일에서는 부활절도 중요한 축제지. 특히 어린이들이 부활절 토끼를 많이 기대하지.

알렉스: 부활절 준비는 어떻게 하니?

안나: 달걀을 색칠해야 하고, 부활절 화환을 만들어야 하고 초콜릿이 들어 있는 부활절 바구니들을 숨겨야 해.

알렉스: 응, 초콜릿 맛있겠다!

안나: 당연히 맛있는 부활절 식사도 요리해야 하고. 우리는 항상 양고기를 먹어.

수동태

2. 수동태와 화법동사(화법동사 + 과거분사 + werden)

Was muss man? 어떤 것을 해야 하나요?

- Die Eier **müssen bemalt werden**. 계란이 색칠되어야 한다.

- Die Osterkörbe **müssen versteckt werden**.
  부활절 바구니가 숨겨져야만 한다.

- Eine gute Ostermahlzeit **muss gekocht werden**.
  맛있는 부활절 음식이 만들어져야 한다.

KEY POINT

• 수동태 화법동사를 사용할 때 화법동사는 문장의 두 번째 위치에 온다.
• 문장 끝에는 본동사의 과거분사형과 werden이 같이 위치한다.

VOKABEL

☐ der Ostern 부활절
☐ besonders 특히
☐ der Osterhase 부활절 토끼
☐ vorbereiten 준비하다
☐ bemalen 색칠하다
☐ der Osterstrauß 부활절 화환
☐ zusammenstellen 만들다
☐ der Osterkorb 부활절 바구니
☐ der Schokoladenhase 부활절 토끼
☐ verstecken 숨기다, 숨다
☐ die Ostermahlzeit 부활절 식사
☐ der Lammbraten 양고기 구이

교체 연습

연습1)

Ich koche einen Lammbraten. Der Lammbraten muss gekocht werden.
　　mache　　　　　　　　　　　　　　　gemacht

Julia	: Der Kuchen ist gebacken, der Tisch ist gedeckt. Die Wohnung ist geputzt. Was fehlt noch?
Simon	: Ist heute ein besonderer Tag?
Julia	: Das weißt du nicht? Heute ist der zweite Sonntag im Mai, Muttertag!
Simon	: Klar weiß ich das. Ich habe es nur kurz vergessen. Wo sind die Blumen?
Julia	: Oh ja, die Blumen. Die sind vorbereitet. Sie stehen am Balkon.
Simon	: Dann hole ich sie.

율리아: 케이크는 구워졌고, 상은 차려졌어. 집은 청소됐고. 뭐가 안 됐지?
시몬: 오늘 특별한 날이야?
율리아: 모르겠어? 5월의 두 번째 일요일이야, 어머니 날.
시몬: 당연히 알아. 잠시 잊었을 뿐이야. 꽃은 어디 있어?
율리아: 아 맞아, 꽃. 준비됐지. 발코니에 있어.
시몬: 그럼 내가 꽃 가지고 올게.

수동태

3. 상태 수동태(sein + 과거분사)

Was muss man? 어떤 것을 해야 하나요?

- Der Kuchen **ist gebacken**. 케이크는 구워졌다.

- Der Tisch **ist gedeckt**. 상은 차려졌다.

- Die Wohnung **ist geputzt**. 집은 청소됐다.

- Die Blumen **sind vorbereitet**. 꽃은 준비됐다.

VOKABEL

☐ decken 차리다
☐ putzen 청소하다
☐ besonderer 특별한
☐ der Muttertag 어머니 날
☐ kurz 짧은, 잠시
☐ vergessen 잊다
☐ vorbereiten 준비하다
☐ der Balkon 발코니

기억하세요!

동작 수동태:
Der Kuchen wird gebacken.(케이크는 구워진다.)
상태 수동태:
Der Kuchen ist gebacken.(케이크는 구워졌다.)

KEY POINT

• 상태 수동태는 동작/행동이 완료되어 결과를 표현할 때 사용된다.
• 상태 수동태로 사용할 수 없는 동사가 있다.
　예) wiederholen 반복하다, beachten 주의하다, hören 듣다, unterstützen 지지하다

교체 연습

연습1)
Das Auto wird gekauft.
　　　　ist

연습2)
Ich öffne das Fenster. Das Fenster wird geöffnet.
Er öffnet　　　　　　　　　　　　　　ist

Fritz Büchner   Welches Fest finden Sie am wichtigsten?

Helga Moser   Ich denke, das wichtigste Fest ist Weihnachten.
Bei uns gibt es vor Weihnachten immer viel zu tun.
Der Weihnachtsbaum wird geschmückt, Geschenke werden
gekauft und auch Weihnachtskekse werden gebacken.
Am Heiligen Abend wird die ganze Familie eingeladen,
es wird leckeres Essen gekocht, Weihnachtslieder werden
gesungen und Geschenke werden verteilt.

Heinz Egger   Und was denken Sie über den Muttertag?

Fritz Büchner   Der zweite Sonntag im Mai ist Muttertag. Meine Mutter
freut sich immer. Der Kuchen ist gebacken, der Tisch ist
gedeckt, die Wohnung ist geputzt. Und auch Geschenke und
Blumen sind vobereitet.

프리츠 뷔크너 : 어떤 축제가 제일 중요하다고 생각하세요?

헬가 모서 : 제 생각에 제일 중요한 축제는 크리스마스입니다. 크리스마스 전에는 항상 일이 많아요. 크리스마스 트리를 장식하게 되고, 선물을 사고 크리스마스 쿠키도 굽게 됩니다. 크리스마스 이브에는 온 가족을 초대하고 맛있는 음식이 만들어져요. 캐럴을 부르게 되고 선물을 나누어 주게 되죠.

하인츠 에꺼 : 어머니 날에 대해 어떻게 생각하세요?

프리츠 뷔크너 : 5월의 두 번째 일요일은 어머니 날이지요. 우리 어머니는 항상 기뻐합니다. 케이크는 구워졌고, 상은 차려졌고, 집은 청소되었습니다. 선물과 꽃이 준비되었습니다.

ÜBUNG ❶ Hören (듣기)

듣고 표시하세요. 🎧 Track 174

	능동태	수동태
1.	☐	☐
2.	☐	☐
3.	☐	☐
4.	☐	☐
5.	☐	☐

ÜBUNG ❷ Sprechen (말하기)

수동태를 사용하여 써 보세요.

> **보기** Die Schüler schreiben heute eine Prüfung. Die Prüfung wird heute geschrieben.
>
> (학생들은 오늘 시험을 본다.)

1. Mama kocht das Mittagessen. (엄마는 점심을 만드신다.)

2. Der Arzt untersucht das Kind. (의사 선생님은 아이를 진찰한다.)

3. Ihr sollt das Zimmer aufräumen. (너희는 방을 치워야 한다.)

4. Du musst das Fenster öffnen. (너는 창문을 열어야 한다.)

5. Ich wasche heute die Wäsche. (나는 오늘 빨래를 한다.)

ÜBUNG ③ Lesen (읽기)

다음을 읽어 보고 수동태 형식을 표시하세요.

Keiner weiß, wer Snowboarden tatsächlich erfunden hat. Die Menschen sind schon immer gerne einen schneebedeckten Hügel hinuntergeglitten – auf Mülltonnendeckeln, Kartons, Plastiktüten oder Schlitten und Skiern. Als ein Vorreiter des heutigen Snowboards gilt der sogenannte 'Snurfer' (von 'snow' und 'surfer'). Dafür werden zwei Skier zusammengebunden und ein Seil wird am vorderen Ende angebracht, um die Richtung zu bestimmen. 1966 wurden über 500 000 'Snurfer' verkauft.

ÜBUNG ④ Schreiben (쓰기)

화법조동사를 사용하여 수동태를 만들어 보세요.

> 보기   Erika räumt ihr Zimmer auf.
>
> Das Zimmer muss aufgeräumt werden.

1. Öffnet die Tür.

2. Klaus und Monika machen Hausaufgaben.

3. Wir putzen die Küche.

4. Ich kaufe Milch und Brot.

1

Alex

Welches Fest findest du am wichtigsten?

Lisa

Ich denke, das _____ Fest ist Weihnachten. Bei uns gibt es vor Weihnachten immer viel zu tun. Der Weihnachtsbaum wird _____, Geschenke werden gekauft und auch Weihnachtskekse werden gebacken.

2

Anna

Ostern ist auch ein wichtiges Fest in Deutschland. Besonders Kinder freuen sich auf den _____.

Alex

Und was bereitet man für Ostern vor?

Die Eier müssen _____ werden, der Osterstrauß muss zusammengestellt werden und die Osterkörbe mit den _____ müssen versteckt werden.

3

Julia

Der Kuchen ist gebacken, der Tisch ist _____. Die Wohnung ist geputzt. Was fehlt noch?

Simon

Ist heute ein besonderer Tag?

Das weißt du nicht? Heute ist der zweite Sonntag im Mai, _____!

232

🥨 독일의 크리스마스 🥨

독일에서는 성탄절 4주 전에 예수의 탄생을 준비하는 마음으로 강림절(Advent)을 맞는다. 일요일마다 강림절 화환에 촛불을 하나씩 더 켜고 크리스마스를 마음속으로 준비한다.

첫 번째 강림절부터 시작하는 크리스마스 시장도 꼭 한 번씩 가는 곳이다. 구운 아몬드, 솜사탕, 글뤼바인(꿀과 향료를 넣어서 끓인 적포도주)과 레브코헨(독일식 진저브레드)과 독일 전통 빵을 맛볼 수 있으며 손으로 만든 공예품과 크리스마스 장식을 구경하며 친구들과 재미있는 시간을 보낸다.

바덴바덴(Baden Baden)의 크리스마스 시장은 동화의 길(Märchenstrasse)에서 성탄 이야기를 그림으로 볼 수 있다.

가장 오래된 크리스마스 시장은 뮌헨에 있다. 약 140부스가 있으며 1310년에 처음 열렸다. 특히 주목받는 것은 시청 앞

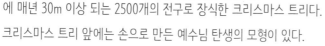

에 매년 30m 이상 되는 2500개의 전구로 장식한 크리스마스 트리다.
크리스마스 트리 앞에는 손으로 만든 예수님 탄생의 모형이 있다.

LEKTION 22

미래 표현하기

학습 목표
- ☐ 새해 결심을 표현하기
- ☐ 미래의 계획을 알려 주기
- ☐ 환경 보호

문법
- ☐ 미래(현재형 + 미래 시간부사, 미래 1형식, 화법조동사의 미래 형식)

문화
- ☐ 독일 환경 보호

Peter : Zu Silvester nimmt man sich doch vor, etwas zu verändern.
Was sind deine guten Vorsätze für das Neujahr?

Maria : Meine Vorsätze? Ab morgen mache ich eine Diät. Ab morgen reduziere ich meine Kalorien und mache drei Mal pro Woche Sport.

Peter : Welchen Sport willst du machen?

Maria : Ich gehe ins Fitness-Studio und melde mich an. In den nächsten drei Monaten möchte ich fünf Kilo abnehmen. Und was sind deine guten Vorsätze?

Peter : Ich lese mehr Bücher. Mindestens ein Buch pro Monat.

Maria : Das ist ein toller Vorsatz.

페터: 12월 31일에 삶의 변화를 위해 새해 결심하잖아. 너의 새해 결심은 뭐니?

마리아: 나의 새해 결심? 내일부터 다이어트를 할 거야. 내일부터 칼로리를 줄이고 일주일에 3번 운동할 거야.

페터: 어떤 운동을 하려고?

마리아: 피트니스센터에 가서 등록을 할 거야. 나는 3개월 안에 5kg 빼고 싶어. 너의 새해 결심은 뭐니?

페터: 나는 책을 더 읽으려고. 적어도 한 달에 한 권.

마리아: 멋진 새해 결심이네.

미래

1. 미래를 표현하기 위해 현재시제를 쓴다.

Ich gehe ins Kino. 나는 영화관에 간다.

Ich gehe **morgen** ins Kino. 나는 내일 영화관에 간다.

Ich fliege nach Deutschland. 나는 비행기로 독일에 간다.

Ich fliege **nächsten Sommer** nach Deutschland.
나는 다음 여름에 비행기로 독일에 간다.

KEY POINT

• 일반적으로 미래를 표현할 때는 미래의 시간 부사[morgen(내일), nächstes Jahr(내년), bald(곧) 등]을 사용하며 현재형으로 표현한다.

VOKABEL

- ☐ Silvester 섣달그믐
- ☐ der Vorsatz (새해) 결심
- ☐ das Neujahr 새해
- ☐ die Diät 다이어트
- ☐ reduzieren 줄이다, 감소하다
- ☐ die Kalorie 칼로리
- ☐ das Fitness-Studio 피트니스센터
- ☐ abnehmen 살 빼다

교체 연습

연습1)

Gehen wir morgen einkaufen?
　　　　übermorgen ins Kino

연습2)

Ich habe Hunger. Ich esse jetzt.
　　habe keinen Hunger　später

Thomas : In den Sommerferien werde ich nach Amerika fliegen.

Sophie : Das ist ja toll. Wann wirst du fliegen? Und was wirst du machen?

Thomas : Ich werde für 2 Monate bei einer Firma ein Praktikum machen.

Sophie : Du hast ein Praktikum bekommen? Glückwunsch!

Thomas : Und dann werde ich mit einem Freund eine Zugreise machen.
Von der Ostküste bis zur Westküste. Was wirst du in den Sommerferien machen?

Sophie : Ich werde mir einen Sommerjob suchen und einen Spanischkurs besuchen.

토마스: 나는 여름 방학 때 미국에 갈 거야.

소피: 정말 멋지다. 언제 가? 그리고 뭐 할 거야?

토마스: 2개월 동안 회사에서 인턴을 할 거야.

소피: 인턴이 됐어? 축하해!

토마스: 그리고 친구하고 기차 여행을 하려고 해. 동부에서 서부까지. 너는 여름 방학 때 뭐 하니?

소피: 나는 아르바이트를 구하고 스페인어 어학 코스를 다닐 거야.

미래

2. 미래 1식 (werden + 동사원형)

단수	1인칭	ich	werde
	2인칭	du	wirst
	3인칭	er/sie/es	wird
복수	1인칭	wir	werden
	2인칭	ihr	werdet
	3인칭	sie	werden
존칭		Sie	werden

KEY POINT

· 예측할 때, 미래의 계획에 대해 이야기할 때, 약속을 할 때 미래 1식을 사용한다.

VOKABEL

☐ die Sommerferien 여름 방학

☐ Amerika 미국

☐ das Praktikum 인턴

☐ die Zugreise 기차 여행

☐ die Ostküste 동부

☐ die Westküste 서부

☐ der Sommerjob 여름 방학 아르바이트

☐ der Spanischkurs 스페인어 어학 연수

기억하세요!

미래 2식 Futur 2(werden + PP + haben/sein)도 있지만 자주 쓰지 않는다. 미래의 이미 지나간 행동이나 예측을 표현할 때 사용한다.

교체 연습

연습1)

Ich mache ein Praktikum. Ich werde ein Pratikum machen.
   esse   Kekse   Kekse   essen

연습2)

Er wird mir nicht antworten.
Sie werden antworten

Olaf : Wir werden wohl viel für unsere Umwelt tun müssen. Sonst wird es in einer Million Jahren keinen blauen Planeten mehr geben.

Alex : Du hast Recht. Wir werden wohl alle unseren Beitrag für die Umwelt leisten müssen.

Olaf : Die Menschen werden alle beim Umweltschutz mithelfen müssen: Mülltrennung, Giftmüllreduzierung und Vermeidung von Luft- und Wasserverschmutzung.

올라프: 우리의 환경을 위해 많은 것을 해야 해. 그렇지 않으면 백만 년 후에 우리의 지구가 없어질 거야.

알렉스: 그래, 너의 말이 맞아. 우리는 다 환경을 위해 기여해야 해.

올라프: 모든 사람들이 같이 협력해야 해. 분리수거, 유독성 폐기물 감소와 대기·해양 오염 방지.

미래

3. 화법조동사의 미래 (werden + 동사원형 + 화법조동사의 원형)

Ich werde das Auto kaufen können. 나는 자동차를 살 수 있을 것이다.

Ich werde das Auto kaufen dürfen. 나는 자동차를 사도 될 것이다.

Ich werde das Auto kaufen müssen. 나는 자동차를 사야만 할 것이다.

KEY POINT

• '미래+화법조동사'를 사용할 때 동사원형이 두 번 이어서 쓰인다.

VOKABEL

- ☐ die Umwelt 환경
- ☐ der blaue Planet 지구 (직역: 파란 행성)
- ☐ die Million 백만
- ☐ Recht haben 맞다, 옳다
- ☐ Beitrag leisten 기여하다
- ☐ der Mensch 사람
- ☐ der Umweltschutz 환경 보호
- ☐ mithelfen 협력하다, 도와주다
- ☐ die Mülltrennung 분리수거
- ☐ der Giftmüll 유해 폐기물
- ☐ die Reduzierung 감소
- ☐ die Vermeidung 방지
- ☐ die Luftverschmutzung 대기오염
- ☐ die Wasserverschmutzung 해양오염

교체 연습

연습1)

Wir werden die Umwelt schützen müssen.
    müssen   schützen

연습2)

Ich helfe bei der Mülltrennung. Ich muss bei der Mülltrennung helfen.
Du hilfst   **Du musst**

Fritz Büchner	Was sind Ihre guten Vorsätze für das Neujahr?
Helga Moser	Meine Vorsätze? Ab morgen mache ich eine Diät. Ab morgen reduziere ich meine Kalorien und mache drei Mal pro Woche Sport. Heute Nachmittag gehe ich in das Fitness-Studio und melde mich an. In den nächsten drei Monaten möchte ich fünf Kilo abnehmen.
Heinz Egger	Im Urlaub werde ich nach Kuba fliegen.
Fritz Büchner	Das ist ja toll. Wann werden Sie fliegen? Und was werden Sie machen?
Heinz Egger	Ich werde am 1. Juli für 3 Wochen einen Freund besuchen. Und ich werde eine Busreise machen. Was werden Sie im Urlaub machen?
Fritz Büchner	Ich werde zu Hause entspannen und in meinem Garten arbeiten.

프리츠 뷔크너 : 모서 부인, 새해 결심이 뭐예요?
헬가 모서 : 제 새해 결심요? 내일부터 다이어트를 할 거예요. 내일부터 칼로리를 줄이고 일주에 3번 운동할 거예요. 오늘
　　　　　오후에는 피트니스에 가서 등록을 하려고요. 저는 3개월 안에 5kg 빼고 싶어요.

하인츠 에꺼 : 여름 휴가 때 비행기로 쿠바에 갈 거예요.
프리츠 뷔크너 : 좋으시겠네요. 언제 가세요? 그리고 뭐 하실 거예요?
하인츠 에꺼 : 7월 1일에 가서 3주 동안 친구를 방문할 거예요. 그리고 버스 여행도 할 계획이에요. 프리츠 씨는 휴가 때 뭐
　　　　　하실 거예요?
프리츠 뷔크너 : 저는 집에서 쉬고 정원에서 일할 거예요.

VOKABEL

☐ Kuba 쿠바　☐ für 3 Wochen 3주 동안　☐ Busreise 버스 여행　☐ entspannen 쉬다, 긴장 풀다

ÜBUNG ❶ Hören (듣기)

듣고 단어를 연결하세요. 🎧 Track 182

Trink •	• papier	• Trinkwasser
1. Müll •	• verschmutzung	•
2. Alt •	• wandel	•
3. Luft •	• wasser	•
4. Klima •	• schutz	•
5. Umwelt •	• trennung	•

ÜBUNG ❷ Sprechen (말하기)

맞는 동사를 선택하세요.

1. Man muss die Umwelt   trennen – verschmutzen – schützen
   (환경은 보호해야 한다.)

2. Wir wollen den Müll   waschen – trennen – sparen
   (우리는 분리수거를 하기 원한다.)

3. Du musst Papier   sparen – wegwerfen – benutzen
   (너는 종이를 아껴야 한다.)

4. Klimawandel muss man   vermeiden – helfen – verwenden
   (기후 변화는 방지해야 한다.)

5. Die Temperaturen   stellen – schweigen - steigen
   (온도는 올라간다.)

ÜBUNG ③ Lesen (읽기)

다음을 읽고 미래 형식을 표시해 보세요.

Wie werden wir in der Zukunft leben?

Roboter können das Haus putzen, Auto fahren, Musik machen und sogar Gefühle erkennen. In der Zukunft werden die Roboter noch mehr Arbeit für uns erledigen. Sie werden unser Leben verändern. Aber es stellt sich eine Frage: kann ein Roboter lieben? Oder jemanden hassen? Werden Roboter Menschen ersetzen können?

ÜBUNG ④ Schreiben (쓰기)

미래 형식을 사용하여 쓰세요.

Tina und Karl gehen ins Kino. Sie sehen einen Actionfilm.

Danach trinken sie einen Kaffee und unterhalten sich über den Film.

Sie lachen viel. Karl kauft Tina eine Rose.

Tina und Karl werden ins Kino gehen…

1

Peter

Was sind deine _____ Vorsätze für das Neujahr?

Maria

Ab morgen mache ich eine Diät. Ab morgen reduziere ich
meine Kalorien und mache _____ pro Woche Sport.
Ich gehe ins Fitness-Studio und melde mich an.

Das ist ein _____ Vorsatz.

2

Thomas

Ich _____ für 2 Monate bei einer
Firma in Amerika ein Praktikum machen.

Sophie

Du hast ein Praktikum bekommen? Glückwunsch!

Und dann werde ich mit einem Freund eine
Zugreise _____ .

3

Olaf

Wir werden wohl viel für unsere Umwelt tun
müssen. Sonst wird es in einer Million Jahren
keinen _____ mehr geben.

Alex

Du hast Recht. Wir werden wohl alle unseren
Beitrag für die Umwelt leisten _____ .

문화 읽기

🥨 독일 환경 보호 🥨

독일에서 현재의 심각한 문제를 설문 조사한 결과, 약 35%는 환경 보호라고 한다(2014년 자료). 그러나 실제로 환경 보호를 실행하는 것에는 어려움이 많다. 바이오 야채보다 가격이 저렴한 일반 야채를 사고, 대중교통도 이용하지만, 자동차를 많이 이용하고, 재생 가능한 에너지를 사용하는 것도 한계가 있다.

독일은 2011년 6월부터 노르트라인 베스트팔렌(Nordrhein-Westfalen NRW) 주의 기후 보호 스타트 프로그램(Klimaschutz-Start-Programm) 및 기후 보호 플랜(Klimaschutzplan)을 시행하고 있다.

그 후로 2015년 12월에는 기후보호법(Klimaschutzgesetz)이 의결되었고, 독일은 적극적인 기후 변화 대응 정책을 실행하고 있다.

2019년에 제정된 독일의 기후보호법은 2050년까지 탄소중립을 목표로 하고 2030년까지 1990년 대비 탄소배출량을 55% 감축해야 한다고 명시했다.

ECO CITY

LEKTION 23

비교 표현하기

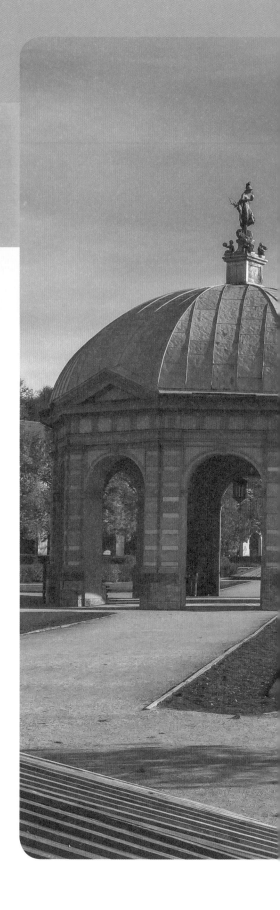

학습 목표
- □ 물건을 비교하기
- □ 자기 자랑하기
- □ 최상급 표현하기

문법
- □ 비교급, 최상급

문화
- □ 독일의 학교

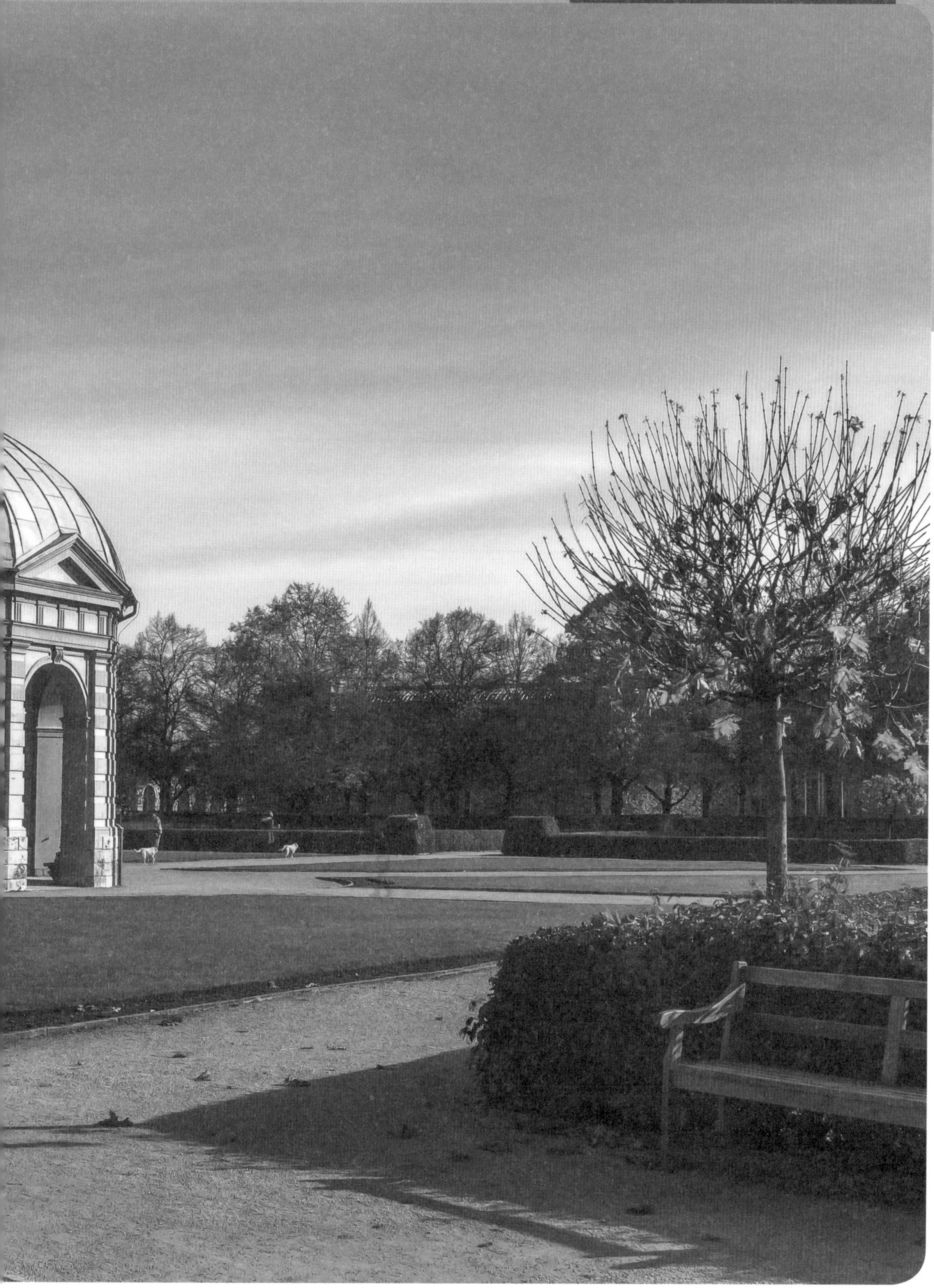

Jean : Lisa, schau mal, es gibt ein neues Handymodell.

Lisa : Ja, dieses Handy ist schneller, praktischer und moderner als alle Handys bisher.

Jean : Genau das, was du gesucht hast.

Lisa : Dann ist es bestimmt auch viel teurer als herkömmliche Handys.

Jean : Ja, du hast Recht. Es kostet ein Vermögen.

Lisa : Aber mein Handy ist schon so alt. Ich brauche ein neues.

쟌: 리사야, 봐, 새로운 핸드폰 모델이 나왔어.

리사: 현재 나와 있는 핸드폰보다 빠르고, 편리하고 세련됐어.

쟌: 네가 찾던 것이 바로 이거야.

리사: 그럼 틀림없이 일반 핸드폰보다 많이 비싸겠지.

쟌: 그래, 맞아. 매우 비싸.

리사: 하지만 내 핸드폰은 너무 낡았어. 나는 새로운 것이 필요해.

형용사의 비교 변화

1. 비교급

schnell	schneller	더 빠른
praktisch	praktischer	더 편리한
modern	moderner	더 세련된

불규칙 비교 변화

teuer	teurer	더 비싼

Ich laufe schnell. Mein Bruder läuft **schneller**.

나는 빨리 달린다. 우리 오빠는 더 빨리 달린다.

Das Mobiltelefon ist **praktischer** als ein Münztelefon.

핸드폰은 공중전화보다 더 편하다.

KEY POINT

• 형용사의 비교급은 -er로 표현한다.

기억하세요!

형용사 비교급은 두 가지를 비교하여 표현할 때 사용한다(이것은 …보다 …이다).

교체 연습

연습1)

Ich bin klein. Mein Bruder ist kleiner.
    dick   dicker

연습2)

Dein Handy ist billig. Mein Handy ist billiger.
Mein   teuer Sein   teurer

Kind 1 : Ich bin älter als du!

Kind 2 : Dafür bin ich klüger als du.

Kind 1 : Na, und? Mein Zimmer ist viel größer als dein Zimmer.

Kind 2 : Na, und? Dafür habe ich mehr Spielzeug als du.

Kind 1 : Aber ich bekomme mehr Taschengeld als du.

Mutter : Hört bitte auf, Kinder.

아이 1: 나는 너보다 나이가 더 많다.

아이 2: 그렇지만 나는 너보다 더 영리하다.

아이 1: 그래서? 내 방은 너의 방보다 훨씬 더 커.

아이 2: 그래서? 하지만 나는 너보다 장난감이 더 많아.

아이 1: 나는 용돈을 더 많이 받는다.

엄마: 애들아, 그만해라.

형용사의 비교 변화

2. a,o,u가 있는 단모음 형용사

alt	**ält**er	더 나이가 많은
klug	**klüg**er	더 영리한
groß	**größ**er	더 키가 큰

3. 불규칙적 비교급 형용사

viel	mehr	더 많은
gut	besser	더 잘
gern	lieber	더 좋은

KEY POINT

· 대부분 단모음 형용사는 모음 교체 현상으로 비교급을 쓴다.

VOKABEL

☐ dafür 그러나, 하지만
☐ klug 영리하다
☐ viel 많은
☐ das Spielzeug 장난감
☐ das Taschengeld 용돈
☐ aufhören 그만하다

기억하세요!

형용사 schmal(좁은), voll (꽉 찬)은 모음 교체 현상 없이 비교급을 쓴다.

schmal – schmaler

voll - voller

교체 연습

연습1)

Bist du älter als dein Bruder?

    jünger   deine Schwester

연습2)

Wir sprechen gut Deutsch.

Ihr sprecht besser

Simon : Ich mag Bayern München und FC Barcelona, aber am liebsten mag ich Manchester United.

Thomas : Manchester United ist dein Lieblingsverein? Ich finde diesen Verein auch gut. Aber am besten gefällt mir FC Sheffield. Er ist der älteste Fußballklub der Welt.

Simon : Magst du auch andere Sportarten?

Thomas : Ja, ich mag Leichtathletik und Tennis, aber am tollsten finde ich Eishockey.

Simon : Eishockey ist eine tolle Sportart. Ich kann leider nicht Eislaufen.

Thomas : Eislaufen ist das Einfachste. Du solltest es mal probieren.

시몬: 나는 바이에른뮌헨과 FC 바르셀로나를 좋아하는데 제일 좋아하는 팀은 맨체스터 유나이티드야.

토마스: 그래? 제일 좋아하는 축구팀이 멘체스터 유나이티드야? 나도 그 팀이 좋아. 하지만 제일 좋아하는 팀은 FC 셰필드야. 이 팀은 세계에서 제일 오래된 팀이야.

시몬: 너 다른 스포츠도 좋아하니?

토마스: 나는 육상과 테니스도 좋아하지만, 제일 멋진 것은 하키인 것 같아.

시몬: 맞아, 하키는 멋진 스포츠지. 하지만 나는 스케이트를 못 타.

토마스: 스케이트 타는 것은 제일 쉬운데. 한번 해 보지.

형용사의 비교변화

4. 최상급

원급	최상급	정관사+최상급	뜻
gern	am liebsten	der/die/das liebste	가장 좋아하는
gut	am besten	der/die/das beste	최고의
alt	am ältesten	der/die/das älteste	가장 오래된

KEY POINT

· 최상급은 적어도 세 가지 이상을 비교하는 것을 표현할 때 사용한다.

· 최상급은 -st 어미를 사용하여 만든다.

VOKABEL

☐ lieb 좋은
☐ die Mannschaft 팀
☐ der Fußballklub 축구팀
☐ die Sportart 스포츠
☐ die Leichtathletik 육상
☐ das Tennis 테니스
☐ das Eishockey 아이스하키

기억하세요!

nah(가까운)은 최상급에 c가 추가된다. nah-am nächsten

교체 연습

연습1)

Ich bin groß, mein Bruder ist größer, aber mein Vater ist am größten.
　　　klein meine Schwester kleiner 　meine Mutter 　kleinsten

연습2)

Ich glaube, es ist heute wärmer.
　　　　　　　　　am wärmsten

Fritz Büchner	Sehen Sie mal, es gibt ein neues Notebookmodell. Es ist schneller, kleiner und moderner als alle Notebooks bisher. Genau das, was ich gesucht habe.
Heinz Egger	Dann ist es bestimmt auch viel praktischer als herkömmliche Notebooks.
Fritz Büchner	Ja, Sie haben Recht. Und ich brauche unbedingt ein neues.

Heinz Egger	Ich mag Bayern München und FC Barcelona, aber am liebsten mag ich Manchester United.
Fritz Büchner	Manchester United ist Ihr Lieblingsverein? Ich finde diesen Verein auch gut. Aber am besten gefällt mir FC Sheffield. Er ist der älteste Fußballklub der Welt.

프리츠 뷔크너 : 보세요, 새로운 노트북 모델이 나왔어요.
현재 나와 있는 노트북보다 빠르고, 작고 세련되었습니다. 바로 제가 찾았던 거예요.
하인츠 에꺼 : 그럼 틀림없이 일반 노트북보다 더 편리하겠네요.
프리츠 뷔크너 : 네, 맞아요. 그리고 저는 꼭 새로운 노트북이 필요합니다.

하인츠 에꺼 : 저는 바이에른뮌헨과 FC 바르셀로나를 좋아하는데 제일 좋아하는 팀은 맨체스터 유나이티드예요.
프리츠 뷔크너 : 그래요? 멘체스터 유나이티드가 제일 좋아하는 축구팀이에요? 저도 그 팀이 좋아요. 그러나 제일 좋아하
는 팀은 FC 셰필드예요. 이 팀은 세계에서 제일 오래된 팀이에요.

VOKABEL

☐ Notebook 노트북

연습문제

ÜBUNG ① Hören (듣기)

듣고 단어를 쓰세요   🎧 Track 190

1. Das Leben ist zu zweit

2. Ich kaufe gern Gemüse auf dem Markt. Dort ist es

3. Du sprichst jetzt   Deutsch als vor zwei Monaten.

4. Klaus mag keine Zitronen. Die sind   .

5. Zu meinem Geburtstag wünsche ich mir die   Torte.

ÜBUNG ② Sprechen (말하기)

맞는 형식을 말해 보세요.

보기	schön	schöner	am schönsten	예쁜
1		dunkler		어두운
2			am teuersten	비싼
3	gut			좋은
4	schmutzig			더러운

250

ÜBUNG ③ Lesen (읽기)

다음을 읽고 비교급 형용사를 표시해 보세요.

Sabine erzählt von ihrer Familie

Meine Eltern heißen Paula und Otto. Mein Vater ist drei Jahre älter als meine Mutter. Ich habe noch einen Bruder, er heißt Armin, aber der ist jünger und kleiner als ich. Mein Bruder kann schon gut lesen, aber ich kann es besser. Mein Bruder spielt gerne mit Lego, aber ich lese lieber ein Buch. In der Schule bekommt er viele Hausaufgaben auf, aber ich bekomme mehr. Das liegt daran, dass ich älter bin. Jetzt ist es schon ganz schön spät geworden, ich erzähle euch später mehr von meiner Familie. Tschüss!

ÜBUNG ④ Schreiben (쓰기)

다음과 같이 비교급, 최상급을 사용하여 쓰세요.

Wurst schmeckt gut.

Hamburger schmeckt besser.

Schnitzel schmeckt am besten.

1.   Das Buch ist interessant.

2.   Mama tanzt gut.

3.   Der Namsan Tower ist hoch.

1

Jean

 Lisa, schau mal, es gibt ein neues Handymodell.

Lisa

 Ja, dieses Handy ist _____, praktischer und moderner als alle Handys bisher.

 Dann ist es bestimmt auch viel _____ als herkömmliche Handys.

2

Kind 1

 Ich bin älter als du!

Kind 2

 Dafür bin ich _____ als du.

 Na, und? Mein Zimmer ist viel größer als dein Zimmer.

 Na, und? Dafür habe ich mehr _____ als du.

3

Simon

 Ich mag Bayern München und FC Barcelona aber _____ mag ich Manchester United.

Thomas

 Manchester United ist dein Lieblingsverein? Ich finde diese Mannschaft auch gut. Aber _____ gefällt mir FC Sheffield. Er ist der älteste Fußballklub der Welt.

🥨 독일의 학교 🥨

독일에서 아이들 교육은 유치원부터 시작된다. 일반 유치원에서는 언어 능력을 촉진하고 인성을 기르고 사회성을 향상시키는 놀이 활동을 한다. 유치원 교육은 1년 의무 사항으로 주로 1살부터 만 5살까지 아이들이 한 반에서 함께 활동하며 서로 배우기도 하고 서로 도와주기도 한다.

해당 연도 6월 30일까지 만 6세가 된 아이들은 9월 초에 초등학교에 입학한다. 초등학교는 기초학교(Grundschule)라고도 하며 4년 동안 기초적인 교육을 하는 과정이다.

초등학교 4년을 마친 후에는 여러 가지 교육 과정이 있다(의무 교육은 10학년이다).

하우프트슐레(Hauptschule)는 5학년에서 9학년까지 이루어지며, 대학 진학을 목표로 하지 않고 직업을 배울 수 있는 기초 교육을 가르친다. 하우프트슐레를 졸업한 후 직업학교(Berufsschule)를 1년 간 다니며 직업에 필요한 교육을 받는다.

초등학교를 졸업한 후에 택할 수 있는 다른 길은 레알슐레(Realschule)이다. 5학년에서 10학년까지 이루어지며 상업, 사무 교육을 중심으로 하는 교육이다. 여기서는 일반적으로 2개의 외국어를 배우게 된다.

초등학교 이후에 대학 진학을 목표를 하는 학생들은 김나지움(Gymnasium)에 입학한다. 5학년부터 12학년까지 이루어지며 고등학교 졸업 시험(Abitur)과 함께 교육 과정을 완료한다. 고등학교지만 일반적으로 오전 수업만을 하고, 졸업장을 가지고도 일반적으로 원하는 대학에 진학할 수 있다.

LEKTION 24

이유, 결과
표현하기

학습 목표
- □ 저녁 식사 초대하기
- □ 인터넷에서 주문하기
- □ 조언하기

문법
- □ 부문장 접속사(dass, ob, damit / um zu)

문화
- □ 독일 사람들의 두려움과 소원

Olaf : Ich weiß, dass du viel zu tun hast.
Aber ich hoffe trotzdem, dass du heute ein
bisschen Zeit für mich hast.

Maria : Was willst du damit sagen?

Olaf : Ich finde, dass wir heute gemeinsam essen
gehen sollten. Und ich erwarte, dass du damit
einverstanden bist.

Maria : Gibt es einen besonderen Anlass heute?

Olaf : Ja, ich habe meine Prüfung bestanden.

Maria : Herzliche Gratulation! Ich denke, dass wir das
unbedingt feiern müssen.

올라프: 네가 바쁜 줄은 알아. 하지만 오늘 나를 위해 시간 좀 내 줬으면 해.

마리아: 무슨 말이야?

올라프: 오늘 우리 같이 외식하는 것이 좋겠어. 너도 찬성하기를 기대할게.

마리아: 오늘 특별한 이유가 있어?

올라프: 응, 나 시험에 합격했어.

마리아: 정말 축하해. 내 생각에 이것은 꼭 축제를 열어야 해.

부문장 : 문장의 주된 부분(주절)에 의존하는 절

부문장 접속사

1. ··· 것 dass
  – 말하기 동사 : sagen(말하다), berichten(보고하다)
  – 생각 표현 동사 : finden(···라고 생각하다), denken(생각하다),
    glauben(···라고 생각하다)
  – 소망 표현 동사 : hoffen(소망하다)
  – 기다리는 동사 : warten(기다리다), erwarten(기대하다)

KEY POINT
• dass는 동사를 보충하는 것으로 주절과 목적절의 부문장을 시작한다.
• 부문장의 동사는 항상 문장 끝에 위치한다.

VOKABEL
□ hoffen 소망하다
□ ein bisschen 좀, 약간
□ finden 생각하다
□ erwarten 기대하다
□ besonderer Anlass
  특별한 이유
□ Prüfung bestanden
  시험에 합격하다
□ feiern 축제를 벌이다

기억하세요!
dass는 실질적으로 의미가 없는 접속사다. 단지 주문장과 부문장을 연결시키는 역할을 한다.

교체 연습

연습1)

Ich wusste nicht, dass du heute eine Prüfung hast.
　　　　　　　　　　ihr　　　eine Vorlesung habt

연습2)

Der Student lernt fleißig. Der Lehrer weiß es. Der Lehrer weiß, dass der Student fleißig lernt.
Die Studentin　　nicht fleißig　　　　　　　　　　　　die Studentin nicht fleißig

Jean : Ich weiß nicht, ob du mir helfen kannst.
Ich möchte im Internet etwas bestellen.

Nina : Was brauchst du denn? Ich google es für dich.

Jean : Ich suche ein Buch mit Erklärungen der deutschen
Redewendungen. Ich frage mich, ob es so etwas
gibt.

Nina : Im Internet gibt es fast alles. Sehen wir nach, ob
es so ein Buch gibt.
Auf dieser Seite gibt es eine große Auswahl.
Willst du mal sehen, ob dir ein bestimmtes Buch
gefällt?

Jean : Ja, gerne. Kannst du mir auch bei der Bestellung
helfen?

Nina : Selbstverständlich.

잔: 나를 도와줄 수 있는지 모르
겠다. 인터넷에서 무엇을 주
문하고 싶은데.

니나: 뭐가 필요해? 구글에서
찾아볼게.

잔: 독일어 숙어가 설명된 책을
찾는데, 그런 책이 있는지
모르겠어.

니나: 인터넷에는 거의 모든 것이
있어. 이런 책이 있는지 보
자. 여기 페이지에 여러 개
가 있네. 마음에 드는 특별
한 책이 있는지 한번 볼래?

잔: 그래. 주문하는 것도 도와줄
수 있니?

니나: 당연하지.

부문장 접속사

1. … 인지 아닌지 ob
   - 알지 못하다 : keine Ahnung haben, nicht wissen
   - 묻다 : sich fragen
   - 확인하다 : nachforschen, prüfen
   - 궁금하다 : neugierig sein

KEY POINT

· 의문사가 없을 경우 ob 접속사가 부문장을 시작한다.

VOKABEL
- wissen 알다
- im Internet 인터넷에서
- googeln 구글 검색하다
- die Erklärung 설명
- die Redewendung 숙어
- fast alles 거의 모든 것
- große Auswahl 여러
- die Bestellung 주문
- selbstverständlich
  당연(하다)

기억하세요!

ob는 '~인지 아닌지' 잘 모
를 때 사용한다.

교체 연습

연습1)

Hast du deine Freundin gefragt, ob sie Zeit hat?
                         kommt

연습2)

Ich bin neugierig. Arbeitet er heute? Ich bin neugierig, ob er heute arbeitet.
          Kommst du   du   kommst

Jean : Ich habe mir ein Buch mit deutschen Redewendungen gekauft, damit ich meinen Wortschatz erweitern kann. Was kann ich noch tun, um mein Deutsch zu verbessern?

Thomas : Du kannst deutsches Radio und Podcasts hören, um deine Aussprache zu üben.

Jean : Danke für den guten Tipp.

Thomas : Übrigens, es gibt eine Gruppe von jungen Studenten und Studentinnen, die sich treffen, um Konversation zu üben. Hast du Interesse?

Jean : Ja, sehr großes Interesse sogar. Danke, dass du mir hilfst, damit mein Deutsch besser wird.

Thomas : Bitte. Ich sehe, du gibst dir viel Mühe, um Deutsch zu lernen.

잔: 어휘력을 늘릴 수 있도록 독일어 숙어에 대한 책을 샀어. 독일어 실력을 향상 시키기 위해 할 수 있는 것이 또 무엇이 있을까?

토마스: 발음을 연습하기 위해 독일 라디오 방송과 팟캐스트를 들을 수 있지.

잔: 좋은 조언 고마워.

토마스: 그건 그렇고, 젊은 대학생들의 그룹이 있는데, 회화를 연습하기 위해 만나고 있어. 관심 있어?

잔: 그럼, 관심 많지. 내 독일어 실력이 향상될 수 있도록 도와줘서 고마워.

토마스: 당연하지. 독일어 배우려고 많은 노력을 하는 것 같네.

부문장 접속사

3. … 위해 damit / um zu

Ich arbeite fleißig, **damit** ich Geld verdiene.
damit을 사용할 때 부문장 두 번째 위치에 주어가 있고 동사는 마지막 위치에 쓰인다.

Ich arbeite fleißig, **um** Geld **zu** verdienen.
um을 사용할 때 부문장에는 zu와 동사원형이 마지막 위치에 쓰인다.

Ich arbeite fleißig, **damit** wir Geld haben.
주문장과 부문장의 주어가 다를 경우에는 um zu를 사용하지 못한다.

VOKABEL

- erweitern 늘리다, 증가하다
- verbessern 향상시키다
- das Podcast 팟캐스트
- die Aussprache 발음
- übrigens 그것은 그렇고
- üben 연습하다
- der Tipp 조언
- die Konversation 회화
- das Interesse 관심

기억하세요!

'왜?, 무슨 이유로?'로 질문할 때 damit/um zu를 쓴다.

교체 연습

연습1)

Ich fahre mit dem Fahrrad, damit ich schneller zur Uni komme.

| Ihr fährt | Auto | ihr besser | kommt |

연습2)

Thomas hilft Jean. Sein Deutsch wird besser. Thomas hilft Jean, damit sein Deutsch besser wird.

| Lisa | Olaf | | Lisa | Olaf |

Fritz Büchner	Ich finde, dass wir heute gemeinsam essen gehen sollten.
Helga Moser	Gibt es einen besonderen Anlass?
Fritz Büchner	Ja, ich wurde befördert.
Helga Moser	Herzliche Gratulation! Ich denke, dass wir das unbedingt feiern müssen.

Helga Moser	Ich weiß nicht, ob Sie mir helfen können. Ich möchte im Internet etwas bestellen. Ich suche ein koreanisches Kochbuch. Ich frage mich, ob es so etwas gibt.
Fritz Büchner	Ich google es für Sie. Im Internet gibt es fast alles.
Helga Moser	Ich möchte so ein Buch, damit ich meine Kochkünste verbessern kann.
Fritz Büchner	Ich helfe Ihnen, um dann leckere Speisen kosten zu können.

헬가 모서 : 오늘 특별한 이유가 있어요?
프리츠 뷔크너 : 네, 제가 승진했습니다.
헬가 모서 : 정말 축하드립니다. 제 생각에 이것은 꼭 축제를 벌여야 하겠네요.

헬가 모서 : 저를 도와주실 수 있는지 모르겠습니다. 인터넷에서 무엇을 주문하고 싶은데요. 한식 요리책을 찾고 있습니다.
　　　　　그런 책이 있는지 모르겠네요.
프리츠 뷔크너 : 구글에서 찾아볼게요. 인터넷에는 거의 모든 것이 있죠.
헬가 모서 : 그런 책을 사서 요리 실력을 좀 향상시키고 싶습니다.
프리츠 뷔크너 : 저는 맛있는 음식을 맛볼 수 있도록 도와드릴게요.

VOKABEL

□ **befördert werden** 승진하다　　□ **Kochkünste verbessern** 요리 실력이 향상하다　　□ **kosten** 맛보다

ÜBUNG ❶ Hören (듣기)

듣고 단어를 쓰세요 🎧 Track 198

1. Anna fragt,   du heute Zeit hast.

2. Simon sagt,   er heute eine wichtige Prüfung hat.

3. Ich weiß nicht,   wir heute wirklich einen Ausflug machen.

4. Olaf kauft sich ein Auto,   er schneller in die Arbeit kommt.

5. Du musst mehr essen,   groß zu werden.

ÜBUNG ❷ Sprechen (말하기)

문장을 연결해서 써 보세요.

> **보기**   Ich fahre zum Bahnhof. Ich hole meine Mutter ab.
>
> Ich fahre zum Bahnhof, um meine Mutter abzuholen. /
> damit ich meine Mutter abhole

1. Peter googelt im Internet. Er kauft sich ein Wörterbuch.

                                                  .

2. Lisa arbeitet fleißig. Sie verdient Geld für den Urlaub.

                                                  .

3. Wir lernen Deutsch. Wir reisen im Sommer nach Deutschland.

                                                  .

4. Thomas geht auf den Sportplatz. Er spielt dort Fußball.

                                                  .

ÜBUNG ③ Lesen (읽기)

다음을 읽고 um zu, damit, dass를 표시해보세요.

Ich habe morgen einen Termin bei der Firma Q, um mich vorzustellen. Ich hätte gern ein paar Tipps, um mich besser vorzubereiten.

- Du musst auf jeden Fall gut gekleidet sein, damit du einen guten, ersten Eindruck machst. Am besten ziehst du einen Anzug an. Überlege dir Fragen, die der Chef dir stellen könnte. Wie zum Beispiel: Was sind Ihre Stärken? Oder: was würden Sie tun, um den Teamgeist zu stärken?

Glaubst du, dass ich es morgen schaffe, im Interview zu überzeugen?

- Ich bin mir sicher, dass du es schaffen kannst. Geh heute früh ins Bett, damit du ausgeschlafen bist. Und stell dir unbedingt den Wecker, damit du pünktlich bist.

ÜBUNG ④ Schreiben (쓰기)

두 문장을 연결해서 쓰세요.

1. Ich denke. Deutsch ist sehr interessant (dass)

2. Wir fragen. Sehen wir uns wieder (ob)

3. Ich arbeite heute fleißig. Ich kann morgen mitkommen (damit)

4. Meine Mutter meint. Ich bin krank. (dass)

5. Ich fliege nach Deutschland. Ich mache einen Sprachkurs (um zu)

복습하기

Olaf

Ich weiß, dass du viel zu tun hast. Aber ich _____ trotzdem, dass du heute ein bisschen Zeit für mich hast.

Maria

Was willst du damit sagen?

Ich _____, dass wir heute gemeinsam essen gehen sollten. Und ich erwarte, _____ du damit einverstanden bist.

Jean

Ich weiß nicht, _____ du mir helfen kannst. Ich möchte im Internet etwas bestellen.

Nina

Was brauchst du denn? Ich google es für dich.

Ich suche ein Buch mit Erklärungen der _____. Ich frage mich, ob es so etwas gibt.

Im _____ gibt es fast alles.

Jean

Ich habe mir ein Buch mit deutschen Redewendungen gekauft, _____ ich meinen Wortschatz erweitern kann. Was kann ich noch tun, _____ mein Deutsch zu verbessern?

Thomas

Du kannst deutsches Radio und Podcasts hören, um deine _____ zu üben.

🥨 독일 사람들의 두려움과 소원 🥨

요즘 독일 사람들의 가장 큰 두려움은 테러리즘과 정치적인 공포다. 독일 사람의 3/4이 테러를 두려워하고 있다는 것은 놀라운 결과다. 독일 사람의 67%가 피난민이 독일 지역으로 유입되기 때문에 상황이 더 나빠지고 있다고 생각한다.

요정이 와서 3가지 소원을 말해 보라고 했을 때 독일 사람들은 뭐라고 대답을 할까? 설문 조사에 따르면 1위는 건강이다(자신의 건강과 가족들의 건강). 2위는 로또 당첨은 아니지만 그냥 돈 걱정 없이 살 수 있는 만큼의 돈이다. 그리고 3위는 가족의 행복과 화목이었다.

정말로 요정이 있어서 독일 사람의 소원을 들어 주려고 해도 매우 평범하고 재미 없어서 요정이 하품을 하겠다는 말도 있다.

부록

- LÖSUNGEN 정답
- 독일어 필수 어휘 / 예문

LEKTION 도입

ÜBUNG ① 듣기

1. mag (좋아하다)

2. Österreich (오스트리아)

3. Qualle (해파리)

4. Lift (엘리베이터)

5. Deutschland (독일)

LEKTION 1

ÜBUNG ① 듣기

1. Guten Morgen. Ich bin Julia.

2. Guten Tag. Mein Name ist Peter Müller.

3. Hallo. Ich bin Lisa Frank. Und wer sind Sie?

4. Wer bist du?

5. Auf Wiedersehen.

ÜBUNG ② 말하기

1. Hallo, ich bin (자기 이름).

2. Guten Morgen. Ich bin (자기 이름).

3. Auf Wiedersehen, Frau Fischer.

4. Ich bin (자기 이름). Wer bist du?

5. Tschüs. Bis bald.

ÜBUNG ③ 읽기

[해석]

1. 나는 ~이다, 너는 ~이다, 그는 ~이다, 그녀는 ~이다, 그것은 ~이다, 우리는 ~이다, 너희는 ~이다, 그들은 ~이다

2. 나는 ~라고 불린다(라고 한다), 너는 ~라고 불린다, 그는 ~라고 불린다, 그녀는 ~라고 불린다, 그것은 ~라고 불린다, 우리는 ~라고 불린다, 너희는 ~라고 불린다, 그들은 ~라고 불린다

3. (당신을) 만나서 반가워요. (너를) 만나서 반가워.

4. 너는 누구니? 누구세요?

5. 안녕하세요(아침 인사), 안녕하세요(하루 종일 인사), 안녕하세요(저녁 인사), 안녕히 주무세요.

6. 안녕히 가세요, 안녕, 곧 다시 만나요.

ÜBUNG ④ 쓰기

1. Guten Tag.

2. Tschüs.

3. Gute Nacht.

4. Ich bin (자기 이름).

5. Ich bin (자기 이름).

LEKTION 2

ÜBUNG ① 듣기

1. Woher kommst du?

2. Ich komme aus Deutschland.

3. Wie geht's?

4. Ich heiße Thomas.

5. Freut mich, dich kennenzulernen.

ÜBUNG ② 말하기

1. Ich heiße (자기 이름).

2. Ich komme aus Korea.

3. Danke, gut. Und wie geht es dir?

4. Freut mich auch.

ÜBUNG ③ 읽기

[해석]

1. 파리, 리옹, 런던, 로마, 서울, 동경, 뉴욕

2. 나는 ~오다, 너는 ~오다, 그는 ~오다, 그녀는 ~오다, 그것은 ~오다, 우리는 ~오다, 너희는 ~오다, 그들은 ~오다

3. 나 – 나에게, 너 – 너에게, 그/그녀/그것 –그/그녀/그것에게, 우리 – 우리에게, 너희 – 너희에게, 그들 – 그들에게

4. 너는 어떻게 지내? 그는 어떻게 지내니? 그녀는 어떻게 지내니? 저희는 어떻게 지내니? 그들은 어떻게 지내니?

5. 이탈리아, 영국, 독인, 한국, 미국, 프랑스

ÜBUNG ④ 쓰기

1. Wie geht es dir?

2. Kommst du aus Korea?

3. Herr Bauer, wie geht es Ihnen?

4. Ich heiße Minho Choi.

5. Hallo, mein Name ist Olaf. Ich komme aus Schweden.

LEKTION 3

ÜBUNG ① 듣기

1. Was ist das? Das ist ein Auto.

2. Ich habe eine Flasche Wasser und ein Heft.

3. Hast du ein Fahrrad? Nein, aber ich habe ein Auto.

4. Was ist das? Das sind Bücher.

5. Schau mal, das Kleid ist kurz und schön.

ÜBUNG ② 말하기

1. Das ist ein Kleid.

2. Ich habe ein Auto und ein Fahrrad.

3. Ich brauche ein Buch.

4. Das Auto ist groß.

ÜBUNG ④ 쓰기

1. die Tasche
2. der Bleistift
3. das Handy
4. die Zeitung
5. die Schuhe
6. der Ball
7. die Schere
8. der Computer
9. die Uhr

LEKTION 4

ÜBUNG ① 듣기

1. A: Wer ist das?

   B: Das ist meine Schwester

2. A: Wie heißt sie?

   B: Sie heißt Anne-Marie.

3. A: Und was macht sie?

   B: Sie ist Studentin. Sie studiert Germanistik.

ÜBUNG 말하기

1. Ich studiere Germanistik.
2. Er studiert Wirtschaft.
3. Hallo, lange nicht gesehen.
4. Ich warte auf meine Freundin.

ÜBUNG 3 읽기

[해석]
안녕 클라우스,
독일에서 안부를 보내.
나는 베를린에 와 있어.
최고야!
우리 오빠가 여기서 의학을 공부하거든.
너는 어떻게 지내? 우리 곧 만나자!
에바가

ÜBUNG 4 쓰기

1. Was studierst du?
2. Was macht Herr Fischer hier?
3. Das sind meine Eltern.
4. Mein Freund kommt aus Korea.

LEKTION 5

ÜBUNG 1 듣기

1. Ich habe einen Hund.
2. Wohnst du auch bei deinen Eltern?
3. Hier ist das Bad und hier die Küche.
4. Gefällt dir die Wohnung?
5. Gefällt Ihnen das Haus?

ÜBUNG 말하기

1. Nein, ich wohne bei meinen Eltern.
2. Ja, wir haben einen Hund.

3. Natürlich. Der Balkon ist hier.
4. Ja. Die Wohnung gefällt uns.

ÜBUNG 쓰기

1. Meine Eltern haben ein großes Haus.
2. Sie haben ein großes Haus und einen Garten.
3. Du hast eine Lampe und ein Bild.

LEKTION 6

ÜBUNG 1 듣기

1. Haben Sie Brot und Milch?
2. Dann möchte ich 100g Käse, bitte.
3. Sind das Pfirsiche? Nein, das sind doch keine Pfirsiche.
4. Haben Sie Kartoffeln? Ja, wie viel möchten Sie?
5. Haben Sie einen Liter Milch?

ÜBUNG 말하기

1. Ja, wir haben Kartoffeln.
2. Nein, wir brauchen kein Obst.
3. Eine Wassermelone kostet 5 Euro.
4. Nein. Das ist alles.

ÜBUNG 읽기

[해석]
프리돌린와 안토니야는 놀고 먹는 나라에서 산다. 나무에 소시지, 창문에는 막대 사탕이 달려 있고 어디나 솜사탕이 있다. 수도에서는 레모네이드가 흘러나오고 모든 집들은 쿠키로 만들어졌다.

ÜBUNG ④ 쓰기

1. Ich möchte 100g Käse und einen Laib Brot.

2. Haben Sie Tomaten und Gurken?

3. Wir brauchen noch Milch und Käse.

4. Ich kaufe Obst und Gemüse im Supermarkt.

LEKTION 7

ÜBUNG ① 듣기

1. Kurz nach 10 Uhr kaufe ich im Supermarkt ein.

2. Um 16 Uhr gehe ich mit meinem Freund ins Kino und dann essen wir Pizza.

3. Möchtest du auch kommen? Ja gern. Aber ich kann erst um halb 2.

4. Wann gehst du schlafen? Um 23 Uhr.

5. Meine Vorlesung beginnt um halb 9.

ÜBUNG ② 말하기

1. Ich stehe normalerweise um 7 Uhr auf.

2. Das geht nicht. Ich habe keine Zeit.

3. Um 13 Uhr habe ich einen Termin.

4. Danke, dir auch.

ÜBUNG ③ 읽기

[해석]

안녕 리자. 오늘 뭐 하니? 나는 오전에 쇼핑 가. :)
우리 11시에 카페에서 만날까?
문자 보내 줘. 율리아.

안녕 율리아. 나는 오늘 11시 30분까지 강의가 있어. 12시에 만날 수 있어. 기대가 된다. 이야기할 것이 많아!!! 리자

ÜBUNG ④ 쓰기

1. kurz nach zehn / zehn Uhr drei

2. halb sieben / sechs Uhr dreißig

3. zehn vor drei / zwei Uhr fünfzig

4. viertel nach zwölf / zwölf Uhr fünfzehn

5.  2시 45분

6.  11시 47분

7.  4시 25분

8.  8시 58분

LEKTION 8

ÜBUNG ① 듣기

1. Ich habe Hunger. Was essen wir heute?

2. Fährst du nicht nach München?

3. Ich habe keine Lust. Ich will heute nicht.

4. Meine Hobbies sind Computer spielen und lesen.

5. Ich mag das Hallenbad. Ich schwimme gerne.

ÜBUNG ② 말하기

1. Mein Hobby ist Lesen.

2. Doch, Ich spiele wirklich gern Basketball.

3. Nein, ich will nicht Klavier spielen.

4. Ja, ich habe Hunger.

ÜBUNG ③ 읽기

[해석]

1. 생각을 조심해라 – 생각은 행동의 시작이다.

2. 없는 것을 생각하지 말고, 있는 것을 기억하세요. (마크 아우렐)

3. 우리가 사용할수록 커지는 것은 오직 사랑입니다.

4. 사람의 진실된 직업은 자신을 찾는 것입니다. (헤

르만 헤세)

ÜBUNG ④ 쓰기

1. Doch, ich fahre zu meinen Eltern.

2. Ich esse einen Salat.

3. Ja, ich schwimme gerne.

4. Nein, ich will nicht Fußball spielen.

LEKTION 9

ÜBUNG ① 듣기

1. Am Mittwoch gibt es eine Schulaufführung.

2. Was kannst du spielen? Ich kann Geige spielen.

3. Kann jemand singen? Anja kann gut singen.

4. Aber nur privat. Nicht vor einem großen Publikum.

5. Keine Sorge. Ich möchte auch etwas auf dem Klavier vorspielen.

ÜBUNG ② 말하기

1. Ja, ich kann Klavier spielen.

2. Ach, ich weiß nicht.

3. Ich möchte mich nicht blamieren.

4. Okay, das finde ich einen Versuch wert.

ÜBUNG ③ 읽기

[정답]

Ina, Peter, Tim, Karin, Anna, Rudolf, Carmen, Emil

[해석]

누가 어떤 자리에 앉았나요?

Tim은 Karin와 Peter 사이에 앉았다.

Emil은 Anna 옆이 아닌 자리에 앉았다.

Carmen은 Emil과 Rudolf 사이에 앉았다.

Karin과 Ina 사이에 2명이 앉았다.

Rudolf는 Ina 옆이 아닌 자리에 앉았다.

Anna는 Karin 오른쪽에 앉았다.

ÜBUNG ④ 쓰기

1. Aber es sind bestimmt viele Leute dort.

2. Ich möchte schon, aber ich traue mich nicht.

3. Ich kann ein bisschen Gitarre spielen.

4. In Ordnung, ich überlege mir es.

LEKTION 10

ÜBUNG ① 듣기

1. Ich unterrichte Deutsch in einer Oberschule. Und du?

2. Ich arbeite für die Zeitung. Ich bin Journalistin.

3. Ich spreche Englisch und Französisch und arbeite gern im Service.

4. Was bist du von Beruf? Ich bin Programmiererin.

5. Lebenslauf, Bewerbungsschreiben, Zeugnisse und Empfehlungsschreiben.

ÜBUNG ② 말하기

1. Mein Traumberuf ist Professor.

2. Ich bin Lehrer.

3. Ich arbeite seit 2 Jahren.

4. Ich studiere seit 3 Jahren.

ÜBUNG ③ 읽기

[정답]

Hausfrau

[해석]

A: 직업이 뭐예요?

B: 저는 100개의 직업이 있어요.

A: 네? 어떻게 100개의 직업이 있을 수 있나요?

B: 정말이에요. 100가지 일을 해야 합니다.

　요리, 청소, 정리, 빨래, 바느질, 운전…

A: 그럼 돈은 많이 버시겠네요.

B: 아쉽게도 돈은 한 푼도 못 받아요.

A: 어디에서 일하세요?

B: 집에서요. 저는 …. 입니다.

ÜBUNG ④ 쓰기

Lehrer, Pilot, Bauer, Sänger, Journalist, Angestellte, Flugbegleiter, Architekt, Beamtin, Hausfrau, Krankenschwester

LEKTION 11

ÜBUNG ① 듣기

das Auge

die Nase

das Ohr

der Mund

der Arm

das Bein

der Fuß

die Hand

der Hals

die Schulter

ÜBUNG ② 말하기

1. Ich habe Schulterschmerzen.

2. Ich muss zum Arzt.

3. Das passt sehr gut.

4. Ich soll Tabletten nehmen und zu Hause bleiben.

ÜBUNG ③ 읽기

[해석]

볼프강 하우저, 일반 의학 전문병원입니다. 진료는 월요일부터 목요일 9시부터 오후 1시 그리고 2시부터 저녁 6까지합니다. 금요일은 9시부터 12시까지입니다. 예약이나 다른 문의는 0987/3082317로 해 주세요.

ÜBUNG ④ 쓰기

S	G	D	N	O	P	D	X	D	D	M	U	N	T	Z	S	G
H	V	X	L	M	U	N	D	F	S	P	O	O	W	A	H	V
R	V	O	K	B	E	K	Y	D	W	W	K	A	Y	M	R	V
O	Z	N	W	A	C	K	X	J	S	S	H	G	Z	G	O	Z
K	I	W	H	U	X	L	A	U	G	E	N	A	R	M	K	I
L	F	Q	O	C	C	B	U	Q	G	M	Q	O	L	H	L	F
M	W	L	F	H	M	L	V	M	J	F	G	H	G	D	M	W
E	I	J	H	Q	W	T	W	C	R	I	G	R	M	R	E	I
H	Y	U	T	S	F	U	S	S	W	N	Q	E	P	Y	H	Y
R	D	L	H	O	O	S	V	O	N	G	D	N	R	R	R	D
V	H	Ä	N	D	E	Y	L	Q	V	E	I	P	R	R	V	H
K	B	K	O	A	R	D	U	V	L	R	W	O	G	P	K	B
R	S	H	P	U	I	K	Z	V	M	U	W	I	P	N	R	S
G	I	U	Q	K	O	P	F	M	S	Z	T	T	O	P	G	I
J	O	O	B	E	I	N	E	P	F	G	Y	P	P	I	J	O

Mund, Bauch, Augen, Arm, Ohren, Finger, Fuss, Hände, Kopf, Beine

LEKTION 12

ÜBUNG 1 듣기

1. Peter: Ich möchte am Mittwoch nach Dresden fahren. Ich möchte zur TU Dresden. Willst du mitkommen?

2. Nina: Nein, ich fahre mit Freundinnen nach München. Wir gehen zum Oktoberfest.

3. Helga Moser: Ich möchte am Wochenende nach Berlin fliegen. Es gibt eine Ausstellung in der Galerie Royal.

4. Simon und Maria: Wir haben in London ein Zimmer reserviert. Wir fliegen nächste Woche nach London und machen dort Urlaub.

ÜBUNG 2 말하기

1. Ich möchte am Wochenende nach….

2. Wir übernachten in einem Hotel.

3. Ja, wir haben noch ein Doppelzimmer frei.

4. 10 Euro pro Person.

5. Nein, man darf hier nicht fotografieren.

ÜBUNG 3 읽기

[해석]

베를린은 독일의 수도이며 350만 명의 인구가 살고 있는 도시이다. 1788~1791년 사이에 건축된 브란덴부르크 문(Brandenburger Tor)은 베를린의 상징물이며 동서 통일의 표징이기도 하다. 베를린의 다른 관광 명소로는 베를린 독일제국 의사당(Reichstagsgebäude),

TV 타워(Fernsehturm), 샤를로텐부르크 성(Schloss Charolttenburg)와 베벨 광장(Bebelplatz) 등이다.

ÜBUNG 4 쓰기

1. Hier darf man nicht rauchen.

2. Hier darf man nicht essen.

3. Hier darf man nicht telefonieren.

4. Hier darf man nicht Eis essen.

LEKTION 13

ÜBUNG 1 듣기

1. Anna: Falsch

2. Simon: Richtig

3. Frau Moser: Falsch

4. Olaf: Richtig.

ÜBUNG 2 말하기

1. Meine Lieblingsfarbe ist gelb.

2. Mein Lieblingsessen ist Bratwurst.

3. Mein Lieblingsgetränk ist Orangensaft.

ÜBUNG 3 읽기

1. Grün, grün, grün sind alle meine Kleider;
   내 옷은 모두 초록색
   grün, grün, grün ist alles was ich hab.
   내가 가진 모든 것은 초록색
   Darum lieb ich alles, was so grün ist,
   내가 초록색을 좋아하는 것은
   weil mein Schatz ein Jäger ist.
   내 연인이 사냥꾼이기 때문이지.

2. Rot, rot, rot sind alle meine Kleider;
   내 옷은 모두 빨간색
   rot, rot, rot ist alles was ich hab.
   내가 가진 모든 것은 빨간색

Darum lieb ich alles, was so rot ist,

내가 빨간색을 좋아하는 것은

weil mein Schatz ein Reiter ist.

내 연인이 말 타는 사람이기 때문이지.

3. Blau, blau, blau sind alle meine Kleider;

내 옷은 모두 파란색

blau, blau, blau ist alles was ich hab.

내가 가진 모든 것은 파란색

Darum lieb ich alles, was so blau ist,

내가 파란색을 좋아하는 것은

weil mein Schatz ein Matrose ist.

내 연인이 선원이기 때문이지.

4. Schwarz, schwarz, schwarz sind alle meine Kleider; 내 옷은 모두 검은색

schwarz, schwarz, schwarz ist alles was ich hab. 내가 가진 모든 것은 검은색

Darum lieb ich alles, was so schwarz ist,

내가 검은색을 좋아하는 것은

weil mein Schatz ein Schornsteinfeger ist. 내 연인이 굴뚝 청소부이기 때문이지.

5. Weiß, weiß, weiß sind alle meine Kleider;

내 옷은 모두 하얀색

weiß, weiß, weiß ist alles was ich hab.

내가 가진 모든 것은 하얀색

Darum lieb ich alles, was so weiß ist,

내가 하얀색을 좋아하는 것은

weil mein Schatz ein Müller ist.

내 연인이 제분업자이기 때문이지.

6. Bunt, bunt, bunt sind alle meine Kleider;

내 옷은 모두 알록달록

bunt, bunt, bunt ist alles was ich hab.

내가 가진 모든 것은 알록달록

Darum lieb ich alles, was so bunt ist,

내가 알록달록한 것을 좋아하는 것은

weil mein Schatz ein Maler ist.

내 연인이 화가이기 때문이지.

ÜBUNG 4 쓰기

1. die Hose

2. das Kleid

3. der Rock

4. das Schnitzel

5. die Spaghetti

6. die Pommes

LEKTION 14

ÜBUNG 1 듣기

Hallo Hans,

ich feiere meinen Geburtstag und möchte Dich zu meiner Geburtstagsparty einladen. Am Samstag, den 30. Februar um 15 Uhr im Café Altstadt.

Es gibt Kaffee und Kuchen. Bitte sag mir bis zum 25. Februar Bescheid, ob Du kommst. Ich hoffe, dass wir uns auf meiner Geburtstagsparty sehen.

Liebe Grüße,

Irene

ÜBUNG 2 말하기

1. Mein Geburtstag ist am 20. Dezember.

2. Ja. Ich mache eine Geburtstagsparty.
   Nein, ich mache keine Geburtstagsparty.

3. Ich feiere mit meinen Freunden/ mit meiner Familie.

4. Ich möchte ein neues Handy.

ÜBUNG 3 읽기

[해석]

플로리안은 1월 1일에 생일이다. 그래서 토요일에 생

일 파티를 한다. 그는 파티를 준비한다. 파티는 오후 2시에 시작한다. 그의 친구들 리하르드와 마틴이 그를 도와준다. 플로리안의 엄마는 피자와 케이크를 만든다. 선물로 책 몇 권, CD 몇 장과 게임을 받는다. 그는 매우 즐거워한다.

ÜBUNG ④ 쓰기

1. Ich kann leider nicht kommen, denn ich bin krank.
2. Am Samstag habe ich keine Zeit, denn meine Mutter hat Geburtstag.
3. Morgen kann ich nicht, denn ich muss für meine Prüfung lernen.

LEKTION 15

ÜBUNG ① 듣기

1. Apfel
2. drei Tische
3. ein Schlüssel
4. zehn Tomaten
5. ein Kuli

ÜBUNG ② 말하기

1. Ja, ich gehe gerne in den Zoo.
   Nein, ich gehe nicht gerne in den Zoo.
2. Ich kenne Hunde, Katzen, Pferde, Schafe, Elefanten,…
3. Mein Lieblingstier ist der Löwe.
4. Ich mag Insekten nicht.

ÜBUNG ③ 읽기

[해석]
사과는 겨울철에도 있기 때문에 독일에서 인기 있는 과일이다. 또한 다양하게 먹을 수 있다(구운 사과, 사과파이 또는 사과소스). 사과는 건강에 좋고 비타민이 많이 들어 있다. 독일에서만 사과 종류가 2,000종이 넘는다. 민간요법에서는 쉰 목소리, 배탈과 메스꺼움에 사과가 도움이 된다고 한다.

ÜBUNG ④ 쓰기

der Affe	die Affen
das Känguru	die Kängurus
der Pinguin	die Pinguine
das Kamel	die Kamele
der Hund	die Hunde
das Schaf	die Schafe
die Katze	die Katzen
die Maus	die Mäuse
das Krokodil	die Krokodile
der Elefant	die Elefanten

LEKTION 16

ÜBUNG ① 듣기

1. Die Musik ist zu laut. Bitte schalte das Radio aus.
2. Unser Freund ist krank. Besucht ihn doch.
3. Hier ist der Zoo. Steigt hier aus.
4. Ich möchte ins Kino gehen. Dann komm doch mit.
5. Es ist schon 23 Uhr. Geh schnell nach Hause.

ÜBUNG ② 말하기

1. Iss doch etwas.
2. Besuch doch einen Kurs.
3. Schlaft doch.
4. Schau doch unter den Tisch.

ÜBUNG ③ 읽기

[해석]

"조심해!" 명령형이 없더라면…… 다른 사람과 같이 위험한 절벽에 서 있다고 상상해 보세요. 그리고 다른 사람이 곧 넘어질 것이 보인다고 해 봐요.

"조심하세요"라는 명령형이 없더라면 말할 수 없고, "절대 조심해야 합니다!"라고 해야 될 것 같아요. 그런데 이 말은 너무 길어서 다른 사람은 결국 듣기 전에 이미 떨어졌을 것입니다.

ÜBUNG ④ 쓰기

1. mit dem Auto / nach Hause / zur Universität
2. ein Brot / dein Mittagessen / nicht so viel
3. eure Großeltern / euren Lehrer / den Freund
4. nicht so viel Bier / viel Tee / mehr Saft
5. deine Arbeit / schnell / deine Prüfung

LEKTION 17

ÜBUNG ① 듣기

1. Renate schminkt sich. Sie schminkt ihre Augen und ihren Mund.
   Dann zieht sie sich an. Sie zieht einen Rock und einen Pulli an.
   Sie beeilt sich.
2. Markus wäscht sich. Dann kämmt er sich und zieht sich um. Er zieht eine Hose an. Er macht sich auf den Weg.
3. Heidi freut sich. Sie hat heute Geburtstag. Sie freut sich über die Bücher. Sie interessiert sich für Geschichte. Sie unterhält sich mit Opa über Geschichte.

ÜBUNG ② 말하기

1. Rock, Hose, Bluse, Hemd, Jacke, Mantel

2. Freunde, Freundin, Eltern, Lehrer, Oma, Arzt
3. Musik, Zeitung, Bücher, Geschichte, Fußball, Reisen
4. Füße, Hände, Gesicht, Beine, Haare

ÜBUNG ③ 읽기

[정답]

Auf der Straße treffen sich zwei Männer. Der eine sitzt müde auf einem Stein, denn er ist lahm. Der andere tastet sich langsam vorwärts, denn er ist blind. Der Lahme sieht den Blinden.

"Ich bin lahm und schwach. Ich kann mir keine Arbeit finden, weil man mich nicht haben will."

Der Blinde hört die Worte des Lahmen. Da hat er eine Idee.

"Komm, Bruder", sagt er. "Setz dich auf mich, ich bin stark. Ich trage dich auf den Schultern und du zeigst mir den Weg."

Der Lahme setzt sich auf die Schultern des Blinden. Nun machen sie sich zusammen auf den Weg. Allein ist jeder hilflos. Aber zusammen kommen sie gemeinsam ans Ziel.

[해석]

길에서 남자 두 명이 만난다. 한 명은 걷지 못해 바위 위에 앉아 있다. 한 명은 앞이 보이지 않아 천천히 앞으로 걷고 있다. 절름발이가 장님을 보고 말한다. "나는 걷지 못하고 힘이 없어요. 나를 쓰는 사람이 없어 일도 없고요."

장님은 그 말을 듣고 좋은 생각이 떠올린다.

"형제여, 내 위에 앉으세요. 저는 강합니다. 어깨 위에 앉아서 저에게 길을 가르쳐 주세요."

절름발이는 장님의 어깨 위에 앉는다. 이제 같이 가

기 시작한다. 각자 혼자는 할 수 없다. 하지만 같이 목표를 이룰 수 있다. (레씽 신화 중에서)

ÜBUNG ❹ 쓰기

1. dich

2. sich

3. mich

4. uns

5. euch

LEKTION 18

ÜBUNG ❶ 듣기

1. Die kleine Lisa ist mit ihrer Mutter nach Dresden gefahren.

2. In Italien haben wir jeden Tag Pizza gegessen.

3. Wann bist du gestern nach Hause gekommen?

4. Letzte Woche habe ich meinen Onkel in Brüssel besucht.

5. Was hast du gemacht?

ÜBUNG ❷ 말하기

1. Ich habe gestern den ganzen Tag geschlafen.
   Ich bin gestern in die Bücherei gegangen.

2. Ja, ich habe ein neues Auto gekauft.
   Nein, ich habe kein neues Auto gekauft.

ÜBUNG ❸ 읽기

[정답]

Ich heiße Gülcan.

Ich bin in einer kleinen Stadt in der Türkei geboren. Meine Familie hat in einem schönen Haus am Fluss gewohnt. Dort hat es auch einen großen Garten gegeben. Im Sommer habe ich mit meinen Freundinnen im Garten gespielt. Meine Brüder haben im Fluss gebadet. Am Wochenende haben uns oft meine Verwandten besucht und wir haben im Garten gegrillt. Das waren sehr schöne Tage und wir hatten viel Spaß.

[해석]

나의 이름은 귈칸이다.

나는 터키의 작은 도시에서 태어났다. 나의 가족은 강가에 있는 아름다운 집에서 살았다. 거기에 하나의 큰 정원도 있었다. 여름에는 나는 여자 친구들과 함께 정원에서 놀았다. 오빠들은 강에서 물놀이를 했다. 주말에는 친척들이 자주 방문했고 정원에서 바베큐를 했다. 좋은 날들이었고 우리는 재미있는 시간을 많이 보냈다.

ÜBUNG ❹ 쓰기

Tina und Karl sind ins Kino gegangen. Sie haben einen Actionfilm gesehen. Danach haben sie einen Kaffee getrunken und sich über den Film unterhalten. Sie haben viel gelacht. Karl hat Tina eine Rose gekauft.

LEKTION 19

ÜBUNG ❶ 듣기

1. ich las

2. du liefst

3. sie aß

4. wir gingen

5. ihr lerntet

6. sie kamen

ÜBUNG ② 말하기

1. Warst, hatte
2. Warst, war
3. Hatte, war
4. Hattest, hatte
5. Hattet, hatten

ÜBUNG ③ 읽기

[정답]

In den Winterferien <u>waren</u> wir in Österreich zum Skifahren. Das Wetter <u>war</u> schön und wir <u>hatten</u> viel Schnee. Am zweiten Tag <u>fuhr</u> ich allein Ski. Ich <u>fuhr</u> den Berg zu schnell hinunter. Ich <u>lachte</u> und <u>sah</u> den Skifahrer vor mir nicht. Wir <u>stießen</u> zusammen und ich <u>stürzte</u>. Mein Bein <u>war</u> gebrochen. Ich <u>musste</u> drei Wochen im Krankenhaus bleiben.

[해석]

우리는 겨울 방학에 스키 타러 오스트리아에 갔었다. 날씨는 좋았고 눈도 많이 왔다. 두 번째 날은 혼자서 스키를 탔다. 산을 너무 빨리 내려왔다. 나는 웃었고 내 앞에 있는 사람을 보지 못했다. 우리는 부딪히고 나는 넘어졌다. 나의 다리는 부러졌다. 병원에 3주 동안 있었어야만 했다.

ÜBUNG ④ 쓰기

Tina und Karl gingen ins Kino. Sie sahen einen Actionfilm. Danach tranken sie einen Kaffee und unterhielten sich über den Film. Sie lachten viel. Karl kaufte Tina eine Rose.

LEKTION 20

ÜBUNG ① 듣기

1. Wir machen Fotos von <u>der alten</u> Stadt.
2. Hast du schon <u>die neuen</u> Bücher gelesen?
3. Zu <u>einem schönen</u> Lächeln gehören <u>schöne</u> Zähne.
4. Paul spielt mit <u>seinen neuen</u> Mitschülern im Park.
5. <u>Mein kleiner</u> Bruder hat mir <u>ein großes</u> Geschenk gegeben.

ÜBUNG ② 말하기

1. a) kurze
2. c) beste
3. a) gutes
4. c) langweiligen

ÜBUNG ③ 읽기

[정답]

Anna sucht einen <u>intelligenten</u>, <u>gut aussehenden</u>, <u>freundlichen</u> und <u>lustigen</u> Mann. Dieser Mann sollte <u>blondes</u> Haar und <u>blaue</u> Augen haben. Er sollte <u>groß</u> sein und eine <u>tiefe</u> Stimme haben.

Ich bin 32 Jahre alt und meine Hobbys sind Fußball und Basketball. Ich suche eine <u>sportliche</u>, <u>schlanke</u> und <u>humorvolle</u> Frau. Sie sollte <u>kleine</u> Kinder und <u>große</u> Hunde mögen. Ich freue mich auf viele Antworten. Robert.

[해석]

안나는 스마트하고 잘생기고 친절하고 재미있는 남자를 찾습니다. 금발이며 파란색 눈을 가졌으면 좋겠습니다. 키도 크고 낮은 목소리이기를 바랍니다.

저는 32살이며 취미는 축구와 농구입니다. 제가 찾는 여성은 스포티하며 날씬하고 재미있는 사람입니다. 어린 아이들과 큰 강아지를 좋아했으면 합니다. 많은 답장을 주시기를 바랍니다.

로베르트

ÜBUNG 4 쓰기

V	F	M	B	G	L	E	L	D	K	M	D	T	J
R	K	B	L	S	N	E	G	A	T	I	V	E	S
J	L	R	O	I	W	G	B	H	C	V	I	U	E
G	E	P	N	K	G	P	C	P	I	R	U	P	B
N	I	S	D	J	G	E	B	I	L	D	E	T	F
C	N	X	U	K	A	D	M	H	K	J	S	B	T
R	E	D	U	U	S	O	N	N	I	G	E	S	W
X	L	U	X	F	G	U	U	O	B	H	Y	N	H
X	F	G	L	Ü	C	K	L	I	C	H	E	D	W
F	L	W	H	D	C	W	I	F	A	Z	F	L	K
U	F	L	R	D	K	H	J	U	X	C	L	R	K
U	D	W	U	N	D	E	R	S	C	H	Ö	N	D
I	C	C	W	F	X	U	H	O	T	A	H	K	B
J	G	R	Ü	N	S	V	S	T	A	R	K	E	R

LEKTION 21

ÜBUNG 1 듣기

1. Ich wasche das Auto: 능동태

2. Das Auto wird von Anton repariert: 수동태

3. Wir schließen die Fenster: 능동태

4. Ludwig schreibt eine interessante Geschichte: 능동태

5. Weihnachtslieder werden gesungen: 수동태

ÜBUNG 2 말하기

1. Das Mittagessen wird gekocht.

2. Das Kind wird untersucht.

3. Das Zimmer soll aufgeräumt werden.

4. Das Fenster muss geöffnet werden.

5. Die Wäsche wird heute gewaschen.

ÜBUNG 3 읽기

[정답]

Keiner weiß, wer Snowboarden tatsächlich erfunden hat. Die Menschen sind schon immer gerne einen schneebedeckten Hügel hinuntergeglitten – auf Mülltonnendeckeln, Kartons, Plastiktüten oder Schlitten und Skiern. Als ein Vorreiter des heutigen Snowboards gilt der sogenannte 'Snurfer' (von 'snow'und 'surfer'). Dafür werden zwei Skier zusammengebunden und ein Seil wird am vorderen Ende angebracht, um die Richtung zu bestimmen. 1966 werden über 500 000 'Snurfer' verkauft.

[해석]

스노보드를 발명한 사람이 누구인지 아무도 모른다. 사람들은 눈으로 덮힌 언덕을 내려오는 것을 옛날부터 좋아했다. 쓰레기 뚜껑, 판지, 비닐봉지 또는 썰매와 스키를 사용한다. 오늘의 스노보드의 선구자는 "스너퍼(snow와 surfer)"다. 2개의 스키를 줄로 묶고 앞쪽에도 줄을 묶어서 방향 조절할 수 있도록 한다. 1966년에는 스너퍼가 50만 개 이상 팔렸다.

ÜBUNG 4 쓰기

1. Die Tür muss geöffnet werden.

2. Die Hausaufgaben müssen gemacht werden.

3. Die Küche muss geputzt werden.

4. Milch und Brot müssen gekauft werden.

LEKTION 22

ÜBUNG 1 듣기

1. Mülltrennung

2. Altpapier

3. Luftverschmutzung

4. Klimawandel

5. Umweltschutz

ÜBUNG ② 말하기

1. schützen

2. trennen

3. sparen

4. vermeiden

5. steigen

ÜBUNG ③ 읽기

[정답]

Wie werden wir in der Zukunft leben?
Roboter können das Haus putzen, Auto fahren, Musik machen und sogar Gefühle erkennen. In der Zukunft werden die Roboter noch mehr Arbeit für uns erledigen. Sie werden unser Leben verändern. Aber es stellt sich eine Frage: kann ein Roboter lieben? Oder jemanden hassen? Werden Roboter Menschen ersetzen können?

[해석]

우리는 미래에 어떻게 살 것인가요?
로봇들은 집을 청소하고, 자동차 운전하고, 음악을 하고, 감정까지 알아볼 수 있다. 미래에는 로봇들이 우리를 대신하여 더 많은 일을 할 것이다. 로봇들은 우리의 삶을 바꿀 것이다. 하지만 한 가지 질문이 생긴다: 로봇들은 사랑을 할 수 있나? 누구를 증오할 수 있나? 로봇들이 사람을 대신할 수 있을까?

ÜBUNG ④ 쓰기

Tina und Karl werden ins Kino gehen. Sie werden einen Actionfilm sehen. Danach werden sie einen Kaffee trinken und sich über den Film unterhalten. Sie werden viel lachen. Karl wird Tina eine Rose kaufen.

LEKTION 23

ÜBUNG ① 듣기

1. Das Leben ist zu zweit am schönsten.

2. Ich kaufe gern Gemüse auf dem Markt. Dort ist es billiger.

3. Du sprichst jetzt besser Deutsch als vor zwei Monaten.

4. Klaus mag keine Zitronen. Die sind am sauersten.

5. Zu meinem Geburtstag wünsche ich mir die größte Torte.

ÜBUNG ② 말하기

1. dunkel - dunkler – am dunkelsten

2. teuer – teurer – am teuersten

3. gut – besser – am besten

4. schmutzig – schmutziger – am schmutzigsten

ÜBUNG ③ 읽기

[정답]

Sabine erzählt von ihrer Familie
Meine Eltern heißen Paula und Otto. Mein Vater ist drei Jahre älter als meine Mutter. Ich habe noch einen Bruder, er heißt Armin, aber der ist jünger und kleiner als ich. Mein Bruder kann schon gut lesen, aber ich kann es besser. Mein Bruder spielt gerne mit Lego, aber ich lese lieber ein Buch. In der Schule bekommt er viele Hausaufgaben auf, aber ich bekomme mehr. Das liegt daran, dass ich

älter bin. Jetzt ist es schon ganz schön spät geworden, ich erzähle euch später mehr von meiner Familie. Tschüss!!!

[해석]

사비네는 가족에 대해 말한다.

나의 부모님 이름은 파울라와 오토다. 아빠는 엄마보다 3살이 더 많다. 나는 남동생이 있다. 그의 이름은 아민이고 나보다 어리고 작다. 그는 글씨를 잘 읽지만, 나는 그보다 더 잘 읽는다. 동생은 레고 갖고 노는 것을 좋아하지만, 나는 책 읽는 것을 더 좋아한다. 동생은 학교에서 숙제를 많이 받아온다. 그러나 나는 더 많이 받아 온다. 그 이유는 내가 나이가 더 많기 때문이다. 이제 시간이 많이 지났네. 다음에 또 나의 가족에 대한 이야기를 해 줄게. 안녕!

ÜBUNG 4 쓰기

1. Die Zeitschrift ist interessanter.

   Die Zeitung ist am interessantesten.

2. Papa tanzt besser.

   Ich tanze am besten.

3. Der Lotte Tower ist höher.

   Der Hallasan-Berg ist am höchsten.

LEKTION 24

ÜBUNG 1 듣기

1. Anna fragt, ob du heute Zeit hast.
2. Simon sagt, dass er heute eine wichtige Prüfung hat.
3. Ich weiß nicht, ob wir heute wirklich einen Ausflug machen.
4. Olaf kauft sich ein Auto, damit er schneller in die Arbeit kommt.
5. Du musst mehr essen, um groß zu werden.

ÜBUNG 2 말하기

1. Peter googelt im Internet, um sich ein Wörterbuch zu kaufen / damit er sich ein Wörterbuch kauft.
2. Lisa arbeitet fleißig, um Geld für den Urlaub zu verdienen / damit sie Geld für den Urlaub verdient.
3. Wir lernen Deutsch, um im Sommer nach Deutschland zu reisen / damit wir im Sommer nach Deutschland reisen.
4. Thomas geht auf den Sportplatz, um dort Fußball zu spielen / damit er dort Fußball spielt.

ÜBUNG 3 읽기

[정답]

Ich habe morgen einen Termin bei der Firma Q, um mich vorzustellen. Ich hätte gern ein paar Tipps, um mich besser vorzubereiten.

- Du musst auf jeden Fall gut gekleidet sein, damit du einen guten, ersten Eindruck machst. Am besten ziehst du einen Anzug an. Überlege dir Fragen, die der Chef dir stellen könnte. Wie zum Beispiel: Was sind Ihre Stärken? Oder: was würden Sie tun, um den Teamgeist zu stärken?

Glaubst du, dass ich es morgen schaffe, im Interview zu überzeugen?

- Ich bin mir sicher, dass du es schaffen kannst. Geh heute früh ins Bett, damit du ausgeschlafen bist. Und stell dir unbedingt den Wecker, damit du pünktlich bist.

[해석]

내일 Q회사에서 인터뷰가 있어. 준비 잘 할 수 있도록 조언을 해 줘.

– 일단 좋은 첫인상을 남기기 위해 옷을 잘 입어야

한다. 양복 있는 것이 좋겠다. 사장이 너에게 할 질문을 예상해 봐, 예를 들면: 당신의 강점이 무엇입니까? 또는 팀 정신을 향상 하기 위해 무엇을 할 수 있을까요?

나 내일 인터뷰 때 잘 할 수 있을까?

– 잘 해낼 것이라고 믿어. 충분한 수면을 취하기 위해 오늘 일찍 자라. 그리고 내일 늦지 않도록 자명종 시계를 맞춰.

ÜBUNG ④ 쓰기

1. Ich denke, dass Deutsch sehr interessant ist.

2. Wir fragen, ob wir uns wiedersehen.

3. Ich arbeite heute fleißig, damit ich morgen mitkommen kann.

4. Meine Mutter meint, dass ich krank bin.

5. Ich fliege nach Deutschland, um einen Sprachkurs zu machen.

FAMILIE 가족

- [ ] der Vater 아빠
- [ ] die Mutter 엄마
- [ ] die Eltern 부모
- [ ] der Großvater 할아버지
- [ ] die Großmutter 할머니
- [ ] die Großeltern 조부모
- [ ] der Bruder 형제
- [ ] die Schwester 자매
- [ ] die Geschwister 형제자매
- [ ] der Onkel 삼촌/이모부/고모부/ 큰아빠/작은아빠
- [ ] die Tante 이모/고모/외숙모/ 큰엄마/작은엄마
- [ ] der Vetter 사촌(남)
- [ ] die Kusine 사촌(여)
- [ ] der Neffe 조카(남)
- [ ] die Nichte 조카(여)
- [ ] der Enkel 손자
- [ ] die Enkelin 손녀
- [ ] die Enkelkinder 손주
- [ ] die Verwandten 친척
- [ ] die Großfamilie 대가족

* Wer ist das?
  이분은 누구입니까?

* Das sind meine Eltern. Das ist mein Vater und das ist meine Mutter.
  여기는 우리 부모님입니다. 이분은 우리 아버지, 그리고 이분은 우리 어머니.

* Hast du Geschwister?
  형제자매가 있어요?

* Ja, ich habe einen älteren Bruder und zwei jüngere Schwestern.
  네, 형(오빠)과 여동생 두 명이 있습니다.

* Heute haben wir ein Familientreffen.
  오늘은 가족 모임이 있다.

* Alle treffen sich bei den Großeltern.
  모두 조부모님 집으로 모인다.

- [ ] verwandt sein mit 가족(친척)이다
- [ ] die Verantwortung 책임
- [ ] alleinstehend 친척이 없는
- [ ] aufziehen 키우다
- [ ] sich kümmern um 돌봐 주다
- [ ] kinderlos 자녀가 없는
- [ ] Verantwortung übernehmen 책임을 지다
- [ ] für einander da sein 서로를 위하다
- [ ] der Ehemann 남편/신랑
- [ ] die Ehefrau 부인/신부
- [ ] die Eheleute / das Ehepaar 부부
- [ ] der Sohn 아들
- [ ] die Tochter 딸
- [ ] die Kinder 아이들
- [ ] die Zwillinge 쌍둥이
- [ ] die Hochzeit 결혼식
- [ ] heiraten 결혼하다
- [ ] die Drillinge 세 쌍둥이
- [ ] die Schwiegereltern 시부모/장인, 장모
- [ ] das Baby 신생아

* Die Eltern ziehen die Kinder auf und übernehmen die Verantwortung für sie.
  부모님들은 아이들을 키우고 그들을 책임진다.

* Die Großeltern kümmern sich um die Enkelkinder.
  조부모님은 손주들을 돌봐 준다.

* In einer Familie ist man für einander da.
  가족들은 서로를 위한다.

* Wenn Mann und Frau heiraten, werden sie
  zum Ehemann und zur Ehefrau.
  남자와 여자가 결혼하면 남편과 부인이 된다.

* Das Ehepaar hat drei Kinder, einen Sohn
  und zwei Töchter.
  이 부부는 아이가 셋이다. 아들 하나와 딸 둘.

* Die Töchter sind Zwillinge.
  딸들은 쌍둥이다.

* Die Wohnung ist im zweiten Stock.
  아파트는 2층에 있다.

* In der Wohnung im ersten Stock ziehen
  neue Nachbarn ein.
  아파트 1층에 새 이웃들이 이사 온다.

* Der Hausmeister wohnt im Erdgeschoss.
  관리인은 아파트 1층에 산다.

* Der Lift ist kaputt.
  엘리베이터가 고장났다.

* Die neuen Nachbarn klingeln beim
  Hausmeister.
  새로운 이웃들이 관리인 아파트의 초인종을 누른다.

WOHNEN 거주

- [ ] die Wohnung 아파트
- [ ] das Haus 집
- [ ] die Wohnungstür 아파트 출입문
- [ ] das Erdgeschoss 1층
- [ ] der erste Stock 2층
- [ ] der zweite Stock 3층
- [ ] die Klingel 초인종
- [ ] klingeln 초인종 울리다
- [ ] der Briefkasten 우체통
- [ ] die Fußmatte 발판
- [ ] der Nachbar / die Nachbarin 이웃(남/여)
- [ ] der Mieter/ die Mieterin 세입자(남/여)
- [ ] der Hausmeister 관리인
- [ ] der Lift 엘리베이터
- [ ] das Hochhaus 고층 아파트
- [ ] der Vermieter/die Vermieterin 집주인(남/여)
- [ ] die Miete 월세
- [ ] die Kaution 보증금

* Ich wohne in einer Wohnung.
  나는 아파트에 산다.

- [ ] das Dach 지붕
- [ ] der Schornstein 굴뚝
- [ ] der Dachboden 다락방
- [ ] die Wand 벽
- [ ] die Tür 문
- [ ] das Fenster 창문
- [ ] oben 위
- [ ] hinaufgehen 올라가다
- [ ] hinauffahren 타고 올라가다
- [ ] unten 아래
- [ ] heruntergehen 내려가다
- [ ] hinunterfahren 타고 내려가다
- [ ] die Treppe 계단
- [ ] die Garage (자동차) 차고
- [ ] der Keller 지하실
- [ ] der Balkon 발코니
- [ ] die Terrasse 테라스
- [ ] die Betriebskosten 관리비
- [ ] der Strom 전기
- [ ] das Gas 가스

* Das Dach unseres Hauses ist rot.
  우리집의 지붕은 빨간색이다.

* Der Schornsteinfeger säubert den Schornstein.
굴뚝 청소부는 굴뚝을 청소한다.

* Ich gehe die Treppe hinauf und spiele mit meiner Schwester auf dem Dachboden.
나는 계단을 올라가서 여동생과 다락방에서 논다.

* Geht man die Treppe hinunter, kommt man in den Keller.
계단으로 내려가면 지하실로 갈 수 있다.

* Das Auto steht in der Garage.
자동차는 차고에 주차되어 있다.

IM HAUS 집안에

☐ das Esszimmer 밥 먹는 곳

☐ das Wohnzimmer 거실

☐ die Küche 부엌

☐ der Heizkörper 방열기

☐ der Fußboden 방바닥

☐ der Teppich 카펫

☐ der Kamin 벽난로

☐ am Kamin sitzen 벽난로 앞에 앉다

☐ das Feuer 불

☐ die Wanduhr 벽시계

☐ der Fernseher 텔레비전

☐ das Abendbrot 저녁 식사

☐ die Wärme 열, 따뜻함

☐ gemütlich 편안한

☐ geräumig 넓은

☐ die Möbel 가구

☐ das Sofa 소파

☐ das Bett 침대

☐ der Kleiderschrank 옷장

☐ der Spiegel 거울

☐ der Vorhang 커튼

* Meine Familie isst im Esszimmer gemeinsam das Abendbrot.
저의 가족은 식당에서 같이 저녁 식사를 한다.

* Der Heizkörper strahlt Wärme aus.
온열기는 온기를 낸다.

* Im Wohnzimmer gibt es einen Kamin.
거실에는 벽난로가 있다.

* Meine Eltern sitzen oft gemütlich vor dem Kamin.
우리 부모님은 종종 벽난로 앞에 편안하게 앉아 있다.

* Die Katze liegt auf dem Teppich.
고양이는 카펫 위에 누워 있다.

* Der Hund schläft auf dem Fußboden.
강아지는 바닥에서 자고 있다.

☐ der Kühlschrank 냉장고

☐ die Waschmaschine 세탁기

☐ der Backofen 오븐

☐ der Staubsauger 진공청소기

☐ saubsaugen 청소기 돌리다

☐ der Mülleimer 쓰레기통

☐ das Spülbecken 싱크대

☐ abwaschen 설거지하다

☐ bügeln 다리미질하다

☐ der Haushalt 살림

☐ der Müll 쓰레기

☐ das Geschirr 그릇

☐ der Geschirrspüler 식기세척기

☐ das Bügeleisen 다리미

☐ die Wäsche 빨래

☐ der Fön 헤어드라이어

☐ die Pfanne 프라이팬

☐ der Topf 냄비

☐ der Elektroherd 전기오븐

☐ die Mikrowelle 전자레인지

* Heute mache ich die Hausarbeit.
오늘은 내가 집안일을 한다.

* Ich staubsauge, wasche das Geschirr ab und bügle die Wäsche.
청소기를 돌리고 설거지하고 옷을 다리미질한다.

* Der Kuchen ist fertig. Holst du ihn aus dem Backofen?
케이크가 다 익었어. 오븐에서 좀 꺼내 줄래?

* Das Kind hilft auch im Haushalt. Es bringt den Müll hinaus.
아이도 살림을 도와준다. 쓰레기를 밖으로 가지고 간다.

☐ das Baumhaus 나무 위의 집

* Wir haben einen großen Garten.
우리는 큰 정원이 있다.

* Mein Mann mäht den Rasen mit dem Rasenmäher.
남편은 잔디 깎는 기계로 잔디를 깎는다.

* Ich gieße das Blumenbeet und das Gemüsebeet.
나는 꽃밭과 채소밭에 물을 준다.

* Hängst du die Wäsche auf die Wäscheleine?
빨랫줄에 빨래를 걸어 놓니?

* Im Gartenhäuschen gibt es eine Schaufel, einen Rechen und eine Schubkarre.
뒷채에 쓰레받기, 갈퀴와 손수레가 있다.

IM GARTEN 정원에서

☐ der Rasen 잔디

☐ das Blumenbeet 꽃밭

☐ das Gemüsebeet 채소밭

☐ der Rasenmäher 잔디 깎는 기계

☐ das Gras 풀

☐ die Erde 흙

☐ die Gießkanne 물뿌리개

☐ die Schaufel 쓰레받기

☐ das Laub 낙엽

☐ das Gartenhäuschen 뒷채 (정원의 작은 집)

☐ die Schaukel 그네

☐ der Teich 우물

☐ der Zaun 울타리

☐ die Sonnenblume 해바라기

☐ die Leiter 사다리

☐ der Apfelbaum 사과나무

☐ der Rosenbusch 장미 덤불

☐ das Hundehaus 강아지 집

☐ der Gartenschlauch 물뿌리개 호스

☐ der Klee 클로버

☐ der Schmetterling 나비

☐ der Baum 나무

☐ die Rose 장미

☐ die Biene 꿀벌

☐ die Wespe 말벌

☐ die Tulpe 튤립

☐ die Gänseblume 민들레

☐ das Unkraut 잡초

☐ duften 향기 나다

☐ pflanzen 심다

☐ Unkraut jäten 잡초를 뽑다

☐ der Samen 씨앗

☐ der Blumenstrauß 꽃다발

☐ pflücken (꽃을) 꺾다

☐ die Wurzel 뿌리

☐ summen 윙윙거리다

☐ das Nest 둥지

☐ zwitschern 지저귀다

☐ das Insekt 곤충

☐ die Ameise 개미

☐ die Spinne 거미

* Ich liebe Schmetterlinge.
  나는 나비를 사랑한다.

* Im Garten gibt es Bäume, Rosen, Tulpen und Gänseblumen.
  정원에 나무, 장미, 튤립과 민들레가 있다.

* Die Blumen duften herrlich und ziehen die Bienen an.
  꽃들의 향기가 너무 좋아서 꿀벌들을 오게 만든다.

* Aber es gibt auch viel Unkraut, das man jäten muss.
  또 뽑아야 할 잡초가 많다.

* Pflücken wir schöne Blumen und machen einen Blumenstrauß.
  예쁜 꽃을 꺾어서 꽃다발을 만들자.

☐ der Kragen 옷깃
☐ das Schuhband 신발 끈
☐ der Trainingsanzug 체육복

* Wo sind meine Socken?
  내 양말 어디 있니?

* Ich ziehe ein T-Shirt, einen Pullover und Jeans an.
  티셔츠, 스웨터와 청바지를 입는다.

* Der Schal passt gut zur hellen Jacke.
  목도리는 밝은 재킷하고 잘 어울린다.

* Ich trage heute meinen Regenmantel, denn es regnet in Strömen.
  오늘 비가 쏟아져서 나는 우비를 입었다.

* Meine Schuhe sind nass. Ich hätte besser die Stiefel angezogen.
  신발이 다 젖었다. 부츠를 신을 걸 그랬다.

KLEIDUNG 옷

☐ die Socken 양말
☐ die Unterwäsche 속옷
☐ die Strumpfhose 스타킹
☐ die Unterhose 팬티
☐ das Hemd 와이셔츠
☐ das T-Shirt 티셔츠
☐ die Bluse 블라우스
☐ der Pullover 스웨터
☐ der Mantel 코트
☐ die Jacke 재킷
☐ der Schal 목도리
☐ die Jeans 청바지
☐ der Regenmantel 우비
☐ die Schuhe 신발
☐ die Stiefel 부츠
☐ der Anzug 양복
☐ das Sakko 양복 상의
☐ die Krawatte 넥타이

☐ der Hut 모자
☐ die Mütze 털모자
☐ der Gürtel 허리띠
☐ die Handschuhe 장갑
☐ der Reißverschluss 지퍼
☐ der Knopf 단추
☐ der Schmuck 장식품, 보석
☐ die (Hals)kette 목걸이
☐ die (Armband)uhr 손목시계
☐ die Ohrringe 귀걸이
☐ der Ring 반지
☐ der (Regen)schirm 우산
☐ golden 금으로 만들어진
☐ silbern 은으로 만들어진
☐ die Sonnenbrille 선글라스
☐ die Brosche 브로치
☐ der Diamant 다이아몬드
☐ der Minirock 미니스커트
☐ der Haarreifen 머리띠
☐ die Haarspange 머리핀

☐ die Brille 안경

* Der Hut steht dir gut.
  모자가 잘 어울린다.

* Ich habe meine Handschuhe und meine
  Mütze verloren.
  나는 장갑과 털모자를 잃어버렸다.

* Dein Schmuck gefällt mir. Die Halskette
  ist sehr elegant.
  너의 장식품이 마음에 든다. 목걸이는 매우 우아하
  다.

* Ich habe die gleiche Armbanduhr wie du.
  나는 너와 같은 시계가 있다.

* Zieh den Reißverschluss zu, sonst
  erkältest du dich.
  지퍼를 올려라, 그렇지 않으면 감기 걸린다.

* Die Ohrringe sind golden und der Ring ist
  silbern.
  귀걸이는 금으로 만들어졌고 반지는 은으로 만들어
  졌다.

ESSEN UND TRINKEN 식사와 음료수

☐ die Serviette 냅킨

☐ der Löffel 숟가락

☐ die Gabel 포크

☐ das Messer 칼

☐ die Stäbchen 젓가락

☐ der Teller 접시

☐ das Besteck 식기

☐ das Glas (유리)컵

☐ die Tischdecke 테이블 보

☐ den Tisch decken 상을 차리다

☐ schmecken 맛있다

☐ schmatzen 쩝쩝거리다

☐ die Tasse 찻잔

☐ die Untertasse 받침 접시

☐ Mahlzeit/ guten Appetit 맛있게 드세요

☐ das Getränk 음료수

☐ der Kaffeefilter 커피 필터

☐ der Mixer 믹서

☐ der Schwarztee 홍차

☐ der Saft 주스

☐ der Esstisch 밥상

* Heute decke ich den Tisch.
  오늘은 내가 상을 차린다.

* Zuerst breite ich die Tischdecke aus.
  먼저 테이블 보를 놓는다.

* Dann lege ich Servietten auf und danach
  das Besteck: Löffel und Messer rechts,
  Gabel links.
  그리고 냅킨을 올린 다음에 식기를 놓는다: 숟가락과
  칼은 오른쪽, 포크는 왼쪽.

* Manchmal essen wir auch mit Stäbchen.
  우리는 가끔 젓가락으로 먹는다.

* Schmatzen ist unhöflich, auch wenn es
  gut schmeckt.
  쩝쩝거리는 것은 예의가 없는 것이다. 아무리 맛있어
  도.

* Guten Appetit!
  맛있게 드세요!

☐ satt sein 배부르다

☐ hungrig sein, Hunger haben 배고프다

☐ servieren (상에) 차려 주다

☐ warm essen 따뜻한 음식을 먹다

☐ die Vorspeise 전채

☐ die Hauptspeise 주 요리

☐ die Nachspeise 후식

☐ der Imbiss 가벼운 식사

☐ das belegte Brot 샌드위치

☐ das Joghurt 요구르트

☐ der Schnellimbiss 간이식당

☐ das Frühstück 아침 식사

☐ das Mittagessen 점심 식사

☐ das Abendessen 저녁 식사

☐ der Braten 고기 구이

☐ das Gemüse 채소

☐ die Beilage 반찬

☐ die Jause 간식

☐ Essen wärmen 음식을 데우다

☐ Essen machen 음식을 만들다

* Bist du schon satt? Ich bin noch hungrig.
벌써 배가 부르니? 나는 아직 배고파.

* Mittags esse ich meist warm, abends esse ich immer kalt.
점심 때는 주로 따뜻한 음식을 먹고 저녁에는 항상 차가운 음식을 먹는다.

* Ich nehme den Braten als Hauptspeise und einen Obstkuchen als Nachspeise.
메인으로 고기 구이 그리고 후식으로는 과일 케이크를 주세요.

* Frühstückst du täglich?
너는 매일 아침을 먹니?

* Gehen wir zum Schnellimbiss? Ich habe Lust auf einen Hotdog.
같이 간이식당에 갈래? 나는 핫도그가 먹고 싶어.

☐ das Bratwürstchen 구운 소시지

☐ die Lammkeule 양고기 뒷다리

☐ der Metzger 정육점

☐ der Fisch 생선

☐ die Meeresfrüchte 해산물

☐ die Nudeln 면

☐ die Forelle 숭어

☐ der Thunfisch 참치

☐ die Scholle 가자미

☐ die Muschel 조개

☐ die Schrimps 새우

☐ der Tintenfisch 오징어

* Ich gehe zum Metzger einkaufen.
나는 정육점에 간다.

* Wir brauchen Wurst, Salami und Schweinekoteletts.
우리는 소시지, 살라미와 폭찹이 필요하다.

* Soll ich Schinken oder lieber Leberwurst kaufen?
햄을 살까, 간으로 만든 소시지를 살까?

* Meine Mutter isst gerne Bratwürstchen.
엄마는 구운 소시지를 좋아한다.

* Ich kaufe 500 Gramm Schinken und 300 Gramm Salami.
나는 햄 500g과 살라미 300g을 산다.

LEBENSMITTEL 식재료

☐ das Fleisch 고기

☐ die Wurst 소시지

☐ der Schinken 햄

☐ das Huhn 닭

☐ das Steak 스테이크

☐ die Salami 살라미

☐ das Schweinekotelett 폭찹

☐ gebratenes Hühnchen 구운 닭

☐ die Leberwurst 간 소시지

☐ der Zucker 설탕

☐ das Salz 소금

☐ der Pfeffer 후추

☐ die Gewürze 양념

☐ der Senf 겨자

☐ das Mehl 밀가루

☐ die Marmelade 잼

☐ das Öl 식용유

☐ die Margarine 마가린

☐ die Kräuter 허브

☐ die Butter 버터

□ der Honig 꿀

□ der Essig 식초

□ die Sahne 생크림

□ das Joghurt 요구르트

□ kochen 요리하다

□ braten 굽다(고기 등)

□ backen 굽다(빵 등)

□ süß 단 (맛)

□ sauer 신 (맛)

□ salzig 짠 (맛)

* Im Supermarkt gibt es eine große Auswahl an Gewürzen.
  슈퍼에 양념이 다양하게 있다.

* Zum Kochen braucht man meist Zucker, Salz und Pfeffer, aber auch Öl oder Butter.
  요리를 하기 위해 주로 설탕, 소금과 후추가 필요하다. 그러나 식용유와 버터도 필요하다.

* Ich streiche mein Brot am liebsten mit Margarine.
  나는 빵에 마가린을 발라 먹는 것을 제일 좋아해.

* Ich koche sehr gut und meine Frau bäckt die besten Kuchen.
  나는 요리를 잘하고 부인은 최고의 케이크를 만든다.

* Willst du ein Joghurt mit Marmelade oder Honig?
  요구르트에 잼 넣을래, 꿀 넣을래?

IN DER STADT 시내에서

□ die Stadt 도시

□ die Großstadt 대도시

□ das Dorf 마을

□ der Dom 대성당

□ die Brücke 다리

□ der Fluss 강

□ die Kirche 교회

□ das Gebäude 건물

□ das Rathaus 시청

□ die Polizei 경찰

□ die Feuerwache 소방서

□ die Fabrik 공장

□ die Bücherei 도서관

□ der Wolkenkratzer 마천루

□ der Bezirk 지역

□ das Parlament 국회의사당

□ das Stadtzentrum 시내 중심

□ der Flughafen 공항

□ der Markt 시장

□ die Geschäfte 가게

□ das Wahrzeichen 상징물

* Wo möchtest du leben? In einer Stadt oder in einem Dorf?
  어디에서 살고 싶니? 도시 아니면 마을?

* Ich liebe die Großstadt. Immer ist etwas los.
  나는 대도시를 너무 좋아해. 항상 어떤 일이 있어.

* Besichtigen wir heute das Stadtzentrum. Dort gibt es den Dom, die berühmte Brücke und das Rathaus.
  시내 중심가에 구경 가자. 거기에 대성당, 유명한 다리와 시청이 있어.

* Die Bücherei ist jeden Sonntag geschlossen.
  이 도서관은 매주 일요일에 휴관이다.

* Am Sonntag gehen viele Leute in die Kirche.
  일요일에는 많은 사람들이 교회에 간다.

□ die Straße 거리

□ der Weg 길

□ die Gasse 골목길

□ die Ecke 코너

☐ die Ampel 신호등

☐ der Zebrastreifen 횡단보도

☐ das Denkmal 기념물

☐ der Platz 광장

☐ die Straßenlampe 가로등

☐ die Kreuzung 사거리

☐ der Fußgänger 보행자

☐ die Unterführung 지하도

☐ über die Straße gehen 길을 건너가다

☐ der Straßenmusiker 길거리 음악가

☐ der Imbiss 간이식당

☐ der Kiosk 매점

☐ die Bushaltestelle 버스 정류장

☐ die Straßenbahn 전철

☐ die U-Bahn 지하철

☐ das öffentliche WC 공중화장실

* Ich lebe in der Schillerstraße.
  나는 Schillerstraße에서 산다.

* Biegen Sie um die Ecke und gehen Sie bis zur nächsten Ampel.
  코너를 돌아서 다음 신호등까지 가세요.

* Lass uns über die Straße gehen und das Denkmal besichtigen.
  거리를 건너서 기념물을 구경하자.

* Bei der U-Bahn Station gibt es einen Imbiss.
  지하철역에 간이식당이 있다.

* Das öffentliche WC findest du an der Bushaltestelle.
  공중 화장실은 버스 정류장에 있다.

KOMMUNIKATION 커뮤니케이션

☐ das Telefon 전화기

☐ das Münztelefon 공중전화

☐ die Telefonzelle 전화 부스

☐ der Hörer 수화기

☐ das Gespräch 대화

☐ das Telefonbuch 전화번호부

☐ wählen (번호) 누르다

☐ anrufen 전화 걸다

☐ antworten 대답하다, 전화받다

☐ läuten 울리다

☐ besetzt sein 통화 중이다

☐ auflegen 전화 끊다

☐ die Rufnummer 전화번호

☐ die Vorwahl 지역번호

☐ die Auskunft 안내

☐ verwählen 잘못 걸다

☐ die Verbindung 연결

☐ die Batterie 배터리

☐ zurückrufen (다시) 전화하다

☐ der Anrufbeantworter 자동응답기

☐ telefonieren 전화하다

* Telefonieren mit Freunden macht Spaß.
  친구와 전화하는 것은 재미있다.

* Man wählt zuerst die Vorwahl und dann die Rufnummer.
  먼저 지역번호를 누르고 전화번호를 누른다.

* Wenn das Telefon läutet, gehe ich ran und melde ich mich mit meinem Namen.
  전화가 울리면 나는 전화를 받고 내 이름을 말한다.

* Entschuldigung, wo gibt es hier eine Telefonzelle?
  실례합니다, 여기 공중전화가 어디 있나요?

* Das ist der Anrufbeantworter von Heinz Müller. Bitte sprechen Sie Ihre Nachricht nach dem Signalton.
하인츠 뮐러의 자동 응답기입니다. 소리음 후에 메시지를 녹음하세요.

* Jeden Morgen checke ich meine Emails.
나는 매일 아침에 이메일을 확인한다.

* Im Anhang finden Sie zwei Dateien.
두 개의 첨부파일이 있습니다.

☐ der Brief 편지

☐ die Postkarte 엽서

☐ die Briefmarke 우표

☐ der Stempel 도장

☐ das Datum 날짜

☐ der Gruß 인사말

☐ der Briefträger 우체부

☐ die Adresse 주소

☐ die Anrede 호칭

☐ einen Brief öffnen 편지를 개봉하다

☐ beantworten 답장하다

☐ der Brieffreund/die Brieffreundin 펜팔(남/여)

☐ die Email 이메일

☐ eine Email schreiben 이메일 쓰다

☐ eine Email beantworten 이메일 답장하다

☐ betreffen 관련하다

☐ der Anhang 첨부

☐ die Datei 파일

☐ Email checken 이메일을 확인하다

☐ das Internet 인터넷

☐ die Kommunikation 커뮤니케이션

* Ich habe von meinem Brieffreund einen Brief bekommen.
나는 펜팔 친구에게 편지를 받았다.

* Auf der Postkarte klebt eine Briefmarke.
엽서에 우표가 붙어 있다.

* Bei einem Geschäftsbrief muss man auf die richtige Anrede achten.
상용 편지에서는 적절한 호칭을 써야 한다.

UNTERWEGS 도중에

☐ gehen 걷다

☐ laufen 달리다

☐ zu Fuß gehen (발로) 걷다

☐ den Bus nehmen 버스 타다

☐ einsteigen 타다

☐ aussteigen 내리다

☐ die Fahrkarte 승차권

☐ die Wochenkarte 1주 정기 승차권

☐ die Monatskarte 정기 승차권

☐ der Busfahrer 버스 기사

☐ die U-Bahn 지하철

☐ öffentliche Verkehrsmittel 대중교통

☐ der Fahrgast 승객

☐ die Endstation 종점

☐ der Fahrplan 운행 시간표

☐ der Sitzplatz 좌석

☐ die Ansage 안내 방송

☐ die Fahrkartenkontrolle 승차권 검사

☐ umsteigen 갈아타다

☐ sich verfahren 길을 잘못 들어서다

☐ am Ziel ankommen 목적지에 도착하다

* Wenn das Wetter schön ist, dann gehe ich zu Fuß zur Arbeit.
날씨가 좋으면 나는 걸어서 직장에 간다.

* Nächster Halt 'Montanaplatz'. Umsteigen zu den Linien 52, 128 und L.
  다음 정류장은 '몬타나 광장'입니다. 52,128과 L번으로 갈아탈 수 있습니다.

* Hören Sie auf die Ansage im Bus.
  버스의 안내 방송을 들어 보세요.

* Ich habe mich verfahren. Das nächste Mal fahre ich mit öffentlichen Verkehrsmittel.
  길을 잘못 들어섰어요. 다음에는 대중교통을 이용할 것입니다.

* Ich möchte eine Monatskarte kaufen, bitte.
  정기 승차권을 사고 싶어요.

* Wo bleibst du denn? / Entschuldige, ich stecke im Stau.
  왜 안 오니? / 미안해, 교통 체증에 갇혔어.

* Wenn Sie nicht mit dem Bus fahren wollen, rufen Sie sich doch ein Taxi.
  버스를 타고 싶지 않으면 택시를 부르세요.

* LKW transportieren Güter und Waren.
  화물차는 화물과 상품들을 운반한다.

* Überholen auf der Autobahn ist nur links erlaubt.
  고속도로에서는 왼쪽으로만 추월하는 것이 허용된다.

* Den Mopedführerschein kann man mit 15 Jahren machen.
  모페드 면허증은 만 15살에 딸 수 있다.

☐ der Verkehr 교통

☐ der Reisebus 여행 버스

☐ der Last(kraft)wagen 화물차

☐ das Motorrad 오토바이

☐ das Moped 모페드(초경량 오토바이)

☐ das Taxi 택시

☐ der Stau 교통 체증

☐ die Tankstelle 주유소

☐ das Benzin 휘발유

☐ der Diesel 경유

☐ die Raststation 휴게소

☐ überholen 추월하다

☐ der Taxistand 택시 정류장

☐ ein Taxi rufen 택시를 부르다

☐ der Fahrpreis 교통비

☐ die Abgase 배기가스

☐ im Stau stecken 교통 체증에 갇히다

☐ die Autobahn 고속도로

☐ die Panne 고장

☐ der Parkverbot 주차금지

☐ die Parkgebühr 주차 요금

FERIEN 방학

☐ die Ferien 방학

☐ der Urlaub 휴가

☐ der Tourist/die Touristin 관광객(남/여)

☐ die Sonnencreme 선크림

☐ die Koffer packen 가방을 싸다

☐ ans Meer fahren 바닷가에 가다

☐ die Welle 파도

☐ ein Zimmer reservieren 방을 예약하다

☐ ausgebucht 매진된

☐ die Pension 펜션

☐ die Saison 시즌

☐ der Strand 해변가

☐ der Sonnenschirm 파라솔

☐ planschen 물에서 놀다

☐ der Schwimmreifen 튜브

☐ die Sandburg 모래섬

☐ bräunen 일광욕하다

☐ der Bademeister 해수욕장 안전요원

- [ ] das Motorboot 모터 보트
- [ ] die Sonnenbrille 선글라스

  * Wir packen unsere Koffer, denn wir fahren nächste Woche auf Urlaub.
    우리는 다음주에 휴가 가기 위해 짐을 싼다.
  * Wohin fährst du in den Ferien? / Ich fahre ans Meer.
    방학 때 어디 가니? / 바닷가에 간다.
  * In der Sommersaison sind alle Hotels ausgebucht.
    여름 시즌에는 호텔들이 매진된다.
  * Ich liege gerne einfach auf der Luftmatratze und bräune mich.
    나는 공기 매트리스에 누워서 일광욕하는 것을 좋아한다.
  * Die Kinder planschen im Wasser und bauen eine Sandburg.
    아이들은 물에서 놀고 모래성을 만든다.

- [ ] Schifahren/ Skifahren 스키 타다
- [ ] die Piste 스키 활주로
- [ ] der Sessellift 체어 리프트
- [ ] der Schlitten 썰매
- [ ] der Bergsteiger 등산가
- [ ] der Gipfel 정상
- [ ] die Aussicht 경치
- [ ] zelten 캠핑하다
- [ ] der Campingplatz 캠핑장
- [ ] das Zelt 텐트
- [ ] der Schlafsack 침낭
- [ ] angeln 낚시하다
- [ ] der Wohnwagen 캠핑카
- [ ] der Kocher 가스레인지
- [ ] der See 호수
- [ ] die Bergwanderung 하이킹
- [ ] der Fluss 강
- [ ] die Mücke/die Gelse 모기

- [ ] das Abenteuer 모험
- [ ] der Wald 숲
- [ ] der Abhang 산중턱

  * Ich gehe gerne Schifahren.
    나는 스키 타는 것을 좋아한다.
  * Mit dem Sessellift fahre ich hinauf. Auf der Piste fühle ich mich wohl.
    체어리프트를 타고 산에 올라간다. 스키 활주로에 있으면 나는 기분이 좋다.
  * Jeden Sommer fahren wir mit dem Wohnwagen in eine andere Stadt. Wir schlafen in Schlafsäcken, gehen am See angeln und kochen unser Essen. Schlimm sind nur die Mücken.
    여름마다 캠핑카를 타고 다른 도시에 간다. 우리는 침낭에서 자고, 호수에서 낚시를 하고 음식을 만들어 먹는다. 모기가 있는 것만큼은 좋지 않다.
  * Eine Bergwanderung ist immer ein Abenteuer.
    하이킹은 항상 모험이다.

AUF DEM LAND 시골에서

- [ ] die Landschaft 풍경
- [ ] die Gemeinde 지방자치단체
- [ ] das Blatt 잎사귀
- [ ] das Tal 계곡
- [ ] der Hügel 언덕
- [ ] der Bach 시냇물
- [ ] die Wiese 풀밭
- [ ] friedlich 고요하다
- [ ] auf einen Baum klettern 나무를 타다
- [ ] die Alm 목장
- [ ] die Vögel 새
- [ ] der Fluss 강
- [ ] die Brücke 다리

□ das Ufer 물가

□ die Mauer 벽

□ der Weide 목초지

□ die Tanne 소나무

□ das Eichhörnchen 다람쥐

* Ich lebe in einem Dorf. Hier kann man auf grünen Wiesen den Bach entlang wandern.
나는 마을에서 산다. 여기서는 시냇물을 따라 푸른 풀밭을 걸을 수 있다.

* Die Kinder pflücken Blumen und klettern auf den Bäumen.
아이들은 꽃을 꺾으며 나무를 탄다.

* Geht man über die Brücke, kommt man zum Wald. Hier kann man sogar Vögel und Eichhörnchen füttern.
다리를 건너면 숲에 도착한다. 거기서는 새와 다람쥐에게 먹이를 줄 수 있다.

* Ich liebe das Leben auf dem Land.
나는 시골의 삶을 사랑한다.

□ der Bauernhof 농장

□ das Bauernhaus 농가

□ die Scheune 광

□ der Kuhstall 외양간

□ der Pferdestall 마구간

□ das Stroh 짚

□ der Hafer 귀리

□ der Schweinestall 돼지 우리

□ der Hühnerstall 닭장

□ Kühe melken 소젖을 짜다

□ Eier legen 알을 낳다

□ der Bauer/die Bäuerin 농부(남/여)

□ die Ziege 염소

□ der Schäferhund 셰퍼드

□ das Schaf 양

□ der Hahn kräht 수탉이 울다

□ das Futter 먹이

□ der Acker 경작

□ die Ernte 수확

□ der Traktor 트랙터

* Auf dem Bauernhof steht ein schönes Bauernhaus.
농장에 아름다운 농가가 있다.

* Im Kuhstall gibt es 20 Kühe. Die Bäuerin melkt sie jeden Morgen.
외양간에는 소 20마리가 있다. 농부 부인은 매일 아침에 소젖을 짠다.

* Im Pferdestall warten die Pferde auf ihren Hafer.
마구간에는 말들이 귀리를 기다린다.

* Der Bauer fährt mit dem Traktor zum Acker.
농부는 트랙터를 타고 밭에 간다.

* Der Schäferhund treibt die Schafe auf die Weide.
셰퍼드는 양들을 목초지로 인도한다.

GESUNDHEIT UND KRANKHEIT
건강과 병

□ das Thermometer 온도계

□ hohes Fieber 고열

□ niesen 재채기하다

□ husten 기침하다

□ erkältet sein 감기에 걸리다

□ Magenschmerzen 위통

□ sich übergeben 토하다

□ die Verbrennung 화상

□ die Wunde 상처

□ das blaue Auge 멍든 눈

□ sich die Hand brechen 손이 부러지다

□ sich das Bein verstauchen 다리를 삐다

□ in Ohnmacht fallen 기절하다

□ Zahnschmerzen 치통

□ die Verletzung 부상

□ der Herzinfarkt 심근경색

□ der Durchfall 배탈

□ die Magen-Darm Grippe 위장염

□ der Blinddarm 맹장

□ der Krampf 경련

□ die Atemnot 호흡 곤란

* Heute fühle ich mich nicht wohl.
오늘은 몸이 안 좋다.

* Das Thermometer zeigt, dass ich hohes
Fieber habe.
나는 고열이 있는 것을 온도계를 보고 확인했다.

* Er ist hingefallen und jetzt hat er ein
blaues Auge.
그는 넘어졌고 눈은 멍들었다.

* Seit gestern Abend habe ich Durchfall. Ich
habe eine Magen-Darm Grippe.
어제부터 배탈이 났다. 나는 위장염에 걸렸다.

* Wenn du Zahnschmerzen hast, dann musst
du zum Zahnarzt gehen.
치통이 있으면 치과에 가야 한다.

□ das Krankenhaus 병원

□ der Arzt/die Ärztin 의사(남/여)

□ die Praxis 개인 병원

□ das Rezept 처방

□ das Pflaster 반창고

□ der Verband 붕대

□ Puls messen 맥박을 재다

□ operieren 수술하다

□ der Krankenwagen 구급차

□ die Spritze 주사

□ die Apotheke 약국

□ die Krankenschwester 간호사

□ die Notfallstation 응급실

□ der Operationssaal 수술실

□ der Chirurg 외과의사

□ erholen 회복하다

□ das Wartezimmer 대기실

□ die Narkose 마취

□ ins Krankenhaus einliefern 병원에 실려 가다

* Der Krankenwagen fährt die verletzte
Person ins Krankenhaus.
다친 사람은 구급차로 병원에 옮겨졌다.

* Der Chirurg operiert im Operationssaal.
외과의사는 수술실에서 수술을 한다.

* Meine Mutter wurde ins Krankenhaus
eingeliefert.
어머니가 병원에 실려갔습니다.

* Ich brauche keinen Verband, ich möchte
nur ein Pflaster.
저는 붕대가 필요 없어요, 그냥 반창고만 붙여 주세
요.

* Das Kind hat Angst vor der Spritze.
아이는 주사를 무서워한다.

SCHULE UND AUSBILDUNG
학교와 교육

□ der Kindergarten 유치원

□ die Grundschule 초등학교

□ das Gymnasium 김나지움(독일식 중/고등학교)

□ die Universität 대학교

□ der Direktor/die Direktorin 교장 선생님

□ der Rektor/die Rektorin 총장

□ das Klassenzimmer 교실

□ die Tafel 칠판

□ der Unterricht 수업

□ der Schüler/die Schülerin 학생(남/여)

☐ unterrichten 가르치다

☐ die Kreide 분필

☐ die Pause 휴식

☐ der Schulhof 학교 마당

☐ der Radiergummi 지우개

☐ das Lineal 자

☐ der Farbstift 색연필

☐ das Federpenal 필통

☐ das Abitur 고등학교 졸업시험

☐ die Füllfeder 만년필

☐ die Schultasche 책가방

* Kinder kommen mit 6 oder 7 Jahren in die Grundschule.
  아이들은 만 6, 7세때 초등학교에 입학한다.

* Das Gymnasium schließt man mit dem Abitur ab.
  김나지움은 졸업 시험으로 끝난다.

* Die Pause verbringen die Schüler meist auf dem Schulhof.
  학생들은 휴식 시간을 주로 학교 마당에서 보낸다.

* Hast du ein Lineal in deinem Federpenal?
  너의 필통에 자가 있니?

* Hier gibt es eine Tafel, aber keine Kreide.
  여기는 칠판이 있지만 분필이 없다.

☐ der Stundenplan 시간표

☐ das Schulfach 학교 과목

☐ das Schuljahr 학년

☐ der Schulbeginn 개학

☐ das Alphabet 알파벳

☐ die Grammatik 문법

☐ die Rechtschreibung 철자법

☐ der Taschenrechner 계산기

☐ Erdkunde 지리학

☐ Chemie 화학

☐ Physik 물리학

☐ Sport 체육

☐ die Naturwissenschaft 자연과학

☐ Klausur schreiben 시험 보다

☐ der Stoff 수업 내용

☐ die Prüfung bestehen 시험에 합격하다

☐ durchfallen 시험에 떨어지다

☐ das Lieblingsfach 좋아하는 과목

☐ addieren / subtrahieren 덧셈/뺄셈하기

☐ das Wahlfach 선택 과목

* Das ist mein Stundenplan für dieses Schuljahr.
  이것은 이번 학년에 나의 시간표다.

* Mein Lieblingsfach ist Erdkunde. Aber ich interessiere mich auch für Chemie und Physik.
  내가 좋아하는 과목은 지리학이다. 하지만 화학과 물리학에도 관심이 있다.

* Wir haben 3 Stunden Sport pro Woche.
  우리는 매주 3시간 체육을 한다.

* Die Schüler lernen den Stoff. Morgen schreiben sie eine Klausur.
  학생들은 수업 내용을 공부한다. 내일은 시험을 본다.

* Hast du die Prüfung bestanden? / Nein, ich bin leider durchgefallen.
  시험에 합격했니? / 아니, 유감스럽지만 떨어졌어.

EINHEITEN, FORMEN 단위와 형태

☐ der Meter 미터

☐ der Millimeter 밀리미터

☐ der Zentimeter 센티미터

☐ das Kilogramm 킬로그램

☐ die Tonne 톤

☐ das Gramm 그램

☐ der Liter 리터

- ☐ der Milliliter 밀리리터
- ☐ halber Liter 반 리터
- ☐ der Grad 도(온도)
- ☐ der Quadratmeter 평방미터
- ☐ der Hektar 헥타르
- ☐ der Euro 유로
- ☐ der Cent 센트
- ☐ die Länge 길이
- ☐ die Breite 폭
- ☐ die Höhe 높이
- ☐ (ab)messen 측정하다
- ☐ wiegen (무게) 재다
- ☐ die Waage 저울
- ☐ der Messbecher 계량컵

- ☐ lang 긴
- ☐ breit 넓은
- ☐ das Kreuz 십자가
- ☐ die Raute 마름모
- ☐ die Parallele 평행선
- ☐ winzig 아주 작은
- ☐ das Muster 무늬
- ☐ schwer 무거운
- ☐ rund 둥근
- ☐ eckig 모난
- ☐ der Radius 반지름
- ☐ die Fläche 표면

* 10 Millimeter sind ein Zentimeter.
  10밀리미터는 1센티미터이다.
* 100 Zentimeter sind ein Meter.
  100 센티미터는 1미터이다.
* Heute haben wir 18 Grad Celsius.
  오늘은 18도입니다.
* Das macht zusammen 15 Euro 98 Cent.
  모두 15유로 98센트입니다.
* Kannst du die Länge, Breite und Höhe des Klaviers abmessen?
  피아노의 길이, 폭과 높이를 측정할 수 있니?
* Ich leere einen halben Liter Milch in den Messbecher.
  나는 우유 반 리터를 계량컵에 붓는다.

* Dinge haben die verschiedensten Formen.
  물건은 여러 가지 모양이 있다.
* Was bedeuten die Kreise, Dreiecke und Quadrate?
  동그라미, 삼각형과 정사각형이 무슨 뜻이에요?
* Welches Muster gefällt dir? /
  Das mit den winzigen Kreuzen.
  어떤 무늬가 마음에 드니? /
  작은 십자가가 있는 무늬.
* Zeichnest du bitte eine Parallele zu dieser Linie?
  이 선에 평행선 그려 줄래?
* Ich finde ein Sechseck einfacher zu zeichnen als ein Fünfeck.
  오각형보다 육각형을 그리는 것이 쉽다.

- ☐ die Form 형태
- ☐ der Kreis 동그라미
- ☐ das Rechteck 직사각형
- ☐ das Quadrat 정사각형
- ☐ das Dreieck 삼각형
- ☐ der Kegel 원뿔
- ☐ das Viereck 사각형
- ☐ das Sechseck 육각형

ZEITANGABEN 시간

- ☐ der Kalender 달력
- ☐ der Monat 월
- ☐ der Tag 날
- ☐ das Jahr 년
- ☐ die Woche 주

- ☐ das Wochenende 주말
- ☐ das Datum 날짜
- ☐ gestern 어제
- ☐ vorgestern 그제
- ☐ heute 오늘
- ☐ morgen 내일
- ☐ übermorgen 모레
- ☐ der Abend 저녁
- ☐ der Morgen 아침
- ☐ der folgende Tag 다음 날
- ☐ die kommende Woche 다음 주
- ☐ nächsten Sonntag 다음 일요일
- ☐ heute früh 오늘 새벽에
- ☐ der Plan 계획
- ☐ der Termin 약속
- ☐ die Jahreszeiten 계절

- ☐ Mittag 점심
- ☐ Mitternacht 자정
- ☐ die Stunde 시(시간)
- ☐ die Minute 분
- ☐ der Sonnenaufgang 일출
- ☐ der Sonnenuntergang 일몰
- ☐ das Morgengrauen 새벽
- ☐ die Abenddämmerung 황혼
- ☐ das Schaltjahr 윤년
- ☐ der Feiertag 공휴일
- ☐ die Sekunde 초
- ☐ stehenbleiben 멈추다
- ☐ die Uhr 시계
- ☐ das Jahrhundert 세기

* Eine Woche hat sieben Tage, ein Jahr hat zwölf Monate.
일주일은 7일이며 일 년은 열두 달이다.

* Welches Datum haben wir heute?
오늘 며칠이니?

* Meine Geburtstagsfeier ist übermorgen Abend.
내 생일 파티는 모레 저녁이다.

* Heute früh bin ich etwas länger im Bett geblieben.
오늘 새벽에는 좀 더 늦게까지 침대에 누워 있었다.

* Hast du nächsten Sonntag schon etwas vor?
다음 일요일에 계획이 있니?

* Entschuldigen Sie bitte, wie spät ist es jetzt?
실례합니다, 지금 몇 시예요?

* In der Vergangenheit bin ich immer erst nach Sonnenaufgang aufgestanden.
예전에 나는 늘 해가 뜬 후에 일어났다.

* Heute ist der Sonnenuntergang besonders schön.
오늘은 일몰이 특별히 예쁘네.

* Alle vier Jahre gibt es ein Schaltjahr. Das Jahr hat dann 366 Tage.
4년마다 윤년이 있다. 1년에 366일이 있는 것이다.

- ☐ die Zeit 시간
- ☐ die Vergangenheit 과거
- ☐ die Zukunft 미래
- ☐ die Gegenwart 현재
- ☐ damals 옛날
- ☐ heutzutage 오늘날

DIE ERDE 지구

- ☐ die Erde 지구
- ☐ die Welt 세계
- ☐ der Norden 북쪽
- ☐ der Süden 남쪽
- ☐ der Westen 서쪽

☐ der Osten 동쪽

☐ der Atlantik 대서양

☐ der Pazifik 태평양

☐ der Äquator 적도

☐ der Nordpol 북극

☐ die Wüste 사막

☐ der Dschungel 밀림

☐ der Südpol 남극

☐ der Mond 달

☐ der Kontinent 대륙

☐ der Regenwald 우림

☐ die Insel 섬

☐ die Küste 해안

☐ das Entwicklungsland 개발 도상국

☐ das Bundesland 연방

☐ die Oberfläche 표면

* Die Erde wird auch blauer Planet genannt.
  지구는 푸른 행성이라고도 한다.

* Die vier Himmelsrichtungen heißen
  Norden, Osten, Süden und Westen.
  사방은 북쪽, 동쪽, 남쪽과 서쪽이다.

* Der Äquator ist der größte Breitenkreis.
  적도는 제일 큰 위선이다.

* In der heißen Wüste gibt es nur wenig
  Leben.
  뜨거운 사막에는 생명이 적다.

* Im Dschungel gibt es eine große
  Artenvielfalt von Pflanzen und Tieren.
  밀림에는 식물과 동물의 종이 다양하다.

☐ das Weltall 천지만물

☐ das Universum 우주

☐ das Sonnensystem 태양계

☐ die Milchstraße 은하수

☐ der Stern 별

☐ der Planet 행성

☐ das Fernrohr 망원경

☐ unendlich 무한한

☐ die Rakete 로켓

☐ das Raumschiff 우주선

☐ der Astronaut 우주 비행사

☐ der Mond 달

☐ die Sonde 탐험선

☐ die Mondlandung 달 착륙

☐ die Lichtgeschwindigkeit 광속도

☐ die Astronomie 천문학

☐ das Sternzeichen 별자리

☐ die Galaxie 은하계

☐ die Sternwarte 천문대

☐ das UFO 미확인 비행 물체

* Das Universum ist unendlich.
  우주는 무한하다.

* Am Himmel kann man die Milchstraße
  sehen: ein breiter, heller Streifen.
  하늘에서 은하수를 볼 수 있다: 넓고 밝은 선이다.

* Mit dem Fernrohr kann man die Sterne
  beobachten.
  망원경을 통해 별을 볼 수 있다.

* Die Astronauten werden für die
  Mondlandung ausgebildet.
  우주 비행사는 달 착륙을 위해 훈련을 받는다.

* Was bist du vom Sternzeichen?
  너는 무슨 별자리니?

POLITIK 정치

☐ der Staat 국가

☐ das Land 나라

☐ die Republik 공화국

☐ der Präsident 대통령

☐ der Bundeskanzler 수상

- □ der Premierminister 국무총리
- □ das Parlament 국회
- □ die Regierung 정부
- □ die Partei 당
- □ der Vorsitzende 회장
- □ das Bundesland 연방
- □ der Kandidat 후보
- □ die Wahl 선거
- □ wählen 선거하다
- □ die Demokratie 민주주의
- □ die Umfrage 설문조사
- □ das Volk 국민
- □ wahlberechtigt 선거권이 있는
- □ Mitglied werden 회원이 되다
- □ liberal 자유주의
- □ konservativ 보수당

* Der Präsident/die Präsidentin hat in einer Republik das höchste Staatsamt.
  공화국의 대통령(남/여)은 최고의 통치권자이다.

* Der Bundeskanzler ist der Regierungschef der Bundesrepublik Deutschland.
  수상은 독일에서 정부의 수뇌이다.

* Unter "Parlament" versteht man die politische Volksvertretung.
  국회는 국민이 선출한 정치적인 대표자이다.

* Jeder Bürger ab 18 Jahren ist wahlberechtigt.
  만 18세 이상의 국민 모두에게 선거권이 있다.

- □ die Schlagzeile 머리기사
- □ der Artikel 기사
- □ die Gesellschaft 사회
- □ die Steuer 세금
- □ der Skandal 스캔들
- □ die Gewerkschaft 노동조합
- □ das Interesse 관심
- □ das Gesetz 법
- □ die Meinung 의견
- □ das Recht 권리
- □ das Interview 인터뷰
- □ das Gerücht 소문
- □ die Wahrheit 진실

* Zu den Massenmedien gehören Presse, Rundfunk und Internet.
  매스미디어는 언론, 방송과 인터넷을 포함한다.

* Ein Reporter interviewt einen Politiker.
  기자가 정치인을 인터뷰한다.

* Jeden Morgen lese ich die Zeitung.
  나는 매일 아침에 신문을 읽는다.

* Heute macht ein neuer Skandal Schlagzeilen.
  오늘은 새로운 스캔들이 대서특필된다.

* Alle dürfen ihre Meinung aussprechen. Aber Gerüchte sollten nicht verbreitet werden.
  누구나 자신의 의견을 표현할 수 있다. 그러나 소문은 퍼지면 안 된다.

- □ die Medien 미디어
- □ die Presse 언론
- □ der Rundfunk 방송
- □ die Massenmedien 매스미디어
- □ der Politiker 정치인
- □ der Reporter 기자
- □ die Zeitung 신문
- □ die Nachrichten 뉴스

ADJEKTIVE 형용사

- □ voll 가득 찬
- □ leer 빈
- □ hart 딱딱한
- □ weich 부드러운

- ☐ offen 열린
- ☐ geschlossen 닫힌
- ☐ eng 좁은
- ☐ weit 먼
- ☐ ruhig 조용한
- ☐ laut 시끄러운
- ☐ gehorsam 말을 잘 듣는
- ☐ unartig 버릇없는
- ☐ tief 깊은
- ☐ unternehmungslustig 활동적인
- ☐ gelangweilt 지루한
- ☐ altmodisch 오래된
- ☐ lang 긴
- ☐ kurz 짧은
- ☐ unfreundlich 불친절한
- ☐ früh 일찍
- ☐ spät 늦은
- ☐ nett 친절한

- ☐ grün 초록
- ☐ weiß 흰
- ☐ schwarz 검은
- ☐ orange 오렌지색
- ☐ rosa 분홍
- ☐ lila 보라색
- ☐ grau 회색
- ☐ braun 갈색
- ☐ leuchtend 빛나는
- ☐ blass 창백한
- ☐ matt 무광
- ☐ dunkel 어두운
- ☐ gepunktet 점 무늬
- ☐ gestreift 줄무늬
- ☐ geblümt 꽃무늬
- ☐ bunt 알록달록
- ☐ mischen 섞다
- ☐ malen 그리다, 칠하다

* Ist dieses Glas halb voll oder halb leer?
  이 컵은 반이 찬 것이니 반이 빈 것이니?

* Ich schlafe nicht gerne auf einer harten Matratze, sondern auf einer weichen.
  나는 딱딱한 매트리스보다 부드러운 매트리스에서 자는 것을 좋아한다.

* Mein Freund ist sehr unternehmungslustig.
  내 남자 친구는 매우 활동적이다.

* Der Mantel ist zu lang und etwas alt.
  이 코트는 너무 길고 좀 오래 되었다.

* Du hast zu früh angerufen. Um diese Uhrzeit ist niemand freundlich.
  너는 너무 일찍 전화했어. 이 시간에는 아무도 친절하지 않아.

* Mein Regenschirm ist bunt.
  내 우산은 알록달록하다.

* Mischt man Gelb und Blau zusammen, bekommt man die Farbe Grün.
  노란색과 파란색을 섞으면 초록색이 된다.

* Schwarz und Grau sind dunkle Farben.
  검은색과 회색은 어두운 색이다.

* Ich mag lieber leuchtende Farben wie Orange oder Rot.
  나는 오렌지색과 빨간색 같이 빛나는 색을 좋아한다.

* Sie trägt eine gepunktete Hose und eine gestreifte Bluse.
  그녀는 점 무늬 바지와 줄무늬 블라우스를 입고 있다.

- ☐ gelb 노란
- ☐ rot 빨간
- ☐ blau 파란

VERBEN 동사

- [ ] sehen 보다
- [ ] hören 듣다
- [ ] riechen 냄새 맡다
- [ ] schmecken 맛을 보다
- [ ] tasten 만지다
- [ ] rufen 부르다
- [ ] flüstern 속삭이다
- [ ] lachen 웃다
- [ ] weinen 울다
- [ ] niesen 재채기하다
- [ ] gähnen 하품하다
- [ ] deuten 가리키다
- [ ] zwinkern 윙크하다
- [ ] erstaunen 놀라다
- [ ] tragen 묻다
- [ ] ziehen 당기다
- [ ] drücken 누르다
- [ ] nicken 끄덕이다
- [ ] verschlucken 사레 들리다
- [ ] schütteln 흔들다

- [ ] zittern 떨다
- [ ] öffnen 열다
- [ ] schließen 닫다
- [ ] gießen 물 주다
- [ ] ausleeren 비우다
- [ ] einfüllen 채워 넣다
- [ ] davonlaufen 도망가다
- [ ] ausrutschen 미끄러지다
- [ ] werfen 던지다
- [ ] fangen 잡다
- [ ] zerreißen 찢다
- [ ] ausblasen 불다
- [ ] auswendig lernen 외우다
- [ ] verstecken 숨다
- [ ] hinstellen 세워 놓다
- [ ] suchen 찾다
- [ ] aufsperren (열쇠로) 열다
- [ ] umarmen 껴안다
- [ ] verbeugen 허리를 굽혀 인사하다
- [ ] aufessen 먹어 치우다
- [ ] abheben 이륙하다
- [ ] beruhigen 진정되다, 달래다

---

* Mit den 5 Sinnesorganen kann man sehen, hören, riechen, schmecken und tasten.
  오감으로 보고, 듣고, 냄새 맡고, 만질 수 있다.

* Warum müssen wir flüstern? Ich kann dich nicht verstehen.
  우리 왜 속삭여야 해? 너의 말이 잘 안 들려.

* Du gähnst ja die ganze Zeit. Geh doch schlafen.
  너 계속 하품하네. 자러 가.

* Der Junge zwinkert mit dem Auge. Ob er mir etwas damit sagen will?
  저 소년이 윙크를 했어. 나에게 무엇을 말하고 싶은 걸까?

* Ich habe so laut lachen müssen, dass ich mich verschluckt habe.
  나는 너무 크게 웃어서 사레 들렸다.

* Ich fülle meine Flasche mit Wasser.
  나는 물병에 물을 채운다.

* Als meine Schwester den Ball warf, rutschte sie aus.
  여동생이 공을 던질 때 미끄러졌다.

* Nach dem Lied darfst du die Kerzen auf der Geburtstagstorte ausblasen.
  생일 축하 노래를 부른 후에 촛불을 꺼도 된다.

* In Asien verbeugt man sich zur Begrüßung.
  동양에서는 인사할 때 허리를 굽히면서 인사한다.

* Das Kind umarmte den Teddybären ein letztes Mal.
  아이는 곰 인형을 마지막으로 껴안았다.

WETTER 날씨

- ☐ der Regen 비
- ☐ es regnet 비 오다
- ☐ der Schnee 눈
- ☐ es schneit 눈 오다
- ☐ der Donner 천둥
- ☐ der Blitz 번개
- ☐ der Regenbogen 무지개
- ☐ der Hagel 우박
- ☐ die Pfütze 물웅덩이
- ☐ die Gummistiefel 장화
- ☐ die Handschuhe 장갑
- ☐ die Lawine 눈사태
- ☐ das Tief 저기압대
- ☐ der Eiszapfen 고드름
- ☐ bewölkt 구름 낀
- ☐ die Wolke 구름
- ☐ der Nebel 안개
- ☐ die Kaltfront 한랭전선
- ☐ nass werden 젖다
- ☐ der Regenmantel 우비
- ☐ der Frost 서리

- ☐ die Hitze 더위
- ☐ die Luftfeuchtigkeit 습기
- ☐ die Temperatur 온도
- ☐ der Ventilator 선풍기
- ☐ schwül 습한
- ☐ das Gewitter 뇌우
- ☐ schwitzen 땀 나다
- ☐ der Schweiß 땀
- ☐ der Wind 바람
- ☐ das Hoch 고기압권
- ☐ die Überschwemmung 홍수
- ☐ der Schatten 그늘
- ☐ der Liegestuhl 침대 의자
- ☐ der Sonnenschirm 파라솔
- ☐ die Kühlbox 아이스박스
- ☐ das Klima 기후
- ☐ die Sandalen 샌들
- ☐ der Strand 해변
- ☐ der Eiswürfel 얼음
- ☐ die Sauna 사우나
- ☐ die Klimaanlage 에어컨

---

* Ich mag Regen, aber ich habe Angst vor Blitzen.
  나는 비를 좋아하지만 번개를 무서워한다.

* Der Regenbogen leuchtete in den schönsten Farben.
  무지개는 아름다운 색으로 빛났다.

* Hagel ist eine sehr interessante Klimaerscheinung.
  우박은 신기한 기후 현상이다.

* Vorsicht, trete nicht in die Pfütze!
  조심, 물웅덩이를 밟지 마!

* Ich trage doch Gummistiefel, die können ruhig nass werden.
  나 장화 신었어, 장화는 젖어도 돼.

* Die Temperaturen steigen in die Höhe.
  온도는 높이 올라간다.

* Die Hitze und Luftfeuchtigkeit sind unerträglich.
  더위와 습기는 견디기 어렵다.

* Der Liegestuhl steht im Schatten des Sonnenschirms.
  침대 의자는 파라솔의 그늘에 놓여 있다.

* Wenn du eine Erfrischung brauchst, dann spring ins Wasser.
  시원함으로 기분 전환이 필요하면 물에 들어가라.

* In der Kühlbox gib es Eiswürfel.
  아이스박스에 얼음이 있어.

* Ich schwitze. Kannst du den Ventilator einschalten?
  땀이 나. 선풍기 좀 틀어 줄래?

FESTE 축제

- Ostern 부활절
- Ostermontag 부활절 이튿날
- frohe Ostern 부활절 인사(즐거운 부활절!)
- der Osterhase 부활절 토끼
- der Osterstrauß 부활절 꽃다발
- die Auferstehung 부활
- Weihnachten 크리스마스
- der Weihnachtsmann 산타클로스
- das Christkind 아기 예수
- der Heilige Abend 크리스마스 이브
- der Weihnachtsbaum 크리스마스 트리
- die Geburt 탄생
- der Nikolaus 12월 6일에 착한 어린이에게 선물 주는 니콜라우스
- Silvester 섣달그믐
- Neujahr 새해
- Muttertag 어머니날
- Vatertag 아버지날
- Pfingsten 성령강림제
- die Bescherung 선물 교환

- gratulieren 축하하다
- der Luftballon 풍선
- die Torte 케이크
- die Kerze 초
- das Geschenk 선물
- die Glückwunschkarte 축하 카드
- das Geschenkpapier 선물 포장지
- der Blumenstrauß 꽃다발
- schenken 선물하다
- sich bedanken 감사하다
- sich verloben 약혼하다
- heiraten 결혼하다
- die Hochzeit 결혼
- das Brautpaar 신랑 신부
- die Braut 신부
- die Flitterwochen 신혼여행
- der Bräutigam 신랑
- das Feuerwerk 불꽃놀이
- die Verlobung 약혼
- das Päckchen 소포
- der Wunsch 소원

- * An Weihnachten feiert man die Geburt des Jesuskindes.
  크리스마스에는 아기 예수님의 탄생을 기념한다.
- * Ostern ist das Fest der Auferstehung von Jesus.
  부활절은 예수님의 부활의 축제다.
- * Am Heiligen Abend kommt die Familie zusammen.
  크리스마스 이브에는 가족이 다 모인다.
- * In Europa feiert man Muttertag und Vatertag separat.
  유럽에서는 어머니날과 아버지날이 따로 있다.
- * Ich liebe es, einen Osterstrauß zu Ostern zusammenzustellen.
  나는 부활절 때 부활절 꽃다발 만드는 것을 너무 좋아한다.

- * Zu meinem Geburtstag hat mir mein Brieffreund eine Glückwunschkarte geschickt.
  펜팔 친구가 내 생일에 축하 카드를 보내왔다.
- * Nachdem wir die Geburtstagstorte gegessen hatten, habe ich die Geschenke ausgepackt.
  우리가 생일 케이크 먹은 후에 나는 선물을 열어 보았다.
- * Das Brautpaar verreist nach der Hochzeit in die Flitterwochen.
  신랑 신부는 결혼식 후에 신혼여행을 떠난다.
- * Ich bedanke mich für das Päckchen.
  소포를 보내 줘서 감사합니다.
- * Wir haben uns letzte Woche verlobt.
  우리는 지난주에 약혼했다.

BERUFE UND ARBEIT 직업과 일

- der Chef 사장
- der Architekt 설계사
- der Pilot 비행기 조종사
- der Verkäufer 판매원
- die Sekretärin 비서
- die Putzfrau 청소부
- der Rechtsanwalt 변호사
- der Richter 판사
- die Lehrerin 선생님(여)
- der Pfarrer 목사
- der Fotograf 사진사
- der Maler 화가, 페인트공
- die Frisörin 미용사
- der Soldat 군인
- der Matrose 선원
- das Fotomodell 모델
- der Bäcker 제빵사
- der Künstler 예술가
- der Taxifahrer 택시 기사
- der Koch 요리사
- der Handelskaufmann 상인

- arbeiten gehen 출근하다
- pünktlich sein 시간을 엄수하다
- zu spät kommen 늦게 오다
- das Büro 사무실
- die Mittagspause 점심시간
- der Feierabend 퇴근
- Überstunden machen 특근하다
- einstellen 고용하다
- das Vorstellungsgespräch 면접
- entlassen werden 해고되다
- verkaufen 팔다
- in Rente gehen 은퇴하다
- Pause machen 휴식하다
- verteidigen 변호하다
- Recht sprechen 판단을 내리다
- backen 빵을 굽다
- lehren 가르치다
- predigen 설교하다
- Design entwerfen 디자인하다
- protokollieren 기록하다
- kündigen 사표 내다

---

* Mein Chef kommt immer schon um 7 Uhr morgens ins Büro.
  우리 사장님은 항상 7시에 사무실에 오신다.

* Die Putzfrau sorgt dafür, dass das Büro sauber ist.
  청소부는 사무실이 깨끗하도록 노력한다.

* Der Klempner repariert die Regenwasserableitung.
  배관공은 빗물 배수로를 수리한다.

* Ein Matrose ist ein Seemann, der auf einem Handelsschiff arbeitet.
  선원은 상선에서 일하는 뱃사람이다.

* Ich möchte Frisörin werden.
  나는 미용사가 되고 싶다.

* Ich gehe von Montag bis Freitag arbeiten.
  나는 월요일부터 금요일까지 일한다.

* Du sollst pünktlich sein, und nicht zu spät kommen.
  너는 시간을 엄수하고 늦지 말아야 한다.

* Mit 67 Jahren kann man in Rente gehen.
  67세가 되면 은퇴할 수 있다.

* Der Pfarrer predigt jeden Sonntag in der Kirche.
  목사님은 매주 일요일에 교회에서 설교하신다.

* Wir lassen uns beim Frisör die Haare schneiden.
  우리는 미용실 가서 머리를 자른다.

FLUG- UND ZUGREISE
비행기와 기차 여행

☐ der Flughafen 공항

☐ das Flugzeug 비행기

☐ die Ankunft 도착

☐ der Abflug 이륙

☐ fliegen 날다

☐ die Startbahn/die Landebahn 활주로

☐ landen 착륙하다

☐ der Charterflug 전세 비행기

☐ die Fluglinie 항공

☐ der Schalter 창구

☐ einchecken 체크인하다

☐ Gepäck aufgeben 가방을 부치다

☐ der Sitzplatz 좌석

☐ der Fensterplatz 창문 좌석

☐ der Gangplatz 통로 쪽 좌석

☐ der Reisepass 여권

☐ die Zollkontrolle 세관검사

☐ verzollen 세금 신고하다

☐ die Bordkarte 탑승권

☐ das Handgepäck 기내용 가방

☐ anschnallen 안전벨트를 매다

＊ Wir fahren zum Flughafen, denn wir fliegen in Urlaub.
우리는 휴가 가기 위해 공항으로 간다.

＊ Viele Flugzeuge warten auf ihre Reihe für die Startbahn.
많은 비행기들이 활주로로 가는 차례를 기다리고 있다.

＊ Ich gehe zum Schalter und checke ein.
나는 창구에 가서 체크인을 했다.

＊ Haben Sie Gepäck aufzugeben? Möchten Sie einen Fensterplatz oder einen Gangplatz?
부칠 화물이 있으세요? 좌석을 창문 쪽으로 드릴까요, 통로 쪽으로 드릴까요?

＊ Ich habe nichts zu verzollen.
세금 신고할 것이 없습니다.

☐ der Bahnhof 기차역

☐ der Fahrkartenschalter 승차권 판매 창구

☐ die Fahrkarte 승차권

☐ die Rückfahrkarte 왕복 승차권

☐ hin und retour/zurück 왕복

☐ den Zug verpassen 기차를 놓치다

☐ Sitzplatz reservieren 좌석을 예약하다

☐ der Fahrplan 시간표

☐ der Wartesaal 대합실

☐ der Kontrolleur 검표원

☐ der Zugführer 차장

☐ der Reisende 여행객

☐ das Abteil 기차 칸

☐ der Speisewagen 식당 칸

☐ die Ansage/Durchsage 안내방송

☐ die Verspätung 연착

☐ der Nachtzug 야간 열차

☐ der Schlafwagen 침대 칸

☐ der Bahnsteig 플랫폼

☐ planmäßig 계획적으로

☐ umsteigen 갈아타다

＊ Ich möchte eine Fahrkarte nach Berlin, bitte.
베를린행 승차권 한 장 주세요.

＊ Hin und zurück?
왕복이요?

* Ja, kann ich auch einen Sitzplatz am
  Fenster reservieren?
  네, 창문 쪽으로 좌석도 예약할 수 있나요?

* Der Zug nach Berlin hat wegen starken
  Schneefall 30 Minuten Verspätung.
  베를린으로 가는 열차는 폭설 때문에 30분 연착합니다.

* Im Wartesaal können Reisende auf ihren
  Zug warten.
  대합실에서 여행객들이 기차를 기다릴 수 있다.

착! 붙는
독일어
독학 첫걸음

초판 발행	2024년 7월 15일
2쇄 인쇄	2025년 1월 15일
저자	전진아
편집	권이준, 김아영
펴낸이	엄태상
디자인	권진희, 이건화
표지 일러스트	eteecy
조판	이서영
콘텐츠 제작	김선웅, 장형진
마케팅	이승욱, 왕성석, 노원준, 조성민, 이선민
경영기획	조성근, 최성훈, 김로은, 최수진, 오희연
물류	정종진, 윤덕현, 신승진, 구윤주
펴낸곳	시사북스
주소	서울시 종로구 자하문로 300 시사빌딩
주문 및 교재 문의	1588-1582
팩스	0502-989-9592
홈페이지	http://www.sisabooks.com
이메일	book_etc@sisadream.com
등록일자	1977년 12월 24일
등록번호	제300-2014-92호

ISBN 978-89-402-9411-6 (13750)